URSULA PANHUYSEN

Die Untersuchung des Zeugen auf seine Glaubwürdigkeit

NEUE KÖLNER RECHTSWISSENSCHAFTLICHE ABHANDLUNGEN

HERAUSGEGEBEN VON
DER RECHTSWISSENSCHAFTLICHEN FAKULTÄT
DER UNIVERSITÄT ZU KÖLN

HEFT 28

Berlin 1964

WALTER DE GRUYTER & CO.
vormals G. J. Göschen'sche Verlagshandlung · J. Guttentag, Verlagsbuchhandlung
Georg Reimer · Karl J. Trübner · Veit & Comp.

Die Untersuchung des Zeugen auf seine Glaubwürdigkeit

Ein Beitrag zur Stellung des Zeugen und Sachverständigen im Strafprozeß

Von

Dr. Ursula Panhuysen

Köln

Berlin 1964

WALTER DE GRUYTER & CO.

vormals G. J. Göschen'sche Verlagshandlung · J. Guttentag, Verlagsbuchhandlung
Georg Reimer · Karl J. Trübner · Veit & Comp.

Archiv-Nr. 27 08 64 1

Satz und Druck: Saladruck, Berlin 65

INHALTSÜBERSICHT

LITERATUR-, VERFASSER- UND ABKÜRZUNGSVERZEICHNIS

Adler	Praxis und Theorie der Individualpsychologie, München 1912
Adler	Über den nervösen Charakter, Wiesbaden 1912
Alsberg	Der Beweisantrag im Strafprozeß, 1. Aufl., Berlin 1930
Alsberg-Nüse	Der Beweisantrag im Strafprozeß, 2. Aufl., Köln-Berlin 1956
Anschütz	Psychologie, 1953
Arnold	Die psychologische Begutachtung der Zeugentüchtigkeit und Glaubwürdigkeit bei Kindern und Jugendlichen, Psycholog. Rundschau 1952, 265
Bader, JZ	Zum neuen § 136 a, JZ 1951, 123
Balla	Tatbestandsdiagnostische Methoden und ihre strafprozessuale Zulässigkeit, Jur. Diss., Köln 1936
Baumann	Die Narkoanalyse, Jur. Diss., Münster 1950
Beling	Die Beweisverbote als Grenzen der Wahrheitserforschung im Strafprozeß, Breslau 1903
Beling	Deutsches Reichsstrafprozeßrecht, Ein Lehrbuch, Berlin und Leipzig 1928
Bindokat, JZ	Die Sachverständigen, Eine Glosse, JZ 1954, 399
Bockelmann, GA	Strafrichter und psychologischer Sachverständiger, GA 55, 321
Bohne	Zur Psychologie der richterlichen Überzeugungsbildung, Köln 1948
Bohne, SJZ	Fachpsychologen als Gerichtsgutachter, SJZ 1949, 9

Blau, GA	Zur Zulässigkeit und Zweckmäßigkeit psychologischer Glaubwürdigkeitsgutachten in Jugendschutzsachen, GA 59, 293
Bresser, NJW	Anmerkung zum Urteil des Bundesgerichtshofs vom 22. 7. 1959, in: NJW 1959, 2315
Buber	Schuld und Schuldgefühle, Merkur, Deutsche Zeitschrift für Europäisches Denken, Verlags-Anstalt Stuttgart, 1957, Nr. 114
Buber	Begegnung, Autobiographische Fragmente, Stuttgart 1960
Buchwald, SJZ	Die berechtigte Zeugnisverweigerung als Gegenstand freier Beweiswürdigung? SJZ 1949, 360
BGHSt	Entscheidungen des Bundesgerichtshofes in Strafsachen
BGHZ	Entscheidungen des Bundesgerichtshofes in Zivilsachen
Busch, R.	Zum Zeugnis- und Untersuchungsverweigerungsrecht der Angehörigen des Beschuldigten, Festschrift für Eb. Schmidt, Göttingen 1961, S. 569
Dalcke	Strafrecht und Strafverfahren, 37. Aufl., bearb. von Fuhrmann und Schäfer, Berlin 1961
DRZ	Deutsche Rechtszeitung
DRiZ	Deutsche Richterzeitung
Dünnebier, GA	Zweifelsfragen zu § 81 c StPO, GA 53, 65
Dünnebier, in Ponsold	Der Beweiswert der Vaterschaftsbeweise, in: Ponsold, Lehrbuch der gerichtlichen Medizin, 2. Aufl., Stuttgart 1957, S. 612
Erbs, NJW	Unzulässige Vernehmungsmethoden, NJW 1951, 386
Exner	Strafverfahrensrecht, Berlin und Heidelberg 1947
Freud	Über Psychoanalyse, Fünf Vorlesungen, Wien 1910, 10. Aufl., 1947
Freud	Das Unbehagen in der Kultur, Wien 1930
GA	Goltdammer's Archiv für Strafrecht, begründet von Goltdammer, hrsg. von Grützner
Gerland	Der deutsche Strafprozeß, Eine systematische Darstellung, Mannheim, Berlin und Leipzig 1927
Gage-Sarstedt	Die Revision im Strafverfahren, 3. Aufl., Essen 1954

v. Godin, SJZ	Die berechtigte Zeugnisverweigerung als Gegenstand freier Beweiswürdigung? SJZ 1949, 657
Gönner	Handbuch des deutschen gemeinen Prozesses, 2. Aufl., Bd. 2, Erlangen 1804
Göppinger	Psychopathologische und tiefenpsychologische Untersuchungsmethoden und ihr Aussagewert für die Beurteilung der Täterpersönlichkeit und der Schuldfähigkeit, NJW 1961, 241
Goldschmidt	Der Prozeß als Rechtslage, Berlin 1925
Gorphe	La Critique du Témoignage, 2ieme Edition, Paris 1927
Graßberger	Psychologie des Strafverfahrens, 1950
Groß	Handbuch für Untersuchungsrichter, 1. Aufl., 1893
Groß-Seelig	Handbuch der Kriminalistik, 1954 (8. und 9. Aufl. des Handbuchs für Untersuchungsrichter als System der Kriminalistik)
Hecker	Über die Problematik des Zeugenbeweises, Jur. Diss., Bonn 1931
Hegler	Die Unterscheidung des Sachverständigen vom Zeugen im Prozeß, Archiv für die Civilistische Praxis, Bd. 104 (1909), S. 151
Hellwig	Psychologie und Vernehmungstechnik bei Tatbestandsermittlungen, 1. Aufl., Berlin 1927; 4. Aufl., 1951
Henkel	Strafverfahrensrecht, Ein Grundriß, Salzgitter-Hildesheim 1950
Henkel	Strafverfahrensrecht, Ein Lehrbuch, Stuttgart und Köln 1953
Hermes	Der § 136 a StPO unter besonderer Berücksichtigung des darin enthaltenen Verwertungsverbotes, Jur. Diss., Köln 1954
HESt	Höchstrichterliche Entscheidungen in Strafsachen
Herwig und Müller-Luckmann	Charakterologische Probleme der Zeugenpsychologie in neuer Beleuchtung, in: Die Technische Hochschule zu Braunschweig, Berichte aus Forschung und Hochschulleben, 1952—1954, S. 55
v. Hippel	Der deutsche Strafprozeß, Lehrbuch, Marburg 1941
Hofstätter	Psychologie, Fischer-Lexikon, Bd. 6, S. 287, Frankfurt a. M. und Hamburg 1957

HRR	Höchstrichterliche Rechtsprechung, Ergänzungsblatt zur „Deutschen Justiz" und zur amtlichen Sammlung der Reichsgerichtsentscheidungen
Hülle, JZ	Zu den Strafverfahren wegen Sittlichkeitsverbrechen an Kindern, JZ 1955, 8
Jescheck	Die Rechtsprechung des Bundesgerichtshofs in Strafsachen, Bd. 10 und 11 der Amtl. Sammlung, GA 59, 84
JMBl NRW	Justizministerialblatt für das Land Nordrhein-Westfalen, hrsg. vom Justizminister
Jung, C. G.	Versuch einer Darstellung der psychoanalytischen Theorie, Zürich 1912
JZ	Juristenzeitung
Kaufmann, E.	Der polizeiliche Eingriff in Freiheiten und Rechte, Frankfurt 1951
Kern	Strafverfahrensrecht, Ein Studienbuch, 6. Aufl., München und Berlin 1960
KMR	Kommentar zur Strafprozeßordnung und zum Gerichtsverfassungsgesetz von Kleinknecht, Müller, mitbegründet von Reitberger, 4. Aufl., Darmstadt 1958
Knögel, DRiZ	Zuziehung eines Sachverständigen über die Glaubwürdigkeit einer kindlichen Zeugin bei Sittlichkeitsverbrechen, DRiZ 1953, 142
Knögel, NJW	Noch einmal „Tatrichter und Kinderaussage", NJW 1953, 693
Knögel, NJW	Jugendliche und Kinder als Zeugen in Sittlichkeitsprozessen, NJW 1959, 1663
Kohlhaas, NJW	Die Glaubwürdigkeit der Kinderaussage und ihre Überprüfung durch Sachverständige, NJW 1951, 903
Kohlhaas, NJW	Tatrichter und Kinderaussage, NJW 1953, 293
Kohlrausch	Strafprozeßordnung und Gerichtsverfassungsgesetz, 24. Aufl., Berlin und Leipzig 1936
Kranz	Die Narkoanalyse als diagnostisches und kriminalistisches Verfahren, Tübingen 1950

Kretschmer	Medizinische Psychologie, 10. Aufl., Stuttgart 1950
v. Kries	Lehrbuch des deutschen Strafprozeßrechts, Freiburg 1892
Lange	Die Bedeutung der Tiefenpsychologie und der Narkoanalyse in der Rechtspflege vom Standpunkt des Juristen, Zeitschrift für gerichtliche Medizin, Bd. 41 (1952), S. 64
Lange, Handbuch V	Der kriminologische Standpunkt, in: Frankl-v. Gebsattel-Schultz, Handbuch der Neurosenlehre und Psychotherapie, Bd. V, München-Berlin 1960
Lauer in Ponsold	Blutgruppensysteme, in: Ponsold, Lehrbuch der gerichtlichen Medizin, 2. Aufl., Stuttgart 1957, S. 612
Laux, SchlHA	Zum Begriff der Täuschung in § 136a Abs. 1 StPO, in: Schleswig-Holsteinischer Anzeiger (SchlHA) 1951, 39
Leonhardt, C.	Das erdichtete Erlebnis in der eidlichen Zeugenaussage, ZStrW 51, 770 (1931)
LM	Nachschlagewerk des Bundesgerichtshofs, begründet von Lindenmaier-Möhring
Lersch	Aufbau der Person, 6. Aufl., 1954
Less, DRZ	Zur Anwendung experimental-psychologischer Methoden bei Zeugen, DRZ 1950, 322
Löwe-Rosenberg	Die Strafprozeßordnung und das Gerichtsverfassungsgesetz, Kommentar, 20. Aufl., Erster Band, Berlin 1958
v. Mangoldt-Klein	Das Bonner Grundgesetz, 2. Aufl., Band I, Berlin und Frankfurt a. M. 1957
Marbe, Grundzüge	Grundzüge der forensischen Psychologie, Vorlesungen, München 1913
Marbe, Grundzüge	Der Psychologe als Gerichtsgutachter im Straf- und Zivilprozeß, Stuttgart 1926
Marmann, GA	Aufklärungspflicht durch Sachverständigengutachten und freie Beweiswürdigung, GA 53, 136
Mayer, H.	Der Sachverständige im Strafprozeß, Festschrift für Mezger, 1954, S. 455
Meili	Lehrbuch der psychologischen Diagnostik, 3. Aufl., Stuttgart 1955

Mezger	Der psychiatrische Sachverständige im Prozeß, Tübingen 1918; Beilageheft zu Bd. 117 des Archivs für die Civilistische Praxis (AcP)
Mittermaier	Das Deutsche Strafverfahren, 4. Aufl., Bd. 2, 1846
Mönkemöller	Psychologie und Psychopathologie der Aussage, Heidelberg
Motive	Motive zum Entwurf einer Deutschen Strafprozeß-Ordnung, Berlin 1872
Müller-Luckmann	Über die Glaubwürdigkeit kindlicher und jugendlicher Zeuginnen bei Sexualdelikten, Stuttgart 1959
Niese	Doppelfunktionelle Prozeßhandlungen, Göttingen 1950
Niese, ZStrW	Narkoanalyse als doppelfunktionelle Prozeßhandlung, ZStrW 63, 199
Niethammer	Der Kampf um die Wahrheit im Strafverfahren, Festschrift für Sauer, 1949, S. 39
NJW	Neue Juristische Wochenschrift
Norden	Das Binetarium, Stuttgart 1953
OGHSt	Entscheidungen des Obersten Gerichtshofes für die Britische Zone in Strafsachen
OGHZ	Entscheidungen des Obersten Gerichtshofes für die Britische Zone in Zivilsachen
Peters	Zeugenlüge und Prozeßausgang, Bonn 1939
Peters, Lehrbuch	Strafprozeß, Ein Lehrbuch, Karlsruhe 1952
Peters, JR	Narkoanalyse? JR 1950, 47
Peters, Mezger-Festschrift	Ein Beitrag zum Fehlurteil (Erfahrungen aus einem Lehrerprozeß), Festschrift für Mezger, 1954, S. 477
Plaut	Der Zeuge und seine Aussage im Strafprozeß, Leipzig 1931
Plaut, ZaPs	Zur Zeugenaussage Erwachsener, Zeitschrift für angewandte Psychologie (ZaPs), 1929, Heft 32, S. 321
Plaut, ZaPs	Psychologische Gutachten in Strafprozessen, Zeitschrift für angewandte Psychologie (ZaPs), 1933, Beiheft 65
Pauli-Arnold	Psychologisches Praktikum, 6. Aufl., Stuttgart 1957

Radbruch	Grenzen der Kriminalpolizei, Festschrift für Sauer, 1949, S. 121
RGSt	Entscheidungen des Reichsgerichts in Strafsachen
Rosenfeld	Der Reichsstrafprozeß, II, Berlin 1901
Sauer	Allgemeine Prozeßrechtslehre, Berlin 1951
Sauer, JR	Grenzen des richterlichen Beweises, Zulässigkeit des „Wahrheitsserums"? — Ein Gegengutachten, JR 1949, 500
Schafheutle	Beschlagnahme, Durchsuchung und Untersuchung, in: Gürtner, Das kommende deutsche Strafverfahren, Bericht der amtlichen Strafprozeßkommission, Berlin 1938, S. 280
Schmidt, Eb.	Der Arzt im Strafrecht, Leipzig 1939
Schmidt, Eb., Lehrkomm. I	Lehrkommentar zur Strafprozeßordnung und zum Gerichtsverfassungsgesetz, Teil I, Göttingen 1952
Schmidt, Eb.	Lehrkommentar zur Strafprozeßordnung und zum Gerichtsverfassungsgesetz, Teil II, Göttingen 1957
Schmidt, Eb., JZ	Anmerkung zum Urteil des Bundesgerichtshofs vom 7. 6. 1956 in JZ 1957, 229 Gehört der Sachverständige auf die Richterbank? JZ 1961, 585
Schmidt, Eb., JR	Kritische Bemerkungen zu dem Beschluß des Großen Senats für Strafsachen vom 8. 12. 1958 betr. das Untersuchungsverweigerungsrecht nach § 81 c StPO, JR 1959, 369
Schmidt, Eb. und K. Schneider	Zur Frage der Eunarkon-Versuche in der gerichtlichen Praxis, Gutachtliche Stellungnahmen, SJZ 1949, 450
Schneidewin	Die Rechtsprechung in Strafsachen, in: Lobe, Fünfzig Jahre Reichsgericht, Berlin und Leipzig 1929, S. 270
Schneidewin, JR	Der Urkundenbeweis in der Hauptverhandlung, JR 1951, 481
Schneidewin, NJW	Der erste Band der Entscheidungen des Bundesgerichtshofs in Strafsachen, NJW 1952, 681

Schönke, DRZ	Grenzen des Sachverständigenbeweises, DRZ 1949, 203
Schönke, DRZ	Einige Bemerkungen zur Frage der Verwendung des „Wahrheitsserums", DRZ 1950, 145
Schwarz	Kommentar zur Strafprozeßordnung, 22. Aufl., München und Berlin 1960
Schwarz, F.	Zur Sachverständigentätigkeit des Arztes, Festschrift für Pfenninger, Zürich 1956, S. 148
Schwenck	Unzulässige Vernehmungsmethoden (Probleme des § 136 a StPO), Jur. Diss., Köln 1952
Siegert, DRiZ	Zur Tragweite des § 136 a StPO, DRiZ 1953, 98
SJZ	Süddeutsche Juristenzeitung
v. Staabs	Der Sceno-Test, 2. Aufl., Stuttgart 1951
Statistik	Statistik der Bundesrepublik Deutschland, hrsg. v. Statistischen Bundesamt Wiesbaden, 1950—1958, Bd. 110, 129, 158, 172, 210, 229, 251
Stein	Das private Wissen des Richters, Leipzig 1893
Stern, W., ZStrW	Zur Psychologie der Aussage, ZStrW 22 (1902), 315
Stern, W.	Die Aussage als geistige Leistung und als Verhörsprodukt, Leipzig 1904
Stern, W., ZStrW	Leitsätze über die Bedeutung der Aussagepsychologie für das gerichtliche Verfahren, ZStrW 26 (1906), 180
Stern, W., Jugendliche Zeugen	Jugendliche Zeugen in Sittlichkeitsprozessen, Leipzig 1926
Undeutsch, Gutachtertätigkeit	Die Entwicklung der gerichtspsychologischen Gutachtertätigkeit, Göttingen 1954
Undeutsch, in Ponsold	Aussagepsychologie, in: Ponsold, Lehrbuch der gerichtlichen Medizin, Stuttgart 1957, S. 191
Weidner	Methoden zur Intelligenzprüfung nach Wechsler, in: E. Stern, Die Tests in der klinischen Psychologie, Bd. I, 1954
Wellek	Das Experiment in der Psychologie, Studium generale, 1. Jahrg., 1947/48, S. 18

Wellek	Ganzheitspsychologie und Strukturtheorie, 1955
Welzel	Vom irrenden Gewissen, Tübingen 1949
Wernicke	Kommentar zum Bonner Grundgesetz, Hamburg
Weimann, JR	Probleme des medizinischen Sachverständigen im Strafprozeß, JR 1951, 198
Westhoff	Über die Grundlagen des Strafprozesses mit besonderer Berücksichtigung des Beweisrechts, Jur. Diss., Köln 1955
ZStrW	Zeitschrift für die gesamte Strafrechtswissenschaft

WEG UND ZIEL DER ARBEIT

An manchen Richter und Staatsanwalt ist in den letzten Jahren die Frage herangetreten, wann er den Zeugen durch einen psychologischen Sachverständigen auf seine Glaubwürdigkeit untersuchen lassen darf und in welchen Fällen er diese Untersuchung sogar vornehmen lassen muß. Wie er sich auch entscheiden mag, er wird sich Rechenschaft ablegen müssen über Reichweite und Grenzen seiner Aufklärungspflicht im Strafverfahren.

Traut der Richter sich bei einer schwierigen Beweislage nicht zu, selbständig zu beurteilen, ob der Zeuge wahrhaftig oder unwahrhaftig, wahrheitsgemäß oder in irriger Weise seine Aussage macht, so ist er auf die Hilfe des psychologischen Sachverständigen angewiesen.

Wann der Richter die Glaubwürdigkeit des Zeugen selbständig beurteilen darf und wann er einen Sachverständigen zu Rate ziehen muß, diese Frage ist zwar in zahlreichen Entscheidungen erörtert worden, eine einheitliche Rechtsprechung hat sich aber bisher noch nicht herausgebildet. Es soll deshalb hier versucht werden, zur Klärung dieser Frage beizutragen und weiter herauszufinden, wie die Möglichkeiten solcher Sachverständigen-Untersuchungen oder „Explorationen“ beschaffen sind und wo ihre Grenzen im Rahmen des geltenden Strafverfahrensrechts liegen.

Zu diesem Zweck werden zunächst Stellung und Aufgabe des Zeugen und des Sachverständigen im Strafprozeß dargestellt werden. Die Aussage des Zeugen hilft bei der Aufklärung des Sachverhalts. Dem Richter und seiner Überzeugung von der Glaubwürdigkeit oder Unglaubwürdigkeit eines Zeugen zu dienen, ist dann Sinn und Ziel der Tätigkeit des psychologischen Sachverständigen.

Alle psychologischen Prüfungen des Zeugen auf seine Glaubwürdigkeit sind aber nur Vorarbeit für den Richter, der auch hier schließlich alleine in freier richterlicher Beweiswürdigung zu entscheiden hat. Daraus ergibt sich als Aufgabe für den Richter, dafür zu sorgen, daß bei Untersuchungen der Sachverständigen die Schranken des geltenden Rechts beachtet werden. Es könnte sonst sein, daß die Hilfe, die der psychologische Sachverständige bei der Beweisaufnahme bieten kann, umsonst geleistet ist, da die angewendete Explorationstechnik prozeßrechtlich unzulässig ist und ihr Ergebnis vom Gericht nicht verwertet werden darf.

1. Kapitel

Stellung und Aufgabe des Zeugen im Strafprozeß

Die Strafprozeßordnung[1] enthält die Bestimmungen, die die gerichtliche Vernehmung von Zeugen betreffen, im ersten Buch unter dem Titel „Allgemeine Vorschriften". Das bedeutet, daß seine Stellung sich in jeder Lage des Verfahrens einheitlich nach den §§ 48—71 StPO[2] beurteilen läßt, sofern nicht diese Vorschriften selbst auf Besonderheiten hinweisen[3].

1. Stellung des Zeugen im allgemeinen

Jedermann, der der deutschen Gerichtsbarkeit unterstellt ist[4], kann als Zeuge in Anspruch genommen werden. Er hat dann grundsätzlich die dreifache Pflicht zu erfüllen, vor Gericht zu erscheinen (§§ 48, 51), dort auszusagen (§ 70) und seine Aussage zu beeiden (§§ 59, 70). Der Pflichtcharakter dieser dreifachen Aufgabe ist unschwer an den im Gesetz vorgesehenen Zwangsmaßnahmen zu erkennen, die zu ihrer Erfüllung angewendet werden können (§§ 51, 70).

Schon die Erscheinenspflicht kann erhebliche Anforderungen an den Zeugen stellen[5] und erst recht die Aussage- und Beeidigungspflicht ihm mannigfache Schwierigkeiten bereiten. Bei der Ermahnung zur wahrheitsgemäßen Aussage und der Belehrung über die Bedeutung des Eides und die strafrechtlichen Folgen einer unrichtigen oder unvollständigen Aussage (§ 57), spätestens aber im Zeitpunkt der Eidesleistung, wenn er „bei Gott dem Allmächtigen und Allwissenden schwört, daß er nach bestem Wissen die reine Wahrheit gesagt und nichts verschwiegen habe" (§ 66c), müßte ihm klar werden, wie ernst seine Rolle im Verfahren genommen und wie sehr von ihm gefordert wird, seine ganze Person einzusetzen, damit die Beweiskraft seiner Aussage auch das leisten kann, wozu sie der Richter braucht: die tatsächlichen Feststellungen des Urteils mitaufzu-

---

[1] StPO vom 1. Februar 1877 (RGBl S. 253) in der Fassung der Bekanntmachung v. 12. September 1950 (BGBl S. 629).

[2] Paragraphen ohne besondere Bezeichnung sind solche der StPO.

[3] Vgl. §§ 65, 66.

[4] KMR Vorbem. vor § 48 Erl. 4.

[5] Vgl. BGHSt 9, 230 (Urt. v. 17. Mai 1956 — 4 StR 36/56 — wo einer 30jährigen Zeugin, die in Toronto (Kanada) wohnte, zugemutet wird, vor dem deutschen Gericht zu erscheinen, weil auf ihrer Glaubwürdigkeit das Urteil aufbaute.

bauen, die dann ihrerseits das Urteil tragen sollen. Denn der Richter und seine Rechtsfindung sind oft angewiesen auf den Zeugen und seine Bereitwilligkeit, im Prozeß mitzuwirken. Nicht umsonst ist die Belehrung in § 57 so einprägsam vorgeschrieben und der Wortlaut der Eidesformel unmißverständlich gefaßt. Die Bedeutsamkeit der Zeugenaussage findet auch ihren Ausdruck in der Höhe der Strafsanktion: der Meineid wird grundsätzlich mit Zuchthaus bedroht (§ 154 StGB) und die falsche uneidliche Aussage mit mindestens drei Monaten Gefängnis (§ 153 StGB).

Aber nicht allein die Möglichkeit einer strafbaren Handlung unmittelbar durch die Aussage rückt mit der Zeugenstellung in spürbare Nähe, auch Begünstigung (§ 257 StGB), Freiheitsberaubung (§ 239 StGB), falsche Anschuldigung (§ 164 StGB), Beleidigung (§§ 185 ff. StGB) und manche andere Straftatbestände sind allzuleicht mit einer bewußt oder fahrlässig falschen Aussage verbunden.

Aus der Rolle des privaten Beobachters plötzlich in die Öffentlichkeit des Prozesses gezogen zu werden und dort als Beweisperson Einfluß auf das Schicksal des Angeklagten zu gewinnen, ist keine leichte Aufgabe, und die meisten Zeugen, auch die jugendlichen und kindlichen schon, haben ein gutes Empfinden für den Ernst ihrer Aufgabe. Es ist sogar nicht selten, daß der Zeuge am liebsten nichts mit der Sache zu tun haben möchte, nicht nur, weil ihm die ganze Angelegenheit lästig und zeitraubend erscheint, sondern vielleicht auch, weil er durch die Wahrheitspflicht in einen ernsten inneren Konflikt hineingerät. Martin Buber erzählt in seinen „Autobiographischen Fragmenten“[6] eine Geschichte, die er als 12jähriger Knabe in der Schule miterlebt hat. Sein Erlebnis soll in diesem Zusammenhang geschildert werden, weil es in ausgezeichneter Weise die problematische Situation des innerlich engagierten Zeugen zum Ausdruck bringt:

> „Der Klassenraum umfaßte 5 Reihen zu 6 Bänken. In jeder Bank saßen zwei Schüler ... In der dritten Bank der mittleren Reihe saßen zwei Knaben, die bisher mir und wohl auch den meisten anderen in keiner Weise aufgefallen waren; nun aber zogen sie aller Blicke auf sich. Tag um Tag führten sie uns, ohne die Bank zu verlassen, mimische Spiele vor, mit clownhafter Behendigkeit, aber ohne einen Laut von sich zu geben, und ihre Gesichter blieben unveränderlich streng. Nach einiger Zeit nahmen die Spiele einen immer aufdringlicher werdenden sexualen Charakter an. Nun sahen die Gesichter der beiden so aus, wie ich mir die Seelen in der Höllenpein vorstellte, von denen mir einige Mitschüler im Ton von Sachkundigen zu berichten wußten. Alle Bewegungen waren grauenhaft zwangsartig. Wir glotzten die beiden an, solang das Schauspiel dauerte. Kurz vor dem Ende der Pause brachen sie ab. In unseren Gesprächen wurde der Vorgang nie erwähnt.
>
> Etwa eine Woche, nachdem die Schaustellungen diese Gestalt angenommen hatten, wurde ich zum Schuldirektor gerufen. Er empfing mich mit der sachten Freundlichkeit, die wir an ihm kannten, und fragte mich alsbald, was ich von dem Treiben der beiden wüßte. „Ich weiß nichts!“ schrie ich auf.

[6] Begegnung, Autobiographische Fragmente, Stuttgart 1960, S. 13 ff.

Er sprach wieder, ebenso sacht wie vorher. „Wir kennen dich ja“, redete er mir zu, „du bist ein gutes Kind, du wirst uns helfen“. „Helfen? Wem Helfen?“ wollte ich — so scheint es mir — erwidern, aber ich schwieg, ich starrte schweigend den Direktor an. Von dem, was danach geschah, ist mir fast nichts ins Gedächtnis gedrungen, nur daß mich ein großes Weinen, wie nie zuvor, überkam und ich fast bewußtlos weggeführt wurde. Als ich aber zu Hause einige Stunden danach mich an den letzten Blick des Direktors zu erinnern versuchte, war es kein sachter Blick gewesen, der mich traf, sondern ein erschreckter.“

Martin Buber schließt hier an: „Die lange Folge von Erfahrungen, die mich das problematische Verhältnis zwischen Grundsatz und Situation verstehen lehrte und mir damit das Wesen der wahren Norm erschloß, die nicht unsern Gehorsam, sondern uns selber fordert, hat mit dieser Erschütterung meiner Kindheit begonnen.“

In einer ganz ähnlichen Situation befanden sich die Zeugen, deren widerrechtliche Verbringung in Beugehaft Gegenstand der Entscheidungen in RGSt 73, 31 ff.[7] und BGHSt 9, 362[8] war. Auch sie wollten nicht zum „Verräter“ anderer werden, die Schmuggelware vom Angeklagten gekauft hatten (so im Falle des Reichsgerichts) oder sogar zum „Verräter des Dorfes“ (so im Falle, den der Bundesgerichtshof zu entscheiden hatte). Deshalb gewannen die Gerichte in beiden Fällen den Eindruck, daß sie offensichtlich mit ihren Aussagen zurückhielten und viel weniger sagten, als sie in Wirklichkeit wußten.

Der Zeuge, der sich eines solchen Konfliktes bewußt wird, muß sich entscheiden zwischen der wahrheitsgemäßen vollständigen oder der unvollständigen und unwahren Aussage. In dem einen Falle entscheidet er sich für die Rechtsfindung des Gerichts und gegen die strafrechtlichen Folgen von falscher Aussage und Meineid; in dem anderen Falle entscheidet er sich aber häufig für eine intimere Bindung in der Form der Freundschaft, Kameradschaft oder Dorfgemeinschaft und vermeidet damit oft die gesellschaftlichen Folgen, ausgestoßen zu werden aus dieser Gemeinschaft.

2. Zeugnis- und Auskunftsverweigerungsrecht

Einen gewissen, festabgrenzbaren Intimitäts- oder Vertrauensbereich achtet denn auch die Strafprozeßordnung, indem sie in § 52 den Angehörigen und in § 53 bestimmten Berufen ein Zeugnisverweigerungsrecht gewährt. Der Vernehmungsrichter[9] hat den Angehörigen zu belehren,

---

[7] Urt. v. 15. Dez. 1938.

[8] Urt. v. 27. Sept. 1956 — 3 StR 217/56 —.

[9] Nach überwiegender Ansicht ist nur der Richter zur Belehrung verpflichtet, nicht dagegen der vernehmende Staatsanwalt oder Polizeibeamte; so RGSt 70, 6 — Urt. v. 3. Dez. 1935 —; OGHSt 1, 299 (302) (Urt. v. 5. März 1949); BGHSt 2, 99 (106 f.) (Urt. v. 15. 1. 1952 — 1 StR 341/51 —); KMR § 52, Erl. 3; Löwe-Rosenberg § 52 Erl. 7 a; Schwarz, § 52 Erl. 4; Peters, Lehrb. 271; eine Belehrungspflicht auch des Staatsanwalts und des Polizeibeamten nimmt dagegen

damit diesem deutlich wird, daß staatliche Macht diesen Vertrauensbereich unangetastet lassen will, § 52 Abs. 2. Der Richter kann die Belehrung keinem anderen überlassen, er hat sie vielmehr selbst zu erteilen, „damit die Gewähr besteht, daß der Zeuge ohne unzulässige Einwirkung so sachgemäß belehrt wird, daß er sich der Bedeutung seines Rechtes bewußt wird und sich nun in Kenntnis der Tragweite seines Handelns freiwillig entscheiden kann"[10].

Aus der Achtung festabgrenzbarer Intimbereiche entsteht ein Beweisverbot[11], das die Wahrheitserforschung im Strafprozeß beschränkt. Schon hier erscheint eine Schranke, die den Richter bei der Tatsachenfeststellung daran hindert, sich aller möglichen Erkenntnisquellen, die etwa ein privater wissenschaftlicher Forscher benutzen kann, zu bedienen.

Das Zeugnisverweigerungsrecht der Angehörigen wird unbeschränkt anerkannt; derjenige, der sich darauf beruft, braucht keine weiteren Gründe anzugeben. Der Richter ist sogar gehalten, jegliche Begründung seitens des Zeugen zu verhindern. Eröffnet der Zeuge ihm dennoch, weshalb er von seinem Recht Gebrauch macht, so darf der Richter diese Beweggründe in seiner späteren Entscheidung nicht verwerten[12]. Die Rechtsprechung des 3. Senates des Bundesgerichtshofes erscheint in dieser Frage nur konsequent; um so weniger ist es verständlich, wenn derselbe 3. Senat in einer früheren Entscheidung[13] der Ansicht des Reichsgerichts[14] zustimmt, daß die Tatsache der Zeugnisverweigerung als solche der freien Beweiswürdigung unterliegt. Während dem Richter verboten wird, deutlich ausgesprochene Motive der Zeugnisverweigerung zu würdigen,

---

E. Schmidt, Lehrkommentar § 52 Erl. 15, JR 59, 369 (372) und im Anschluß an ihn R. Busch in Festschrift für E. Schmidt, 577, an. Dies ist jedoch unzutreffend, weil die Strafprozeßordnung nichts über die Vernehmung durch den Staatsanwalt und den Polizeibeamten sagt. Da der Zeuge nicht verpflichtet ist, vor dem Staatsanwalt oder dem Polizeibeamten überhaupt auszusagen, so können diese auch nicht verpflichtet sein, den Zeugen über ein Zeugnisverweigerungsrecht zu belehren.

[10] BGHSt 9, 195 (Urt. v. 1. 6. 1956 — 2 StR 27/56 —).

[11] Terminus von Beling geprägt in „Die Beweisverbote als Grenzen der Wahrheitserforschung im Strafprozeß", Breslau 1903, 3. Wenn Beling meinte, dieses Beweisverbot sei ein selbstgeschaffenes Hemmnis des Staates, so geht er irrtümlicherweise davon aus, der Staat könne über den Intimitätsbereich seiner Bürger frei verfügen und halte aus vernünftiger und weiser Selbstbeschränkung diese Grenze inne. Tatsächlich ist dieser Bereich aber nicht von der Vernunft oder Unvernunft staatlichen Handelns abhängig, seine Eigenständigkeit und sein Eigenwert müssen vielmehr geachtet werden. Im Sinne unseres Grundgesetzes (Art. 1) ist das Beweisverbot des Zeugnisverweigerungsrechts denn auch als ein Ausdruck der Achtung eines Bereiches zu verstehen, den staatliche Macht nur schützen, nicht aber beherrschen kann.

[12] BGHSt 6, 279 (Urt. v. 8. 4. 1954 — 3 StR 725/53 —).

[13] BGHSt 2, 351 (Urt. v. 8. 5. 1952 — 3 StR 1199/51 —).

[14] RGSt 55, 20 (Urt. v. 22. 5. 1920); RG HRR 1939 Nr. 729 (Urt. v. 14. 3. 1939).

soll es ihm nicht verwehrt sein, nur wahrscheinliche, weil naheliegende Beweggründe in seinem Urteil zu berücksichtigen. Die Gefahr, daß der Zeugnisverweigerungsberechtigte nur deshalb aussagt, um den Anschein von naheliegenden Motiven zu zerstören — oder gar falsch aussagt, um den Effekt der Entlastung des Angehörigen zu erreichen —, ist um so größer, je mehr sich der Zeuge sagen muß, daß die Verweigerung der Aussage ohne weiteres vom Richter als belastendes Moment für den Angeklagten gewürdigt wird. Man sollte von einem Richter erwarten, daß er es fertigbringt, über den oft sehr naheliegenden Verdacht bei einer Zeugnisverweigerung hinwegzusehen, und der Zeuge sollte sich darauf verlassen dürfen, daß der Richter die Zeugnisverweigerung weder positiv noch negativ in seiner Beweiswürdigung verwertet[15].

Dasselbe muß für das Aussageverweigerungsrecht nach § 55 um so mehr gelten, da der Zeuge hier vor allem in seinem eigenen Interesse die Beantwortung von Fragen unterlassen kann.

Es erscheint widerspruchsvoll, wenn die Strafprozeßordnung den Persönlichkeits- und Vertrauensbereich des Zeugen achtet und unangetastet läßt, im praktischen Verfahren aber dieser Schutzbereich gefährdet wird[16].

3. Der Eid als Glaubwürdigkeitsgrundlage

Der Zeuge hat im Strafverfahren grundsätzlich zu schwören, daß er „nach bestem Wissen die reine Wahrheit gesagt und nichts verschwiegen hat", § 66c. Die Vereidigung ist seit der Neufassung der Strafprozeßordnung durch das Vereinheitlichungsgesetz vom 12. September 1950[17] wieder als Regel allgemein eingeführt und anerkannt[18]. Zwar hatte das Gesetz vom 24. November 1933[19] noch den Grundsatz der Vereidigung in § 59 aufrechterhalten[20], jedoch wurden die Fälle, in denen der Richter

---

[15] Ebenso Peters, Lehrbuch, 271; v. Godin, SJZ 49, 65; Buchwald, SJZ 49, 360, der darauf hinweist, daß anderenfalls das Schweigen des Zeugnisverweigerungsberechtigten als Zeugnis behandelt würde.

[16] Peters, Lehrbuch, 272, führt in diesem Zusammenhang aus: „Ich entsinne mich eines Falles, in dem das Gericht lediglich auf Grund der Tatsache der Aussageverweigerung in einem Wildereiprozeß in dem später gegen den Zeugen anhängig gemachten Strafverfahren die Schuld für erwiesen hielt. Ein solches Verfahren unterhöhlt den § 55 und beschwört die Gefahr falscher Aussagen oder gar von Meineiden herauf."

[17] Gesetz zur Wiederherstellung der Rechtseinheit v. 12. 9. 1950, BGBl 455.

[18] BGHSt 1,8 (Urt. v. 23. 1. 1951 — 1 StR 35/50 —); BGHSt 1, 175 (Urt. v. 18. 5. 1951 — 1 StR 173/51 —); BGHSt 14, 374 (Beschl. v. 15. 6. 1960 — 4 StR 20/60 —); Löwe-Rosenberg § 59 Erl. 3; Schwarz § 59 Erl. 1; Peters, Lehrbuch, 274.

[19] Gesetz zur Einschränkung der Eide im Strafverfahren, RGBl I, 1008.

[20] Vgl. RGSt 68, 275 (Urt. v. 12. 6. 1934); RGSt 68, 310 (Urt. v. 25. 9. 1934); Kohlrausch, Vorbem. vor §§ 57 ff.

nach seinem Ermessen von der Vereidigung absehen konnte, vermehrt[21]. Mit der Verordnung der Reichsregierung vom 29. Mai 1943[22] trat aber die Tendenz, den Eid abzuwerten, klar hervor, da fortan jede Vereidigung dem Ermessen des Richters überlassen blieb. Darüber konnten auch die Eingangsworte zu dem Gesetz vom 24. November 1933[19] nicht täuschen: „Um dem Eide die seinem Wesen und seiner Heiligkeit entsprechende Bedeutung wieder zu verleihen, um vor allem überflüssige Eidesleistungen zu verhindern, hat die Reichsregierung das folgende Gesetz beschlossen." Niethammer[23] nennt diese Sprache heuchlerisch. Aber man braucht nicht einmal dem damaligen Gesetzgeber redliches Bemühen abzuerkennen, denn die Minderbewertung des Eides ist eine viel weitergreifende Erscheinung und liegt nicht in der Hand der gesetzgebenden staatlichen Gewalt. Sie kann ihr allenfalls Handlangerdienste leisten. Wenn der Eid seine innere Verbindlichkeit verliert, weil ihm keine religiöse oder auch nur sittliche Bindung mehr Bedeutung gibt, dann bleibt nichts als die Furcht vor der Zuchthausstrafe, die den Zeugen dazu bewegen kann, wahrheitsgemäß auszusagen.

Den Vorschriften der geltenden Strafprozeßordnung über die Vereidigung liegt aber der Gedanke zugrunde, daß der Richter dem Zeugen mehr Glauben schenken darf, wenn er seine Aussage unter Eid gemacht hat. Die Glaubwürdigkeit des Zeugen soll durch den Eid sozusagen „unter Beweis gestellt" werden, das heißt hier, der Zeuge soll „beweisen" oder zeigen, daß er es mit seiner Aussage ernst und ehrlich meint. Der Eid ist das einzige verfahrensmäßig vorgesehene Mittel, die Glaubwürdigkeit des Zeugen zu prüfen. Das Reichsgericht[24] bezeichnete ihn als das wesentliche Mittel, eine wahre Aussage zu erzwingen, und lehnte ebenso wie der Bundesgerichtshof die Verhängung einer Ordnungsstrafe und die Anordnung der Beugehaft gem. § 70 ab, um durch diese Maßnahmen Zeugen zu bewegen, wahrheitsgemäß auszusagen[25].

Den Vereidigungsverboten des § 60 liegt zwar nicht nur und nicht in allen hier erfaßbaren Fällen die Vermutung der Unglaubwürdigkeit zu-

---

[21] Vgl. § 61 a. F.

[22] Durchführungsverordnung zur Strafangleichungsverordnung, Art. 4 Ziff. 2 (RGBl I, 341 f.).

[23] „Der Kampf um die Wahrheit im Strafverfahren", in Sauer-Festschrift, 1949, S. 39.

[24] RGSt 69, 263 (Urt. v. 9. 7. 1935); vgl. auch den Wortlaut der §§ 62 und 65 Abs. 1, 2. Alternative.

[25] „Den Zeugen zu einer wahrheitsgemäßen Aussage zu nötigen, sind Maßnahmen des § 70 StPO nicht bestimmt; körperliche Zwangsmittel, zu denen auch die Freiheitsentziehung gehört, sind — das lehrt die Erfahrung der Rechtsgeschichte — der Erforschung der Wahrheit nicht dienlich. Den Zeugen zu einer wahrheitsgemäßen Aussage zu veranlassen, ist der Eideszwang mit der schweren Strafandrohung bestimmt, die sich an die Verletzung der Eidespflicht knüpft", RGSt 73, 31 ff. (Urt. v. 15. 12. 1938); ähnlich BGHSt 9, 362 (Urt. v. 27. 9. 1956 — 3 StR 217/56 —).

grunde. Für Nr. 2 und 3 ist jedoch dieser Gesichtspunkt ausschlaggebend gewesen[26]. Dagegen steht bei § 60 Nr. 1 im Vordergrund, daß der Zeuge noch nicht oder überhaupt nicht in der Lage ist, die Bedeutung des Eides zu erfassen. Ein solcher Zeuge ist aber darum nicht von vornherein unglaubwürdiger als andere[27]. Der Richter kann sich bei ihm nur nicht die Sicherheit von der Wahrhaftigkeit seiner Aussage auf dem Wege der Vereidigung verschaffen. — Was für § 60 Nr. 1 gilt, ist entsprechend auf § 61 Nr. 1 anzuwenden, nur daß es hier der Beurteilung des Richters im Einzelfall überlassen ist, festzustellen, ob der jugendliche Zeuge bereits eidesmündig ist. Ratio legis des § 61 Nr. 2 dagegen ist vor allem die Vermutung der Voreingenommenheit des Verletzten oder Angehörigen und die sich daraus ergebenden Zweifel an der Richtigkeit seiner Aussage[28]. Kann der Zeuge aber nichts Wesentliches zur Aufklärung des Sachverhalts beitragen, so soll der Richter verhindern, daß die Vereidigung ohne Sinn und Zweck vorgenommen wird und als bloße Formalität erscheint, § 61 Nr. 3. Ein solches Verfahren ist nämlich nur geeignet, dem Ansehen des Eides zu schaden.

Sinn der Vereidigung ist es also, daß der glaubwürdig erscheinende und um die Bedeutung des Eides wissende Zeuge nun durch die Tat, nämlich durch den Eid, „beweisen“ soll, daß er es mit seiner Aussage ernst meint. So gewinnt der Richter eine gewisse Sicherheit in der Frage der Glaubwürdigkeit des Zeugen und der Glaubhaftigkeit seiner Aussage. Bestehen dagegen, wie in der Mehrzahl der eben erörterten gesetzlich angeordneten oder zugelassenen Fälle, bereits Bedenken gegen die Glaubwürdigkeit, so soll die Vereidigung unterbleiben.

Es geschieht aber nicht selten, daß der Zeuge einen Meineid leistet, wenn er nur damit rechnen kann, daß seine strafbare Handlung unaufgeklärt bleibt und er nie bestraft werden wird. Wenn man daher zugeben

---

[26] Vgl. die Motive zu § 47 des Entwurfs einer Deutschen Strafprozeßordnung, Berlin 1872, S. 55.

[27] Vgl. BGHSt 3, 229 (Urt. v. 2. 10. 1952 — 5 StR 623/52 —).

[28] Kohlrausch, Vorbem. vor §§ 57 ff., sah im Anschluß an die amtliche Begründung des G. v. 24. 11. 1933 in DRAnz. v. 27. 11. 1933, Nr. 277, in der Unglaubwürdigkeit die ratio legis für die Fälle des § 61 Nr. 1—4 a. F. StPO. — In RGSt 68, 310 ff. (Urt. v. 25. 9. 1934) stellt das Reichsgericht den Grundsatz auf, „die Entscheidung der Vorfrage, ob der als Zeuge vernommene Verletzte oder Angehörige des Verletzten der gesetzlichen Regel entsprechend zu vereidigen oder ob von der Vereidigung kraft der in § 61 Nr. 2 StPO zugelassenen Ausnahme abzusehen sei, von der inneren Stellungnahme des Richters zur Glaubwürdigkeit des Zeugen abhängig zu machen“.—

Der Bundesgerichtshof ist in BGHSt 1, 175 (Urt. v. 18. 5. 1951 — 1 StR 173/51 —) diesem Grundsatz nicht so allgemein gefolgt. Er vertritt vielmehr die Ansicht, daß neben der Besorgnis, der Verletzte könne voreingenommen sein und deswegen von der Wahrheit abweichen, noch andere beachtliche Gründe denkbar seien, die den Richter veranlassen könnten, von der Vereidigung abzusehen.

muß, daß in weiten Schichten unseres Volkes der Eid seine innere Verbindlichkeit verloren hat und außerdem in manchen Fällen die Vereidigung kraft Gesetzes unterbleiben muß, so ist es nicht verwunderlich, wenn der Richter sich nach anderen Mitteln umsieht, welche die Funktion des Eides, nämlich die Prüfung der Glaubwürdigkeit, übernehmen können.

Es liegt dann gar nicht sehr weit ab, hier an die Mittel der modernen Psychologie zu denken, die von außen her versucht, auf mannigfache Weise die innere Struktur der menschlichen Person und ihrer Ausdruckserscheinungen zu erfassen.

Da die Eideskraft nicht mehr auszureichen scheint, die für den Beweis notwendige Glaubwürdigkeit zu verbürgen, findet man in der naturwissenschaftlich-experimentell wie auch intuitiv arbeitenden Psychologie einen Ersatz, der sich zunächst einmal als willkommene Hilfe anbietet. Es fragt sich nur, was die Psychologie bei der Glaubwürdigkeitsfeststellung wirklich zu leisten vermag und wie weit ihre Arbeitsmethoden im Strafprozeß dem Zeugen gegenüber zulässig sind.

4. Die Zeugenaussage und ihre Grenzen

Man hat den Zeugen ganz treffend das „erweiterte Auge" des Richters genannt[29]. Er hat die Aufgabe, in der Hauptverhandlung etwas zu bekunden, was er sinnlich wahrgenommen hat. Tatsächliche Beobachtungen, die er gemacht hat, soll er dem Richter möglichst genau wiedergeben, damit dieser darauf seine Tatsachenfeststellung gründen kann.

Es ist aber jedermann bekannt, wie häufig unsere Sinne Täuschungen unterliegen, wie unterschiedlich die Wahrnehmungsfähigkeiten der verschiedenen Menschen beschaffen sind und wie schwer es ist, selbst eine scharfe und bewußte Beobachtung in genauen Worten wiederzugeben. — Die Skepsis gegenüber dem Zeugenbeweis ist denn auch mit der Entwicklung der experimentell-naturwissenschaftlich ausgerichteten Aussagepsychologie nur größer geworden. Seit Groß in seinem Handbuch für Untersuchungsrichter[30] auf die unbewußten Fehler aufmerksam gemacht hat, die selbst der Zeuge mit dem besten Willen zur Wahrheit nicht vermeiden kann, ist die kritische Auseinandersetzung mit dem Zeugenbeweis in Gang gekommen[31]. Daß eine Zeugenaussage in ihrer genetischen Entwicklung ein sehr komplizierter Vorgang ist, dem gegenüber sich beispielsweise die Aufnahme und Wiedergabe auf einer photographischen Platte oder einem Magnetophonband als eine leicht durchschaubare An-

[29] Peters, Lehrbuch, S. 265; vgl. auch Gorphe, La Critique du Témoignage, S. 9.

[30] Handbuch für Untersuchungsrichter, 1. Aufl., 1893, S. 37 ff.

[31] Vgl. hierzu: Hellwig, Psychologie und Vernehmungstechnik bei Tatbestandsermittlungen, 1. Aufl., 1927, 2. Aufl., 1951, S. 88 ff.; Mönkemöller, Psychologie und Psychopathologie der Aussage, 1930; Plaut, Der Zeuge und seine Aussage im Strafprozeß, 1931; Hecker, Über die Problematik des Zeugenbeweises, Diss., 1931; Bohne in SJZ 49, 9 ff.

gelegenheit darstellt, ist eine Erkenntnis, zu der die psychologische Wissenschaft viel beigetragen hat[32]. Dem Strafrichter dürfte dies kaum unbekannt sein, einmal aus den Erfahrungen der Praxis und sodann, da er doch auch in der juristischen Literatur zahlreiche Möglichkeiten hat, sich über die Grundzüge der Aussagepsychologie, die zur Durchführung einer sachgemäßen Vernehmung behilflich sein können, zu orientieren[33].

Trotz aller Hinweise auf die Mängel des Zeugenbeweises bedarf es keiner Frage, daß der Richter auf die Aussagen der Zeugen zur Feststellung der Tatsachen angewiesen ist. Sie sind nicht durch andere Beweismittel zu ersetzen, auch nicht durch den sicherer scheinenden Realienbeweis[34].

Auf der anderen Seite ist aber auch zu bedenken, daß die menschliche Wahrnehmung und Aussage immer von einem Sinnverständnis getragen ist, das Wichtiges und Nebensächliches zu unterscheiden vermag. Den Sinn einer Handlung oder eines Erlebnisses vermag der Zeuge in der Regel richtig zu erfassen und wiederzugeben, mögen ihm dabei auch Einzelheiten, die eine Photographie oder ein Tonband ohne Auswahl mit festhält, entgehen[35]. Das Sinnverständnis setzt aber schon einfache, erfahrungs- oder gewohnheitsmäßige Schlußfolgerungen voraus. Hierdurch zeichnet es sich gerade vor der bloßen Registrierung eines Apparates aus[36]. Es ist abwegig, vom Zeugen zu erwarten, eine zusammenhängende Bewegung oder Handlung zunächst nur in ihren Einzelstücken wiederzugeben, statt, wie es verständiger Auffassung entspricht, sie sogleich als einheitliches Ganzes anzusprechen[37].

---

[32] Vgl. z. B. Kretschmer, Med. Psychologie, S. 12 ff., 34 ff., 73 ff.

[33] Z. B. Peters, Lehrbuch, S. 290 ff.; Hellwig, a. a. O.; Hecker, a. a. O.; Handbuch der Kriminalistik von Groß-Seelig, 1954 (8. und 9. Aufl. des Handbuchs für Untersuchungsrichter als System der Kriminalistik von H. Groß).

[34] Bohne, a. a. O., S. 9, möchte den Zeugenbeweis am liebsten vollkommen durch den Realienbeweis ersetzen. Dieser Gedanke kann aber nur ein Wunsch bleiben, weil der Richter in allen Fällen, in denen Realien fehlen, mit dem Zeugenbeweis auskommen muß.

[35] Peters, Lehrbuch, S. 244, sagt hierzu: „In der Regel prägt sich das uns wichtig Erscheinende ein, während das, was uns unbedeutend vorkommt (so unerhebliche Einzelheiten), schnell verschwindet."

[36] Dalcke, § 69 Anm. 2: „... Indessen erfordert jede sinnlich wahrnehmbare Tatsache, um dem Bewußtsein des Wahrnehmenden zugeführt zu werden, gleichzeitig eine Urteilsfähigkeit."

[37] In RGSt 40, 48 (Urt. v. 26. 2. 1907) beantragte die Verteidigung, eine Zeugin darauf zu prüfen, ob sie fähig sei, eigene Wahrnehmungen von Schlußfolgerungen zu unterscheiden. Zu diesem Zweck beabsichtigte sie einen Versuch in der Weise, „daß einer der Verteidiger seinen Federhalter ergriffen, diesen in das Tintenfaß getaucht und die Feder an das Papier gelegt, und daß nunmehr die Zeugin die Frage nach ihren Wahrnehmungen beantwortet hätte; dann würde sich ergeben haben, ob sie erklärt hätte, der Verteidiger wolle schreiben, oder ob sie die einzelnen Bewegungen genau wiedergegeben hätte".

Weit mehr als durch Schwächen und Fehler der Wahnehmungs-, Erinnerungs- oder Ausdrucksfähigkeit ist die Zeugenaussage aber durch bewußte Fälschungen, durch Zeugenlügen gefährdet. Die Meineidskriminalität[38] kann eine gewisse Vorstellung von dieser Gefährdung geben,

[38] Vgl. hierzu Peters, Lehrbuch, S. 298: „Die Zahl der bewußt falschen Aussagen ist außerordentlich hoch. Sie wird durch die Verurteilungsziffern wegen Meineids und uneidlicher falscher Aussage nur sehr unvollkommen wiedergegeben. Innerhalb von 50 Jahren (1886—1943) erfolgten in Deutschland 36 000 Verurteilungen wegen Meineids. Nach Schätzungen des Reichsjustizministers Emminger vor dem Strafrechts-Ausschuß des Reichtages (vgl. d. amtl. Bericht über die 53. Sitzung des Strafrechtsauschusses v. 27. 1. 1928, S. 2) belief sich bereits die vermutliche Jahresziffer der Meineide auf 35 000. Dem entsprächen in 50 Jahren 1 750 000 Meineide, so daß also nur 2 % der Meineide zur Verurteilung führten. — Nach Schätzungen von Kloß (Monatsschrift 2, 667 [1906]) soll die jährliche Meineidsziffer sogar sehr viel höher liegen, nämlich bei 60 000." — Vgl. ferner Peters, „Zeugenlüge und Prozeßausgang", S. 3 f.; Hecker, S. 36 f. — Aus der Statistik der Bundesrepublik Deutschland, hrsg. vom Stat. Bundesamt Wiesbaden, habe ich für die Jahre 1950—1958 aus den Bänden 110, 129, 158, 172, 210, 229, 251 folgende Zahlen entnommen:

Jahr	Delikt	rechtskräftig abgeurteilt	verurteilt	freigesprochen	eingestellt
1950	Meineid	1 182	665	381	136
	un. Auss.	741	421	150	169
1951	Meineid	1 128	635	442	51
	un. Auss.	1 110	743	304	63
1952	Meineid	1 363	756	561	46
	un. Auss.	1 307	841	411	55
1953	Meineid	1 492	719	717	56
	un. Auss.	1 486	924	492	70
1954	Meineid	1 606	784*	715	107
	un. Auss.	1 746	982	480	284
1955	Meineid	1 850	907	849	94
	un. Auss.	1 670	1 040	505	125
1956	Meineid	1 695	841	796	58
	un. Auss.	1 746	1 085	587	74
1957	Meineid	1 642	860	725	57
	un. Auss.	1 797	1 144	586	67
1958	Meineid	1 569	846	685	38
	un. Auss.	1 782	1 200	524	58

* Seit 1954 enthält diese Spalte auch diejenigen Fälle, in denen zwar verurteilt, aber von Strafe abgesehen wurde.

wenngleich über die Dunkelziffer nur Vermutungen geäußert werden können. Dennoch ist festzuhalten, daß die Aussage des Zeugen vor Gericht eine sittliche Leistung ist[39], bei der, wie Martin Buber es ausdrückt, „nicht sein Gehorsam, sondern er selbst gefordert ist". Deshalb geht es bei der Frage und dem Urteil über seine Glaubwürdigkeit auch um mehr als die Feststellung bloßen fehlerfreien Funktionierens menschlicher Wahrnehmungs- und Wiedergabefähigkeit.

5. Zeugenvernehmung

Will der Richter seine Tatsachenfeststellung auf die Aussage eines Zeugen stützen, so hat er diesen in der Hauptverhandlung zu vernehmen (§§ 244 Abs. 2, 250)[40]. Die Gegenwärtigkeit des Zeugen soll allen Prozeßbeteiligten, insbesondere aber dem Gericht die Gelegenheit bieten, einen unmittelbaren Eindruck von der Persönlichkeit des Zeugen zu gewinnen[41].

Die Vernehmung liegt in der Hand des prozeßleitenden Richters (§ 238). Er kann sie im Rahmen der Strafprozeßordnung frei gestalten[42]. Seine Vernehmungs*kunst* entscheidet oft über das Ergebnis, über Güte und Brauchbarkeit der Aussage. Vernehmungstechnik oder auch die Beherrschung eines Vernehmungssystems im Sinne Leonhardts[43] können dabei sehr nützlich sein und insbesondere bei lügnerischen Zeugen Hilfe leisten. Unentbehrlich aber erscheinen Menschenkenntnis[44], Lebenserfahrung und die Fähigkeit sowie Bereitschaft, jeden Zeugen so anzusprechen, daß er in der ihm gemäßen Weise vorbringen kann, was er weiß, was er gehört oder gesehen hat. Um dieses richtige Ansprechen muß sich der Richter um so mehr bemühen, da die Atmosphäre einer Hauptverhandlung in der Regel geeignet ist, den Zeugen je nach seiner Veranlagung zu verschüchtern, nervös zu machen oder ihn gerade herauszufordern, sich aufzuspielen[45].

Schon die Art und Weise, wie die Vernehmung mit der richterlichen Ermahnung zur Wahrheit (§ 57) eingeleitet wird, kann überängstlich, gleichgültig oder den Zeugen im rechten Sinne bedenklich machen. Wenn es üblich geworden ist, alle erschienenen Zeugen gleichzeitig zu belehren[46], so ist das zwar als zeitsparend verständlich. Man gibt sich aber damit

---

[39] Das betont auch Peters, Lehrbuch, S. 270, 275.

[40] Zum Ausnahmecharakter des § 251 vgl. Eb. Schmidt, Erl. 1 — 3 zu § 251.

[41] RGSt 46, 383 (Urt. v. 6. 12. 1912) erwähnt den persönlichen Eindruck von Zeugen als Grundlage für die Beurteilung der Glaubwürdigkeit.

[42] Peters, Lehrbuch, S. 278.

[43] Curt Leonhardt in ZStrW 51, 770; weitere Nachweise bei Peters, Lehrbuch, S. 317.

[44] Nach Knögel, NJW 59, 1665 ist Menschenkenntnis i. S. von Seelenkunde angeboren, nicht erlernbar, sondern nur ausbildbar.

[45] Zu einer kurzen Typologie der Zeugen vgl. Peters, Lehrbuch, S. 299 ff.; eingehender Plaut, S. 30 ff. und Mönkemöller, S. 30 ff.

[46] KMR, § 57, Erl. 1 b.

eine Chance aus der Hand, jeden Zeugen als einzelnen persönlich anzusprechen, womöglich die erste entscheidende Wirkung auf gerade diesen Zeugen auszuüben.

Die Vernehmung zur Person und zur Sache selbst soll denn auch nach ausdrücklicher Vorschrift des § 50 Abs. 1[47] einzeln und in Abwesenheit der später anzuhörenden Zeugen geschehen. Es soll vermieden werden, daß die Zeugen sich gegenseitig beeinflussen und dadurch die Wahrheitserforschung beeinträchtigt wird.

Betrachtet man die Vernehmung unter dem Gesichtspunkt, welche Möglichkeiten der Richter hat, sich Gewißheit über die Glaubwürdigkeit des Zeugen zu verschaffen, so gewinnen die in der Regel allzu schematisch gehandhabten Personal- und Generalfragen, die sogenannte Vernehmung zur Person (§ 68), an Bedeutung[48]. Weniger die Feststellung der Identität als die Angaben über Alter, Beruf und Wohnung können Anlaß geben, in dieser oder jener Richtung weitere Fragen zu stellen, um das Bild von der Person des Zeugen zu vervollständigen.

Die Frage nach dem Alter wird meist hinreichend durch den persönlichen Eindruck ergänzt. Bestimmte Berufe prägen den Charakter und lassen Berufseigenschaften[49] vermuten, die sich günstig oder ungünstig bei der Aussage auswirken können. Aus dem Wohnort des Zeugen schließlich können sich Hinweise auf nachbarschaftliche Beziehungen zum Angeklagten, Verletzten oder zu anderen Zeugen ergeben. Gerade nähere Beziehungen zu den Prozeßbeteiligten berühren nämlich das Glaubwürdigkeitsurteil (vgl. § 68 S. 2)[50]. Unbewußte Voreingenommenheit für oder gegen den Angeklagten färben die Aussage, Feindschaft oder Freundschaft können zu bewußten Fälschungen bewegen.

Bei Zeugen, die das Opfer einer Erpressung oder von Sittlichkeitsdelikten sind, finden sich häufig ganz unbestimmbare Verbindungen zur Tat und zum Täter, die nicht selten Schuldgefühle wecken und die Schilderung der Tatumstände beeinflussen. Gerade bei kindlichen und jugendlichen Zeugen, die in ein Verbrechen mit hineingezogen werden, ist dieser „Mit-Schuld-Komplex" nicht zu unterschätzen[51]. Wie soll der Richter diese Spannungen erkennen und ihre Wirkung auf die Aussage bestimmen? Diese Schwierigkeiten können sich in jedem Prozeß neu und anders stellen, denn die Beziehungen, die zwischen den Prozeßbeteiligten

---

[47] Allerdings nur Ordnungsvorschrift, auf deren Verletzung die Revision nicht gestützt werden kann; allenfalls bei sachwidriger Ermessensausübung, Dalcke, § 58 Anm. 1.

[48] Die sogenannten Generalfragen liegen im richterlichen Ermessen, RGSt 3, 100 f. (Urt. v. 10. 12. 1880); 45, 500 f. (Urt. v. 27. 2. und 12. 3. 1912).

[49] Vgl. hierzu Peters, Lehrbuch, S. 307; Plaut, S. 52.

[50] RGSt 16, 214 f. (Urt. v. 3. 10. 1887) hielt die Frage nach Beziehungen zu dem Beschuldigten nur bei besonderer Veranlassung für erforderlich; Eb. Schmidt, § 68, Erl. 5 hält diese Einschränkung wegen der Belehrungspflicht des Richters nach § 52 Abs. 2 für sehr anfechtbar.

[51] Vgl. Knögel, NJW 59, 1663.

bestehen, sind so vielgestaltig wie das Leben selbst. Der Richter hat die Möglichkeit und das Recht, den Zeugen nach dieser Richtung hin zu fragen (§ 68 S. 2), und durch vorsichtig-kluges Vorgehen, kann er die Situation, in welcher der Zeuge im Prozeß steht, zu erfassen suchen. Bei dieser Arbeit sind ihm Lebenserfahrung und Menschenkenntnis eine große Hilfe; wichtiger aber erscheint noch, ob er selber bereit ist, sich in die Lage des jeweiligen Zeugen hineinzudenken und sich mit ihr auseinanderzusetzen. Vielleicht ist das eine Zumutung für die mit Arbeit überlasteten Richter, aber diese Mühe mutet ihnen das Gesetz bei der Beweisaufnahme, mutet ihnen im Grunde das eigene Gewissen zu.

Mag die Aufgabe des Richters schwierig und anstrengend sein, für den Zeugen kann die Beantwortung der Fragen oft unangenehm und peinlich werden. Das Fragerecht reicht so weit wie die Aufklärungspflicht. Läßt die Frage aber keine sachliche Beziehung mehr zum Tatgeschehen erkennen, so kann sie als sachwidrig eine fehlerhafte Ermessensausübung sein[52]. Nach § 68a Abs. 1 soll keine dem Zeugen zur Unehre gereichende Tatsache unnötig berührt werden. Ist es aber zur Erforschung der Wahrheit notwendig, sie zur Sprache zu bringen, so gilt es als „unerläßlich", danach zu fragen[53]. Selbst nach Vorstrafen kann der Zeuge gefragt werden, wenn sie von Bedeutung für seine Glaubwürdigkeit erscheinen oder festgestellt werden soll, ob § 60 Nr. 2 oder Nr. 3 zutrifft (§68a Abs. 2). In der Entscheidung in BGHSt 1, 337[54] mußte eine Zeugin, die zwar die Bestrafung wegen falscher Anschuldigung zugegeben, jedoch zugleich behauptet hatte, damals unschuldig verurteilt worden zu sein, sich gefallen lassen, daß das gegen sie ergangene Strafurteil in der Hauptverhandlung verlesen wurde.

Die Beschränkung, die § 68a dem Richter und den übrigen frageberechtigten Prozeßbeteiligten (§ 240) auferlegt, ist nicht viel mehr als Rücksicht auf eine selbstverständliche Anstandspflicht. Eine feste Grenze wird erst durch das Auskunftsverweigerungsrecht des § 55 gezogen, weil keiner sich selbst oder seine Angehörigen der Gefahr strafgerichtlicher Verfolgung auszusetzen braucht.

Die Vernehmung zur Sache (§ 69) ist der Kern der Beweisaufnahme beim Zeugenbeweis. Die zusammenhängende Darstellung, die der Zeuge

---

[52] Vgl. hierzu BGHSt 2, 284ff. = NJW 52, 714 (Urt. v. 22.4.1952 — 1 StR 96/52 —).

[53] „Ob eine Frage als unerläßlich i. S. des § 68a StPO anzusehen ist, muß unter Berücksichtigung der Zielsetzung des Strafprozesses beurteilt werden. Oberstes Ziel eines jeglichen Strafverfahrens ist die Erforschung der Wahrheit. Eine Frage ist daher immer dann unerläßlich, wenn sie zur Wahrheitserforschung notwendig ist. Kann also das Gericht seiner Pflicht, die Wahrheit zu ergründen, nicht uneingeschränkt nachkommen, ohne Fragen an einen Zeugen zu gestatten, deren Beantwortung dem Zeugen zur Unehre gereichen kann, geht die Pflicht zur Erforschung der Wahrheit vor", BGHSt 13, 252 = NJW 59, 2075ff. (Urt. v. 29.9.1959 — 1 StR 375/59 —).

[54] Urt. v. 2.10.1951 — 1 StR 421/51 —.

zu seinem Beweisthema geben soll, muß in sich selbst wahrscheinlich und widerspruchslos sein, um glaubhaft zu erscheinen. Außergewöhnliche Verkettungen von Umständen können sich aber durchaus als der historischen Wirklichkeit gemäß und scheinbare Widersprüche in der Aussage können sich als bloße ungewollte Unvollständigkeit der Wiedergabe herausstellen. Das Fragerecht, das der Aufklärungspflicht des Richters entspricht, verhilft dazu, Lücken in den Bekundungen des Zeugen wenn möglich zu schließen oder aber sie als solche genau festzuhalten.

Auf der Glaubhaftigkeit dessen, was der Zeuge gesehen oder gehört haben will, baut das Glaubwürdigkeitsurteil über seine Person auf. Je glaubhafter die Aussage, um so glaubwürdiger erscheint der Zeuge. Aber auch das umgekehrte Verhältnis ist zu beachten: je glaubwürdiger der Zeuge auf Grund seiner gesamten Persönlichkeit eingeschätzt werden kann, um so glaubhafter wird seine Aussage erscheinen, denn beim Zeugenbeweis erhält der sachliche Inhalt der Aussage sein Gewicht erst durch die Person des Aussagenden. Aber selbst der vertrauenswürdigsten Persönlichkeit[55] wird der Richter mit begründeter Skepsis begegnen, wenn sie Tatsachen bekundet, die der Lebenserfahrung nicht entsprechen oder gar unmöglich erscheinen. — Ergibt sich aus der Sachdarstellung des Zeugen nicht bereits, woher er sein Wissen hat, so ist klarzustellen, ob er unmittelbarer Tatzeuge oder nur sogenannter Zeuge vom Hörensagen ist. In jedem Falle berichtet er zwar von eigenen Wahrnehmungen, aber die Beziehung zur aufzuklärenden Tat ist dichter oder lockerer und damit auch die Bedeutung seiner Glaubwürdigkeit mehr oder weniger groß.

Im Verlaufe der frei zu gestaltenden Vernehmung wie der Beweisaufnahme im ganzen kann der Richter viele Anhaltspunkte für oder gegen die Glaubwürdigkeit eines Zeugen sammeln. Die Gegenüberstellung mit anderen Zeugen (§ 58 Abs. 2) oder Verlesung protokollierter früherer Aussagen zur Unterstützung der Erinnerung (§ 253) kann er zusätzlich benutzen, um Widersprüche oder Unstimmigkeiten zu beseitigen, wie überhaupt eine „breite"[56] ausführliche Beweisaufnahme eine gute Garantie für das richtige Ergebnis bietet[57].

Bei der gesamten Vernehmungstätigkeit — sei es bei unmittelbaren Fragen, sei es bei den verschiedensten Methoden der Aussagenüberprüfung — hat der Richter die Freiheit des Zeugen zu achten, damit dieser weder in seiner Willensentschließung noch in seiner Willensbetätigung, oder etwa in Erinnerungsvermögen oder Einsichtsfähigkeit (§§ 136a, 69 Abs. 3)

---

[55] Nach Peters, Lehrbuch, S. 303, gibt es leider kein „in dubio pro teste".

[56] Breit im Sinne von sich auf viele Einzelheiten bzw. auf viele Einzelaussagen stützend.

[57] „Aus einer Gesamtheit von Aussagen, die in sich vielerlei falsche Einzelheiten enthalten, kann der Aussagenempfänger (Richter) im allgemeinen ein richtiges Bild, soweit es zur Urteilsfindung erforderlich ist, gewinnen. Die Aussagen ergänzen sich und stellen sich gegenseitig richtig. Daraus ergibt sich die Forderung nach einer möglichst breiten Beweisaufnahme." Peters, Lehrbuch, S. 291.

beeinträchtigt wird. Wenn § 55 dem Fragerecht in der Vernehmung eine deutliche äußere Grenze zieht, so werden in § 136 a[58] die dem Ethos des Strafverfahrens immanenten Schranken sichtbar. Die aus den Erfahrungen der nationalsozialistischen Zeit geborene Vorschrift[59] schützt gemäß der Verweisung in § 69 Abs. 3 auch den Zeugen vor unzulässigen Vernehmungsmethoden. Maßnahmen, die gegen § 136 a verstoßen, braucht der Zeuge in keiner Lage des Verfahrens zu dulden; sie können auch nicht zur Feststellung der Glaubwürdigkeit gerechtfertigt werden.

6. Die erweiterte Zeugenpflicht nach § 81 c StPO

Im 7. Abschnitt des 1. Buches der Strafprozeßordnung unter dem Titel „Sachverständige und Augenschein" enthält das Gesetz in § 81 c eine weitere Vorschrift, welche die Rechtsstellung des Zeugen im Prozeß betrifft. Danach ist der Zeuge verpflichtet, sich einer körperlichen Untersuchung zu unterziehen, wenn festgestellt werden soll, ob sich an seinem Körper eine bestimmte Spur oder Folge einer strafbaren Handlung befindet (Abs. 1 Satz 1). Ferner muß er, wie jeder andere Nichtbeschuldigte, dulden, daß ihn ein Arzt zur Feststellung der Abstammung untersucht und ihm eine Blutprobe entnimmt, wenn dabei kein Nachteil für seine Gesundheit zu befürchten und die Maßnahme zur Erforschung der Wahrheit unerläßlich ist (Abs. 2). Dieselben Beuge- und Zwangsmaßnahmen, welche die Verbindlichkeit der Aussage- und Eidespflicht betonen, stehen bei Weigerung des Zeugen auch hier entsprechend zur Verfügung (Abs. 4).

Die klare und festumrissene Regelung des § 81 c besteht erst seit dem Vereinheitlichungsgesetz vom 12. September 1950[60].

Das Reichsgericht[61] behalf sich bei der Frage, ob der Strafrichter berechtigt sei, den Zeugen einer ärztlichen Untersuchung seines Körpers zu unterwerfen, damit, eine Untersuchung wider den Willen des Zeugen unter den Voraussetzungen des § 103 für zulässig zu halten. Der Begriff der Durchsuchung einer Person[62] wurde sehr weit ausgedehnt und die Vorschrift des § 103 keineswegs auf die bloße Durchsuchung der Räume anderer Personen als des Verdächtigen beschränkt. Das Reichsgericht[63]

---

[58] Diese Vorschrift ist durch das Gesetz zur Wiederherstellung der Rechtseinheit vom 12. 9. 1950, BGBl 455, in die StPO eingefügt worden.

[59] Schneidewin, NJW 52, 681 ff. (684), nennt sie gleichsam bekenntnisartig. — Vgl. eingehend zu Geschichte und Zweck der Vorschrift Hermes, S. 3 ff.; Peters, Lehrbuch, S. 258 f.

[60] BGBl 455.

[61] RGSt 14, 189 (Urt. v. 11. 6. 1886); RGSt 42, 440 (Urt. v. 20. 9. 1909).

[62] Kern, S. 137 und v. Hippel, S. 462 fassen darunter auch die Suche nach verborgenen Gegenständen im Körper; enger ist der Begriff bei E. Kaufmann, S. 105: Durchsuchung der Körperoberfläche; wohl dem Sprachgebrauch am nächsten kommt Peters, Lehrbuch, S. 256, der die Durchsuchung nur auf die am Körper befindlichen Kleidungsstücke bezieht.

[63] RGSt 14, 189 (Urt. v. 11. 6. 1886); RGSt 19, 364 (Urt. v. 8. 7. 1889).

war der Auffassung, daß es sich bei der Pflicht, als Objekt eines Augenscheins zu dienen und sich einer körperlichen Untersuchung zu unterwerfen, um eine von der Zeugnisleistung völlig verschiedene Pflicht handele. Es verneinte deshalb die Frage, ob einem Angehörigen auch ein Untersuchungsverweigerungsrecht zustehe. Der Angehörige sei hierbei nicht der Gefahr eines Meineides ausgesetzt, weil er „sich lediglich passiv zu verhalten und das Resultat der Darlegung dritten Personen zu überlassen hat“[64].

Es ist zwar richtig, daß sich der Zeuge während einer körperlichen Untersuchung lediglich passiv verhält. Die Entscheidung aber, ob er sich überhaupt untersuchen lassen soll oder nicht, ist ein aktiver Beitrag zur Wahrheitsermittlung, bei dem er sich in derselben Konfliktslage befinden kann wie bei der Entscheidung, ob er aussagen soll oder nicht. Den Charakter des Personalbeweises verliert der Zeugenbeweis auch da nicht, wo er sich dem Augenscheinsbeweis nähert, weil die Feststellung von Spuren oder Merkmalen am menschlichen Körper nicht losgelöst von der Person[65] erfolgen kann und beispielsweise nicht mit der Besichtigung von Bremsspuren etc. am Tatort eines Verkehrdelikts zu vergleichen ist. Ein Personalbeweis darf nicht versachlicht werden[66].

Als durch das Ausführungsgesetz[67] zum Gewohnheitsverbrechergesetz in § 81 a zum ersten Male in der Strafprozeßordnung eine Regelung der körperlichen Untersuchung nichtbeschuldigter Personen getroffen wurde, geschah dies von vornherein nur im Hinblick auf festumgrenzte Fälle (§ 81 a Abs. 1 Satz 2 a. F.) oder aber unter den Vorbehalten der ärztlichen Kunstregeln und der Unbeschadetheit der Gesundheit (§ 81 a Abs. 2 a. F.)[68]. Allerdings waren auf dem Wege über „andere Eingriffe“ i. S. von § 81 a Abs. 2 a. F. dem Arzt zahlreiche Möglichkeiten eingeräumt,

---

[64] RGSt 19, 364 (Urt. v. 8. 7. 1889).

[65] Gerland, S. 231 und Rosenfeld II, S. 39 lehnten jede Pflicht des Zeugen, eine körperliche Untersuchung zu dulden, unter Hinweis auf das Grundrecht der persönlichen Freiheit ab.

[66] Peters, Lehrbuch, S. 253, hebt die wesentliche Unterscheidung von passivem Personalbeweis und Sachbeweis hervor, weil der objektive wie der subjektive Personalbeweis seine Begrenzung durch die menschliche Würde und personelle Angemessenheit findet.

[67] Gesetz v. 24. 11. 1933, RGBl I, 1000.

[68] § 81 a alter Fassung lautete:

(1) Eine körperliche Untersuchung des Beschuldigten darf zur Feststellung von Tatsachen angeordnet werden, die für das Verfahren von Bedeutung sind. Andere Personen dürfen ohne ihre Einwilligung nur untersucht werden, wenn festgestellt werden muß, ob sich an ihrem Körper eine bestimmte Spur oder Folge einer strafbaren Handlung befindet.

(2) Entnahmen von Blutproben und andere Eingriffe, die nach Regeln der ärztlichen Kunst zu Untersuchungszwecken vorgenommen werden, sind ohne Einwilligung des zu Untersuchenden zulässig, wenn kein Nachteil für seine Gesundheit zu besorgen ist.

die in dieser Allgemeinheit nur durch das Vertrauen zu verantwortlichem ärztlichen Verhalten gerechtfertigt erschienen, wenn man bedenkt, daß ein Eingriff immer das Selbstbestimmungsrecht der Person berührt[69].

Der seit dem Vereinheitlichungsgesetz vom 12. September 1950 eingeführte und durch das 3. Strafrechtsänderungsgesetz[70] abgeänderte § 81 c hat denn auch das Eingriffsrecht des Arztes zu Untersuchungszwecken im Dienste des Strafverfahrens auf zwei genau festgelegte Fälle begrenzt: a) Die Regelung in § 81 c Abs. 2 Satz 1 umfaßt die Untersuchungen zur Feststellung der Abstammung[71] und die Entnahme von Blutproben, die in der Mehrzahl der Fälle gerade zur Blutgruppenuntersuchung notwendig wird. Der Zeuge braucht diese Maßnahme aber nur zu dulden, sofern sie unerläßlich, d. h. der einzige sichere Weg zur Wahrheitsermittlung im jeweiligen Verfahren sind. b) Den bereits in § 81 a Abs. 1 Satz 2 a. F. aufgestellten Spurengrundsatz[72] hat § 81 c Abs. 1 Satz 1 wörtlich übernommen, ihn jedoch zusätzlich unter den generellen Vorbehalt der Zumutbarkeit gestellt, § 81 c Abs. 1 Satz 3. Die Würdigung aller Umstände fordert dazu auf, die Beeinträchtigung des Zeugen durch etwaige körperliche Untersuchungen abzuwägen gegen die Bedeutung der zu erwartenden Aufklärung. In Bagatellsachen wird man schwerlich eine Untersuchung für zumutbar halten können.

§ 81 c stellt aber auch klar, daß die Untersuchungspflicht eine erweiterte Zeugenpflicht (arg. § 81 c Abs. 1 Satz 2)[73] und nicht, wie das Reichsgericht meinte, von dieser völlig verschieden ist. Die Verknüpfung beider Pflichten ist bei den Beratungen im Bundestag erörtert worden[74]. Der 2. Strafsenat des Bundesgerichtshofes hat in seiner Entscheidung vom 20. November 1953[75] erklärt, daß „die Pflicht, eine Untersuchung im Sinne des § 81 c Abs. 1 Satz 1 zu dulden, der Zeugenpflicht nahe verwandt“ sei, und er leitet daraus die entsprechende Anwendung der §§ 52

---

(3) Die Anordnung steht dem Richter, bei Gefahr im Verzuge auch der Staatsanwaltschaft und den Polizei- und Sicherheitsbeamten zu, die als Hilfsbeamte der Staatsanwaltschaft ihren Anordnungen Folge zu leisten haben.

[69] Nach Peters, Lehrbuch, S. 257, sind Eingriffe Maßnahmen, die die Persönlichkeitssphäre berühren. Eb. Schmidt, Erl. 1 zu § 81 c, weist darauf hin, daß der Strafprozeßentwurf der nationalsozialistischen amtlichen Strafprozeßkommission eine ganz wesentliche Ausdehnung der dem Unverdächtigen gegenüber zu gestattenden Untersuchungsmaßnahmen vorgesehen hatte. Hierzu: Schafheutle in Gürtner, Bericht der amtlichen Strafprozeßkommission, 1938, S. 296 ff.

[70] 3. Strafrechtsänderungsgesetz v. 4. 8. 1953, BGBl I, S. 735.

[71] Blutgruppen- und erbbiologische Untersuchung, hierzu Lauer und Dünnebier in Ponsold, S. 555 ff. und 612 ff.

[72] KMR, § 81 c Erl. 1 b.

[73] Ebenso KMR, § 81 c Erl. 1 a.

[74] Vgl. die Abänderungsanträge des Abg. Dr. Arndt im Protokoll der 81. Sitzung des ersten Bundestages vom 28. Juli 1950 (S. 3072).

[75] BGHSt 5, 132 f. — 2 StR 467/53 —.

Abs. 2 Satz 1 und 55 Abs. 2 für die Untersuchungsfälle des § 81 c her[76]. Eingehend hat sich schließlich der Große Senat für Strafsachen[77] mit Entstehungsgeschichte und Zweck des § 81 c auseinandergesetzt. Auch er betont, daß die Duldungspflicht nur im Rahmen der Zeugnispflicht besteht[78]. Er bestätigt ferner, daß die Konfliktslage dessen, der sich in einem Verfahren gegen einen nahen Angehörigen als Gegenstand der Untersuchung hergeben soll, der eines aussageverweigerungsberechtigten Zeugen nach § 52 entspricht. Die Duldung der Untersuchung wird als Beweisakt gegen den verwandten Beschuldigten angesehen und damit der personale Charakter dieses scheinbaren Sachbeweises anerkannt[79].

Die Erweiterung, welche die Zeugenpflicht durch § 81 c erfahren hat, ist nicht unerheblich, wenn man bedenkt, daß 1930/32 das Reichsgericht die Entnahme einer Blutprobe ohne Einwilligung des Zeugen noch als unzulässig bezeichnen mußte[80]. Auf der anderen Seite ist aber nicht zu übersehen, wie sorgsam der Gesetzgeber die Fälle der Duldungspflicht körperlicher Untersuchungen bestimmt und beschränkt hat. Das Gesetz kennt keine allgemein ermächtigende Generalklausel; generell gefaßt ist dagegen der Vorbehalt der Zumutbarkeit in § 81 c Abs. 1 Satz 3.

---

[76] Zustimmend: Löwe-Rosenberg, § 81 c Erl. 4; KMR, § 81 c Erl. 5 a; Eb. Schmidt, § 81 c Erl. 7; Schwarz, § 81 c Erl. 1) A.

[77] BGHSt 12, 235 (Beschl. v. 8. 12. 1958 — GS St 3/58 —). Gegenstand des Beschlusses ist das Belehrungsrecht des gesetzlichen Vertreters des nach § 81 c Weigerungsberechtigten, der die zum Verständnis seines Rechtes erforderliche geistige Reife nicht besitzt.

[78] Zustimmend auch R. Busch in Festschrift für E. Schmidt, 1961, S. 569 f.

[79] Eb. Schmidt in JR 59, 369 bezeichnet in seinen „Kritischen Anmerkungen zu dem Beschluß des Großen Senates" die Untersuchungs-(Eingriffs-)duldung als eine vom Zeugen zu erbringende Leistung höchstpersönlicher Natur.

[80] RGSt 64, 160 ff. (Urt. v. 16. 5. 1930); RGSt 66, 273 ff. (Urt. v. 26. 4. 1932).

2. Kapitel

Stellung und Aufgabe des Sachverständigen im Strafprozeß

1. Zuziehung des Sachverständigen im Rahmen der Beweisaufnahme

Die Tatsachenfeststellung kann den Richter vor Aufgaben stellen, denen er nach Ausbildung und Wissensstand nicht gewachsen ist. Wie sollte er zum Beispiel die Todesursache bei einem Ermordeten feststellen, an dessen Leiche äußerlich keine eindeutigen Spuren zu sehen sind, wenn er nicht über medizinische Kenntnisse und Fähigkeiten verfügt! Oder wie kann er sich Gewißheit über die Echtheit oder Unechtheit einer Urkunde verschaffen, wenn er die Untersuchungsmethoden chemischer und technischer Laboratorien nicht beherrscht! Gerade die Beweisführung mit Indizien[81] erfordert eine Vielzahl von technischen oder anderen nichtjuristischen Einzelkenntnissen, die der Richter im allgemeinen nicht zu besitzen braucht. Will er aber Herr des Verfahrens bleiben, wie es die Strafprozeßordnung von ihm verlangt, so hat er sich von Fall zu Fall die zur Wahrheitsfindung erforderlichen Einzelkenntnisse anzueignen. An dieser Aufgabe hat sich auch heute trotz fortgeschrittener Spezialisierung der Wissensbereiche nichts geändert[82]; sie ist jedoch schwieriger geworden, und gelegentlich scheint man sie als Aufgabe anzusehen, die nicht mehr zu erfüllen ist[83].

---

[81] Ein Beispiel hierfür ist der Prozeß gegen den Genfer Rechtsanwalt Jaccoud im Jahre 1960, vgl. die Berichterstattung der FAZ vom 15. 1. bis 6. 2. 1960; ferner U. v. Kardorff in der „Zeit" vom 12. 2. 1960. — Ein anderes Beispiel ist der Prozeß gegen Frau Rohrbach, dessen Wiederaufnahme mit dem Ergebnis des Freispruchs noch kürzlich (Sommer 1961) die Öffentlichkeit interessiert hat.

[82] BGHSt 8. 113 (118) (Urt. v. 26. 4. 1955 — 5 StR 86/55 —) führt dazu aus, daß der Tatrichter zu einem eigenen Urteil auch in schwierigen Fachfragen verpflichtet ist.

[83] Vgl. den Leitartikel in der FAZ vom 21. 6. 1961 anläßlich des Rohrbach-Prozesses von Dettmar Cramer. — Auch der Gedanke, den Sachverständigen zum Richter zu machen, den Schröder auf dem Dt. Juristentag 1960 ausgesprochen hat, entspringt der Auffassung, daß der Richter als bloß juristischer Fachmann in der Regel dieser Aufgabe nicht gewachsen ist. Kritisch zu der Auffassung Schröders: Eb. Schmidt, Gehört der Sachverständige auf die Richterbank? in JZ 61, 585 ff., der vor allem auf Bedenken hinsichtlich der gerichtsorganisatorischen Praxis aufmerksam macht.

Einen Weg, dieser richterlichen Wahrheitserforschungspflicht Genüge zu tun, sieht die Strafprozeßordnung mit der Zuziehung von Sachverständigen vor. In einigen wenigen Fällen ist sie dem Richter vorgeschrieben[84]; im übrigen aber steht es ihm frei, ob er sich zur vollständigen Aufklärung des Sachverhaltes eines Sachverständigen bedienen will oder nicht. Allerdings ist diese seine Freiheit nicht willkürlich auszuüben, sie steht vielmehr immer in der Bindung, welche die Wahrheitserforschungspflicht dem Richter in § 244 Abs. 2 ausdrücklich auferlegt. Die begründete Aufklärungsrüge führt zur Aufhebung des Urteils durch das Revisionsgericht (§ 353), wenn auf diesem Verfahrensverstoß in der Tatsacheninstanz das Urteil beruhen kann[85].

Inhaltlich bestimmte Grundsätze über Art und Umfang der Aufklärung lassen sich über die im Gesetz selbst vorhandenen Regeln hinaus (§§ 244, 245, 155) nicht aufstellen, es sei denn, sie werden so allgemein gefaßt, daß ihre Praktikabilität im Einzelfall versagt und doch alles der vernünftigen Beurteilung in der jeweiligen Prozeßsituation überlassen bleibt[86].

Der Richter kann nach seinem pflichtgemäßen Ermessen die Beweisaufnahme auf die Zuziehung von Sachverständigen erstrecken[87]. Er muß dies sogar, wenn es für jeden unvoreingenommenen Betrachter offenliegt, daß er die zur Tatsachenfeststellung erforderlichen Spezialkenntnisse, die sogenannte Sachkunde, nicht hat (§ 244 Abs. 2)[88]. In einer solchen Lage

---

[84] §§ 81, 91, 246a.

[85] Eine kritische Darstellung der geschichtlichen Entwicklung der Aufklärungsrüge bei Gage-Sarstedt, S. 116ff.; Schneidewin in Lobe, Fünfzig Jahre Reichsgericht, 1929, S. 331f., weist darauf hin, daß sich die erfolgreiche Aufklärungsrüge in der Regel zuungunsten des Angeklagten auswirkt, wenn man davon ausgeht, daß das Gericht mit seiner Überzeugung hinter dem Schuldspruch steht. „Wie soll für das Gericht noch Anlaß bestehen können, den Sachverhalt weiter aufzuklären, wenn es bereits die volle Überzeugung von der Schuld des Angeklagten erlangt hat?" Mit der zunehmenden Berücksichtigung der Aufklärungsrüge durch die Rechtsprechung hat sich jedoch gezeigt, daß sie auch als Angriffsmittel gegen unrichtige oder unzureichende richterliche Überzeugungsbildung dienen kann. Zum Fürsprecher der Aufklärungsrüge machte sich Alsberg, 1. Aufl., S. 10ff., 2. Aufl. (Alsberg-Nüse), S. 13ff.

[86] Nach BGHSt 1, 94 (Urt. v. 4. 4. 1951 — 1 StR 54/51 —) ist die Aufklärungspflicht verletzt, wenn der bekannte Sachverhalt zur Benutzung weiterer Beweismittel drängt oder diese mindestens nahelegt. — Diese Formulierung wird in BGHSt 3, 169 (179) (Urt. v. 18. 9. 52 — 3 StR 374/52 —) übernommen, wo ferner ausgeführt wird, daß der Zweifel als solcher und für sich allein nicht zu weiterer Aufklärung verpflichtet, wenn sich die Beurteilungsgrundlagen als unerforschbar darstellen.

[87] RGSt 76, 349 (Urt. v. 25. 2. 1943); OGHSt 1, 357 (Urt. v. 8. 3. 1949) betr. technischen Sachverständigen; BGH NJW 51, 120, Nr. 14 (Urt. v. 21. 11. 1950 — 3 StR 16/50 —).

[88] Peters, Lehrbuch, S. 282, hebt hervor, daß kein Mensch auf den zahlreichen Gebieten (medizinische, psychologische, wirtschaftliche, naturwissenschaftliche,

ist er auch verpflichtet, einem ausdrücklichen Antrag auf Vernehmung eines Sachverständigen zu entsprechen (§ 244 Abs. 4 Satz 1).

2. Auswahl und Auswechselbarkeit des Sachverständigen

Nach der systematischen Abfassung des 7. Abschnittes des 1. Buches der Strafprozeßordnung sollte man annehmen, daß Aufgabe und Stellung des Sachverständigen denjenigen des Zeugen im Strafverfahren sehr ähnlich seien; denn in § 72 wird die entsprechende Anwendung der Vorschriften für den Zeugen angeordnet, soweit nicht die §§ 73 ff. etwas Abweichendes bestimmen. Tatsächlich ist beiden gemeinsam, daß sie als persönliche Beweismedien auf derselben Prozeßebene stehen[89]. Der Sachverständige hat im Rahmen des Prozesses keine gehobenere Stellung als der Zeuge. Beide sollen dem Richter Material bringen, das er zur Tatsachenfeststellung notwendig braucht. Beide teilen etwas von ihrem Wissen mit, aber die Quelle ihres Wissens ist verschieden: der Zeuge wird gehört, weil er — zufällig oder schicksalhaft — Wahrnehmungen gemacht hat, die die Tat, den Gegenstand des Prozesses, betreffen; der Sachverständige wird gehört, weil er Vertreter einer Wissenschaft, einer Kunst oder eines Handwerks ist und deshalb allgemein, unabhängig vom Einzelfall, etwas „von der Sache versteht", die gerade im jeweiligen Prozeß beurteilt werden soll.

Aus der unterschiedlichen Gestaltung der Aufgabe ergibt sich eine unterschiedliche Stellung im einzelnen, und die generelle entsprechende Anwendung der Zeugen-Regeln ist nur mit Vorbehalten richtig[90].

Der sogenannte sachverständige Zeuge, der kraft Sachkunde Wahrnehmungen gemacht hat, die die Tat unmittelbar betreffen, teilt wie jeder andere Zeuge Wahrnehmungswissen mit, und § 85 hebt für ihn nur noch einmal ausdrücklich hervor, daß er wie jeder andere Zeuge zu behandeln ist.

Schon die Art und Weise, wie der Sachverständige in das Verfahren einbezogen wird, ist ein ganz anderer Vorgang als beim Zeugen. Den Zeugen hat der Zufall oder das Geschick in die Nähe der Tat gebracht, und diese Nähe zur Tat begründet seine Prozeßstellung, wenn das formale Erfordernis der ordnungsgemäßen Ladung (§ 48) hinzukommt. — Den Sachverständigen dagegen wählt der Richter aus (§ 73 Abs. 1). Er sucht einen vertrauenswürdigen Vertreter der Fachwissenschaft oder Fachrichtung aus, dessen Sonderkenntnisse zur Aufklärung des Sachverhalts beizutragen versprechen. Die Auswechselbarkeit kennzeichnet die

---

technische, künstlerische und andere), die Gegenstand richterlicher Beurteilung sind, hinreichende Sachkunde besitzen kann.

[89] Peters, Lehrbuch, S. 265.

[90] KMR, § 72 Erl. 1: „: 72 stände besser am Schluß des Abschnittes zur Ergänzung der besonderen Bestimmungen über den Sachverständigen." Ebenso v. Hippel, S. 410.

Sachverständigentätigkeit wie die Einmaligkeit und deshalb Unersetzbarkeit die Zeugenaussage.

Aber der Richter kann nicht jeden, der etwas von der Sache zu verstehen scheint, verpflichten, sein Wissen im Prozeß einzusetzen. Nur wer „zur Erstattung von Gutachten der erforderten Art öffentlich bestellt ist[91] oder wer die Wissenschaft, die Kunst oder das Gewerbe, deren Kenntnis Voraussetzung der Begutachtung ist, öffentlich zum Erwerb ausübt oder hierzu öffentlich bestellt oder ermächtigt ist“[92], kann zur Gutachtenerstattung angehalten werden (§ 77). Ferner ist derjenige, der sich im Einzelfall vor Gericht bereiterklärt hat, ein Gutachten abzugeben, an diese seine Erklärung gebunden (§ 75 Abs. 2).

Neben dem Richter kann auch die Staatsanwaltschaft (§ 200) und der Angeklagte (§§ 195, 219, 220) die Zuziehung eines Sachverständigen bewirken. Wie der Staatsanwalt im Ermittlungsverfahren unabhängig von richterlichem Einfluß Sachverständige hören und zu schriftlichen Gutachten auffordern kann (§ 161), so ist auch der Angeklagte in der Lage, einen Sachverständigen in der Hauptverhandlung zu stellen, selbst wenn der Richter es ablehnt, ihn zu laden (§ 220). In diesen Fällen besteht allerdings für den Sachverständigen keine Pflicht, in irgendeiner Weise tätig zu werden. Stellt er sich aber zur Verfügung, so unterscheidet sich seine Aufgabe nicht von der des richterlich beauftragten Sachverständigen.

Da die Beweistätigkeit des Sachverständigen fungibel ist, jederzeit also auf einen anderen Sachverständigen zurückgegriffen werden kann, ist die Entbindung von der Gutachtenerstattungspflicht auch aus Zweckmäßigkeitsgründen möglich (§ 76 Abs. 1 Satz 2). Daneben steht dem Sachverständigen in denselben Fällen wie dem Zeugen das Recht zu, jegliche Mitwirkung im Prozeß zu verweigern, um nicht in einen unzumutbaren inneren Konflikt gebracht zu werden (§ 76 Abs. 1 Satz 1 i. V. m. §§ 52—55).

Andererseits können aber auch die Staatsanwaltschaft, der Angeklagte und auch der Privatkläger den vom Gericht ausgewählten Sachverständigen ablehnen, wenn einer der Gründe, die zur Ablehnung eines Richters führen könnten, in entsprechender Anwendung hierzu berechtigt (§ 74 i. V. m. §§ 22—24)[93]. Die analoge Handhabung dieses Ablehnungsrechts scheint mit dazu beizutragen, daß der Sachverständige als „Richtergehilfe“ bezeichnet und ihm damit leicht im Prozeß eine Stellung zuerteilt wird, die nicht der Auffassung der Strafprozeßordnung entspricht.

---

[91] Öffentlich bestellte Sachverständige sind solche, die durch einen Verwaltungsakt der zuständigen Behörde als Sachverständige für ein bestimmtes Sachgebiet aufgestellt sind, vgl. KMR, § 73 Erl. 5; Eb. Schmidt, § 73 Erl. 6.

[92] Vgl. den Wortlaut von § 75 Abs. 1.

[93] In BGHSt 8, 226 (Urt. v. 1. 11. 1955 — 5 StR 329/55 —) hat sich z. B. der 5. Senat in interessanten und eingehenden Erörterungen mit der Ablehnung einer psychologischen Sachverständigen wegen Besorgnis der Befangenheit befaßt.

3. Ist es sinnvoll, den Sachverständigen als Richtergehilfen zu bezeichnen?

Die Vorstellung vom Sachverständigen als Richtergehilfen ist der höchstrichterlichen Rechtsprechung seit RGSt 52, 161[94] so vertraut, daß nicht mehr danach gefragt wird, worin denn die Bedeutung der Gehilfeneigenschaft liegt und ob diese wirklich den Sachverständigen vom Zeugen unterscheidet.

Ein Teil des Schrifttums hat sich für die grundsätzliche Bedeutung der Gehilfeneigenschaft ausgesprochen[95]. Von Hippel[96] hebt hervor, daß sie gerade das Wesen der Sachverständigenstellung im Prozeß ausmache und sie von der des bloßen Zeugen abhebe. Eb. Schmidt[97] weist darauf hin, wie in dieser Auffassung die ältere Doktrin des 19. Jahrhunderts nachwirkt, die zu der historischen Verbindung von Sachverständigenbeweis und Augenschein im System unserer Strafprozeßordnung geführt hat. Die Entwicklung des Sachverständigenbeweises aus Augenscheinseinnahmen hat nach dem sachverständigen „Augenscheinsgehilfen" schließlich den „Richtergehilfen" gebracht. Außer diesem historischen Verständnis des Begriffes ist aber aus dieser Literatur nicht viel zu gewinnen, denn vom Sachverständigen als iudex facti, wie ihn die ältere gemeinrechtliche Doktrin verstand[98], kann heute nicht mehr ernstlich die Rede sein[99]. Die freie richterliche Beweiswürdigung hat die strenge gesetzliche Beweistheorie abgelöst und damit jegliche formale Bindung an das Gutachten

---

[94] Urt. v. 2. 3. 1918: „Sachverständige sind ihrem Wesen nach Gehilfen des Richters ..."; ähnlich: RGSt 57, 158 (Urt. v. 1. 12. 1922); RGSt 69, 97 (Urt. v. 29. 1. 1935); BGHSt 3, 27 (Urt. v. 24. 6. 1952 — 1 StR 130/52 —); BGHSt 8, 113 (Urt. v. 26. 4. 1955 — 5 StR 86/55 —); BGHSt 9, 292 (Urt. v. 7. 6. 1956 — 3 StR 136/56 —) = BGH JZ 57, 227; BGHSt 11, 211 (212) (Urt. v. 4. 3. 1958 — 5 StR 7/58 —).

[95] v. Kries, S. 383, beruft sich auf Motive zum Entwurf; ebenso Lange, Handbuch V, S. 412; Beling, S. 299, weist dem Sachverständigen eine Doppelstellung zu: „Er hat etwas von einem Richtergehilfen an sich, insofern er der Indizienbeweisführung vorarbeitet; andererseits ist er aber auch Beweismittel, da er Aussagen über beweisbedürftige Tatsachen abgibt und hierin dem Zeugen gleicht." Ähnlich wie Beling: Henkel, S. 193 und 269.

[96] S. 411 f.

[97] Vorbem. vor § 72 Erl. 1; vgl. für das folgende auch die dort zitierte Literatur.

[98] Gönner, Handbuch des deutschen gemeinen Prozesses, 1804, Bd. 2, S. 432, bezeichnete sogar das Gutachten als einen Teil des richterlichen Ausspruches.

[99] Mit der von Schröder neuerdings vorgeschlagenen Figur des Sachverständigen-Richter auf der Richterbank wird allerdings eine gewisse Rückläufigkeit der Entwicklung angeregt. Mit Eb. Schmidt, JZ 61, 586 ff., darf aber gesagt werden, daß der Gedanke Schröders noch zu neu ist, um abschließend zu ihm Stellung nehmen zu können. Jedenfalls würde er für den Strafprozeß und die Gerichtsverfassung eine einschneidende Neuerung bedeuten, deren Folgen heute noch nicht übersehen werden. Auf einzelne Gefahrenpunkte macht Eb. Schmidt, a. a. O., bereits aufmerksam. Die kritische Entwicklung des Verhältnisses von

aufgehoben[100]. Seit der Geltung der Reichsstrafprozeßordnung (1. Oktober 1879) hat das Rechtsinstitut der freien Beweiswürdigung dem Sachverständigengutachten wie der Zeugenaussage den Platz im Verfahren zugewiesen, den sie solange einnehmen werden, wie dieses Rechtsinstitut bestehen und sich bewähren wird. Sowohl Sachverständigengutachten wie Zeugenaussage sind bloße Beweismittel, deren sich der Richter zur Tatsachenfeststellung bedient. Insofern ist der Richter auf beide angewiesen, und beide helfen ihm, das Tatsachenurteil zu begründen, auf dem sein Rechtsspruch aufbaut. Mag man aus historischer Anhänglichkeit den Sachverständigen noch als Richtergehilfen bezeichnen, Bedeutung kommt diesem Namen nicht mehr zu, denn mit demselben Anspruch könnte der Zeuge als Richtergehilfe gelten[101].

Von Interesse erscheint noch der Versuch Hellmuth Mayers[102], von „der logischen Struktur der richterlichen Überzeugungsbildung" her dem Begriff des Richtergehilfen einen neuen Sinn zu geben. Der Richter wird im Strafverfahren in zweifacher Hinsicht tätig, er muß Tatsachen feststellen und Recht sprechen. Die Tatsachenfeststellung stellt sich ihm als ein wissenschaftliches Problem, nach H. Mayer als Gegenstand voraussetzungsloser Forschung[103]. Er räumt jedoch ein, daß wissenschaftliche

---

Richter und Sachverständigem im Rahmen des Sachverständigenbeweises kann kaum durch eine Neukonstruktion der Gerichte zu einem guten Ende geführt werden, denn sie würde die Ebene der Auseinandersetzung nur verlagern. Im übrigen sind die zahlreichen Vorschläge und Äußerungen zur Reform des Sachverständigenbeweises noch sehr unsicher und unausgetragen, und eine klare Entwicklungslinie zeichnet sich noch nicht ab. (Vgl. hierzu den Bericht von H. J. Schneider über die 11. Arbeitstagung der Kriminalbiologischen Gesellschaft in NJW 61, 2056 ff.) Diese Arbeit beschränkt sich daher bewußt auf die Problematik im Rahmen des geltenden Rechts.

[100] Zur Frage der Bindung des Richters an das ordnungsmäßig erstattete und unverdächtige Gutachten im Rahmen der strengen gesetzlichen Beweistheorie vgl. Mittermaier, Das deutsche Strafverfahren, 1846, Bd. 2, § 160.

[101] Vgl. Eb. Schmidt, JZ 57, 229: „Im Grunde besagt dieses Bild vom ‚Gehilfen' wenig oder gar nichts. Auch der Zeuge ist ein ‚Gehilfe' des Gerichts, nicht auf Grund fachkundigen Wissens, sondern auf Grund eines nicht weniger bedeutsamen Wissens um beobachtete Tatsachen. Die Verwendung dieses Wissens ist für das Gericht nicht weniger eine ‚Hilfe' als die Verwendung jenes vom Sachverständigen gebotenen fachkundigen Wissens. Also ist der Zeuge ein mindestens so wichtiger ‚Gehilfe' des Gerichts bei der Rekonstruierung des Sachverhalts wie der Sachverständige." Vgl. auch Stein, S. 69; Sauer, Allgemeine Prozeßrechtslehre, S. 184, Anm. 2; Peters, Lehrbuch, S. 265.

[102] in Festschrift für Mezger, S. 463 ff.

[103] a. a. O., S. 457. Hier dürfen schon allgemein Vorbehalte gegenüber der angeblichen Voraussetzungslosigkeit wissenschaftlicher Forschung angemeldet werden, da ohne Vorverständnis oder Vorurteil geistige Erkenntnis nicht möglich zu sein scheint. Mezger, S. 158, weist für die strafprozessuale Tatsachenfeststellung darauf hin, daß es sich bei ihr nicht nur um ein rein wissenschaftliches Problem, sondern zugleich schon um Interessenabwägung handele, weil der Prozeß eine Funktion im praktischen Leben habe.

kognitive Erkenntnis nicht ohne voluntative und emotionale seelische Akte zustande komme. Doch nicht die Evidenz[104] mache die individuelle Erkenntnis zu einer objektiv gültigen, sondern objektive Gültigkeit erlange sie erst durch ihre „generalisierende Tendenz". Unter dieser generalisierenden Tendenz versteht H. Mayer die Beziehungen der subjektiven Erkenntnis zur Allgemeinheit. Sie stelle sich der Nachprüfung durch die Allgemeinheit, wie sie zugleich die Allgemeinheit mit ihren Gründen zu überzeugen versuche, und in diesem wechselseitigen Entwicklungsgang bilde sich die bloß subjektive Meinung zur objektiv gesicherten Lehre aus. Objektive Erkenntnis besitze der einzelne niemals als solcher, sondern immer nur als Organ des Allgemeinbewußtseins. — Soweit der Abriß einer allgemeinen Erkenntnistheorie bei H. Mayer, über deren Richtigkeitsgehalt hier nichts gesagt werden soll. — Das Strafurteil und seine tatsächlichen Feststellungen treten aber mit dem Anspruch der Geltung an die Öffentlichkeit. Auch der Instanzenzug kann schwerlich als Plattform für wissenschaftliche Kritik angesehen werden. H. Mayer kommt denn auch zu dem Schluß, daß die besondere Natur der richterlichen Beweisüberzeugung gegenüber jeder außerprozessualen Forschung darin besteht, daß der Standpunkt objektiver Vergewisserung schon vor Erlaß des Urteils erreicht sein muß. Das Beweisverfahren ist das Stadium, in dem die subjektive Erkenntnis Allgemeingültigkeit erlangen muß[105]. Die richterliche Überzeugung als Ergebnis des Beweisverfahrens ist allgemein gültige und verbindliche Erkenntnis. Das aber sei nur gewährleistet, wenn der Richter sich auf den Standpunkt des Allgemeinwissens stelle und von dort aus den einzelnen Sachverhalt zu ermitteln suche. Hierbei komme ihm der Sachverständige zu Hilfe, dessen Aufgabe es sei, das an sich bekannte und bei der Beweiswürdigung vorausgesetzte Allgemeinwissen dem einzelnen Richter zu erschließen, der es als Einzelperson zufällig nicht oder nicht sicher genug kennt. Ferner sei der Sachverständige dem Richter behilflich, die problematische, durch Beweismaterial dargelegte Einzelbeobachtung kritisch zu würdigen. Man versteht H. Mayer wohl richtig, daß er durch die kritische Würdigung der Beobachtung eines einzelnen (des Zeugen) durch einen Dritten (den Sachverständigen) außer dem Richter diese Einzelbeobachtung dem Allgemeinwissen annähern will.

Die Begrenzung und genaue Erfassung des „Allgemeinwissens" ist denn auch der wunde Punkt in der gesamten Gedankenführung, wenn man bedenkt, wie sehr wissenschaftliche Richtungen und Theorien ihre jeweiligen Erkenntnisse und Ergebnisse vertreten und wie gering der Bestand an wirklich gesicherten, allgemein anerkannten Erkenntnissen ist. Wollte H. Mayer Allgemeinwissen nur auf die letzteren beschränken,

---

[104] im Sinne eines subjektiven Erlebnisses der Übereinstimmung von Gegenstand und Erkenntnis.

[105] Mayer definiert: „Beweisen heißt also, einen bisher problematischen Vorgang einfügen in das Allgemeinwissen", S. 463.

so könnte er sich bei der Bindung des Richters an sachverständige Mitteilungen dieser Art auf zwei Urteile des Bundesgerichtshofes[106] berufen, wonach der Richter „die in den maßgebenden Fachkreisen allgemein und zweifelsfrei als richtig und zuverlässig erkannte Lehre als richtig hinnehmen muß, selbst wenn er ihre Grundlagen, was bei neuen naturwissenschaftlichen Erkenntnissen und Verfahren häufig zutreffen wird, im einzelnen nicht selbst erschöpfend nachprüfen kann". — Aber auch dieser Rechtsprechung gegenüber darf gesagt werden, daß eine derartige prinzipielle Bindung des Richters den Grundsatz der freien Beweiswürdigung gefährdet. Ein Richter, der logische Widersprüche oder unrichtige Erfahrungstatsachen in seiner Beweiswürdigung nicht bemerkt oder sie für vereinbar mit der Wirklichkeit hält, kann in der Berufung oder Revision im Einzelfall korrigiert werden; verpflichtet man ihn aber, eine von Fachkreisen anerkannte Lehre als richtig hinzunehmen, so entzieht man ihm die selbständige Feststellung seiner Urteilsgrundlagen in diesem Fachbereich; entweder kapituliert man mit der Rechtsprechung vor der differenzierten und spezialisierten Wissenschaftsverfassung oder man fingiert mit H. Mayer ein Allgemeinwissen, an dem der Richter schon im voraus teil hat, nur muß ihm diese „mystische Teilhabe" durch ein berufenes Organ des Allgemeinbewußtseins, nämlich durch den Sachverständigen, erst bewußt gemacht werden. Das Dilemma, das sich für den Richter hieraus ergibt, kann nur befriedigend gelöst werden, wenn man ihn zur Ausnutzung aller zulässigen vorhandenen Erkenntnismittel verpflichtet (§ 244 Abs. 2), aber zugleich die Freiheit eigener Überzeugungsbildung unangetastet läßt (§ 261).

Wie wenig durchdacht und unbrauchbar die Bezeichnung des Sachverständigen als Richtergehilfen zur Abgrenzung gegen den Zeugen ist, zeigt auch J. Goldschmidt[107], der die Eigentümlichkeit richterlicher Tätigkeit in der Verbindung von Tatsachen- und Rechtsurteilen hervorhebt. Sachverständige wie Zeugen brächten aber nur Tatsachenmaterial, entweder die Wahrnehmung selbst (Zeuge) oder den Erfahrungssatz zur Beurteilung der Wahrnehmung (Sachverständiger). Richterliche Tätigkeit

---

[106] BGHSt 5, 34 (Urt. v. 16. 6. 1953 — 1 StR 809/52 —); BGHSt 6, 70 (Urt. v. 18. 3. 1954 — 3 StR 87/53 —); vgl. aber auch OGHZ 3, 119 (124) (Urt. v. 9. 1. 1950).

[107] „Die Erfahrungssätze, die der Sachverständige dem Richter mitteilt, sind nicht Obersätze des richterlichen Urteilssyllogismus, sondern des Tatsachenurteils, welches selbst nur den Untersatz des richterlichen Urteilssyllogismus bildet. Der Sachverständige ist also gar nicht Gehilfe der eigentümlichen richterlichen Tätigkeit. Dies wird nicht durch die Beobachtung widerlegt, daß schon jener Untersatz, jedenfalls insoweit er Tatbestandsfeststellung ist, ebenso wie die auf ihn hinführenden Obersätze und Schlußfolgerungen, juristischen Inhalts ist. Denn sonst wäre richterlicher Gehilfe auch der Zeuge, der über das Ganze oder über Teile des den Tatbestand enthaltenden Untersatzes oder über die zu diesem Untersatz hinführenden Untersätze, die schließlich auch schon juristischen Inhalts sind, aussagt", S. 439 f.

übe aber keiner von ihnen aus, und deshalb sei auch die Bezeichnung Richtergehilfe ungerechtfertigt.

Peters[108] hält die Ansicht nicht nur für falsch, sondern auch für gefährlich. Sie erhebe den Sachverständigen zu einer Art Prozeßsubjekt und reihe ihn allzu leicht in die Reihe der Strafverfolgungsorgane ein; das verleite auch den Sachverständigen dazu, einen einseitigen Justizstandpunkt einzunehmen. Die Auffassung berge sogar Gefahren für den Richter, der dazu neige, die Überprüfung eines Gehilfen nicht in der gleichen Weise vorzunehmen wie etwa die des Zeugen; auch könne die richterliche Verantwortung für die Entscheidung scheinbar abgewälzt werden. Diese durch die Praxis bestätigten Gefahren[109] genügen schon, die Bezeichnung Richtergehilfe als bloß historisch und heute nicht mehr angebracht abzutun. Das Sachverständigengutachten ist Beweismittel ebenso wie die Zeugenaussage. Welche Funktion es im einzelnen im Beweisgang übernehmen kann, soll im folgenden erörtert werden.

4. Die Funktion der Sachverständigentätigkeit im Strafverfahren

Wenn der Richter einen Sachverständigen zuzieht, so beauftragt er ihn, sein besonderes Fachwissen und -können in bestimmter Hinsicht im Prozeß einzusetzen. Je klarer der Richter sich selbst darüber geworden ist, wo sein eigenes Wissen und Können im Hinblick auf den konkreten Prozeßgegenstand ergänzungsbedürftig ist, um so genauer weiß er, welche Frage er dem Sachverständigen vorzulegen und wie er den Auftrag, ein Gutachten zu dieser beweisbedürftigen Frage zu erstatten, zu formulieren hat. Der Auftrag muß Umfang und Ziel der Sachverständigentätigkeit bestimmen. Eine mehr oder weniger unbestimmte Generalaufforderung, etwa in der Weise, „sich zu der Angelegenheit einmal gutachtlich zu äußern", wird nicht der Pflicht des Richters, die Tätigkeit des Sachverständigen zu leiten (§ 78), gerecht. Sie ist auch für den Sachverständigen unerfreulich, weil er unter Umständen überflüssige Untersuchungen anstellt, die später zur Urteilsbildung nicht notwendig sind. Der Richter, der das Ziel der Beweisaufnahme überschaut, ist aber in der Lage, an den Sachverständigen die Fragen zu stellen, deren Beantwortung zur Tatsachenfeststellung unentbehrlich ist.

Welcher Art diese Fragen und die jeweils entsprechenden Aussagen des Sachverständigen sein können, haben in bis heute maßgebender Weise Hegler[110] und im Anschluß an ihn Mezger in seiner Habilitationsschrift[111]

---

[108] Lehrbuch, S. 265.

[109] Vgl. auch Peters, a. a. O.

[110] Die Unterscheidung des Sachverständigen vom Zeugen im Prozeß, AcP. Bd. 104 (1909), S. 151 ff., 166 ff.

[111] Der psychiatrische Sachverständige im Prozeß, Beilageheft zu AcP Bd. 117 (1918), S. 10 ff.

herausgearbeitet. Sie unterscheiden drei Kategorien von Sachverständigenaussagen:

a) „Die Mitteilung abstrakter Ergebnisse aus dem Gebiet besonderer Sachkunde, die Mitteilung allgemeiner Sätze einer Wissenschaft oder Kunst[112]."

Hierbei wird der Richter allgemein in Fragen des Fachgebietes eingeführt, deren Kenntnis ihm es alsdann ermöglicht, die im Prozeß erheblichen Tatsachen selbst sachgerecht zu beurteilen.

b) Sachverständigenaussagen der zweiten Kategorie[113] sind „Mitteilungen von Schlußfolgerungen aus konkreten Tatsachen des Prozesses mit Hilfe besonderer Sachkunde".

Der Sachverständige wendet seine Spezialkenntnisse auf den Prozeßfall an. Auf Grund der bereits festgestellten oder nach Anweisung des Gerichts zu unterstellenden Tatsachen ist es ihm möglich, die Erfahrungssätze oder Regeln seiner Wissenschaft anzuwenden und ein bestimmtes fachmännisches Urteil abzugeben. Sein Arbeitsvorgang hat die Struktur einer Subsumtion. Der Sachverständige, der hierbei einen Teil der richterlichen Gedankenarbeit vorwegnimmt, weil sich eben diese Denktätigkeit auf dem Boden von Fachwissen abspielt, muß den Vorgang der Subsumtion so deutlich machen, daß der Richter in die Lage versetzt wird, ihn nachzuvollziehen. Dieser darf die durch die Spezialwissenschaft gewiesene Schlußfolgerung nicht einfach auf Treu und Glauben übernehmen, sondern muß sich ein eigenes sachgerechtes Urteil im Einzelfall verschaffen[114]. Ihm hierzu zu verhelfen, ist gerade Aufgabe des Sachverständigen. Nicht das Ansehen oder Vertrauen, das ein bekannter Vertreter seines Faches genießt, ist entscheidend, nicht die Autorität, mit der einer sich auf seine Wissenschaft beruft, sondern die Fähigkeit, dem Richter die sachlichen Gedankengänge so einsichtig zu machen, daß er sie selbst kritisch durchdenken und überprüfen kann. So weit verbreitet wie notwendig die Achtung vor dem Fachgelehrten und Fachmann heute sein mag, der Richter kann nicht umhin, im Laufe der Beweisaufnahme von Fall zu Fall aus der Rolle des Laien in die des wenigstens partiellen Fachmannes zu wechseln[115]. Dabei gewinnt die Aufgabe des Sachverständigen, sein Gutachten so genau und so vollständig wie möglich auszuführen, erhebliches Gewicht.

c) Die Sachverständigenaussagen der dritten Kategorie schließlich sind „Mitteilungen über konkrete Tatsachen als solche, und zwar über Tatsachen,

---

[112] Mezger, a. a. O.

[113] Hegler, a. a. O., S. 192 ff.; Mezger, a. a. O., S. 13 ff., vgl. auch die dort angeführten Beispiele.

[114] Stein, S. 69, bemerkt, daß der Richter sich bewußt bleiben müsse, daß es seinem Ermessen untersteht, ob und wie weit er sich das Gutachten aneignen will.

[115] Vgl. BGHSt 8, 113 (Urt. v. 26. 4. 1955 — 5 StR 86/55 —): Der Tatrichter ist zu einem eigenen Urteil auch in schwierigen Fachfragen verpflichtet.

die mit Hilfe besonderer Sachkunde“[116] nach dem Auftrag des Gerichts ermittelt werden.

Die Qualifizierung dieser sogenannten Befundberichte als Sachverständigenaussage ist nicht so unbestritten, wie in den Fällen der beiden ersten Kategorien. J. Goldschmidt[117] hält die Befundsmitteilung für einen Augenscheinsbeweis, bei dem die Zulässigkeit der Beweisvermittlung unbedenklich sei. Bei der praktisch wichtigen Frage, wie denn derjenige, der kraft Sachkunde im Auftrage des Gerichts Wahrnehmungen macht und mitteilt, zu vereidigen ist, entscheidet er sich dann allerdings für den Sachverständigeneid.

Nahe liegt die Frage, wie sich die sachverständige Zeugenaussage (§ 85) von der hier unter der dritten Kategorie erfaßten Aussage des Sachverständigen unterscheidet[118]. Schon Mezger[119] bezeichnet die Auffassung, daß es sich beim Zeugenbeweis nur um vergangene Tatsachen handeln könne, während der Sachverständigenbeweis sich auf gegenwärtige beziehe, als überwunden, weil das Zeitmoment häufig rein zufällig erscheine[120]. Er sieht im Auftrag des Gerichts das Merkmal, das den unbeauftragten sachverständigen Zeugen vom Sachverständigen unterscheidet. So richtig im Ergebnis diese Ansicht zu sein scheint, so genügt es doch nicht, die bloße Tatsache des Auftrags entscheiden zu lassen. Vielmehr ergibt sich aus der Auswechselbarkeit des Sachverständigen und der Unersetzbarkeit des sachverständigen Zeugen die innere Rechtfertigung dafür, weshalb der beauftragte und jederzeit ersetzbare Sachverständige eine andere Stellung im Verfahren einnimmt als der Zeuge, auf dessen einmalige, nicht wiederholbare Wahrnehmung es gerade ankommt. Wenn gegen die unterscheidende Kraft des Auftrags vorgebracht wird, auch der Zeuge könne seine Wahrnehmungen als vom Gericht beauftragt machen[121], so wird dabei übersehen, daß es sich hier zunächst um die Abgrenzung des sachverständigen Zeugen vom Sachverständigen handelt. Der sogenannte Zeuge, der für das Gericht Beobachtungen macht, die der Richter ebenso gut selbst machen könnte, ist aber in Wirklichkeit bloßer Augenscheinsmittler. Der Zeuge ist zu solcher Tätigkeit im Rahmen der Beweisaufnahme nicht verpflichtet. Der Richter kann sich hierzu nur solcher Personen bedienen, die sich freiwillig zur Verfügung stellen[122].

---

[116] Hegler, a. a. O., S. 207 ff.; Mezger, a. a. O., S. 16 ff., vgl. auch die dort angeführten Beispiele.

[117] S. 435/436, Anm. 2288.

[118] Hierzu Hegler, a. a. O., S. 232 ff.

[119] a. a. O., S. 18 ff.; vgl. auch Stein, S. 65 ff.

[120] Beispiel bei Mezger, a. a. O., S. 18: Der Bericht eines Arztes über einen Tobsuchtsanfall des Angeklagten in der Irrenanstalt ist eine Mitteilung von vergangenen Tatsachen, die der Arzt als Sachverständiger macht.

[121] Peters, Lehrbuch, S. 267; Henkel, Grundriß, S. 104.

[122] Vgl. auch Exner, S. 51: „Der Zeuge ist eine Person, die über sinnliche

Der Spezialist, der einen Befundbericht mitteilt, den jeder andere Vertreter seines Faches ebenso hätte erheben und mitteilen können, wird also zutreffend als Sachverständiger angesehen. Seine Aufgabe besteht darin, dem Richter zur Feststellung von prozeßerheblichen Tatsachen zu verhelfen, die dieser mangels spezieller Sachkenntnisse nicht alleine ermitteln kann. Zwar ist der Richter wie jedermann in der Lage, bloße Wahrnehmungen selbst zu machen. Der Befund erschöpft sich aber nicht darin, sondern sein eigenartiger Charakter kommt gerade dadurch zustande, daß für jedermann äußerlich zugängliche Wahrnehmungen mit den Begriffen einer bestimmten Wissenschaft oder Kunst konfrontiert und an ihnen gemessen werden. Wer sich in der jeweils erforderlichen Kunst oder Wissenschaft auskennt, erkennt auch die fraglichen Tatsachen; für ihn werden die äußerlich jedermann zugänglichen Wahrnehmungen zu Befundtatsachen.

Es fragt sich, ob der Sachverständige es dabei bewenden lassen darf, dem Richter in der Hauptverhandlung lediglich das Ergebnis seiner Wahrnehmungen, den Befund als solchen, mitzuteilen, oder ob der Richter auch verlangen kann, von ihm zu erfahren, wie er zu den besonderen Feststellungen gekommen ist. Wenn der Richter auf diesen Tatsachen sein Urteil aufbauen soll, so liegt es nahe, ihm dieses Unterrichtungsrecht und dem Sachverständigen eine entsprechende erschöpfende Mitteilungspflicht zuzusprechen.

Auch die Beachtung des Grundsatzes der Unmittelbarkeit der Beweisaufnahme (§ 250) fordert eine umfassendere Darlegung des Sachverständigen, denn „wenn das Gericht allein durch Anhörung eines Sachverständigen Tatsachen zum Inhalt der Beweisaufnahme macht, die er weder im Rahmen seines Gutachtens noch auf Grund seiner Sachkunde ermittelt hat"[123], wird, genau betrachtet, dieses Verfahrensprinzip verletzt. Benutzt zum Beispiel der Sachverständige in seinem Gutachten Auskünfte von Personen, die er selbständig außerhalb der Hauptverhandlung eingeholt hat, so darf das Gericht seinerseits diese Mitteilungen und die daraus gewonnenen Schlüsse nicht verwerten, ohne diese Personen als Zeugen gehört zu haben[124]. Eine Vernehmung des Sachverständigen als Zeuge vom Hören-Sagen über Aussagen Dritter, die er planmäßig bei der Vorbereitung seines Gutachtens ausgeforscht hat, ist nur dann als Notlösung gerechtfertigt, wenn eine Aufklärung des Sachverhalts auf keine andere Weise möglich ist; auf keinen Fall darf sie zur regel-

---

Wahrnehmungen aussagen soll, die sie zufällig, d. h. ohne vom Gericht beauftragt zu sein, gemacht hat."

[123] BGH in NJW 51, 771 (Urt. v. 18. 5. 1951 — 1 StR 149/51 —); Peters, Lehrbuch, S. 266, meint allerdings, die Auffassung des Bundesgerichtshofs schieße über das Ziel hinaus. Lediglich bei Zweifeln an den Grundlagen des Gutachtens müßten die in Betracht kommenden Zeugen unmittelbar gehört werden.

[124] BGHSt 9, 292 (Urt. v. 7. 6. 1956 — 3 StR 136/56 —); vgl. auch die Anm. von Eb. Schmidt zu dieser Entscheidung in JZ 57, 229.

mäßigen Übung werden, weil ein derartiges Vorgehen zur Entartung der Sachverständigentätigkeit beiträgt. Nicht besondere Sachkenntnisse werden dann nämlich in den Dienst des Gerichts gestellt, sondern die allgemeine Fähigkeit des jeweiligen Sachverständigen, Personen auszuforschen, und zwar im Hinblick auf den Gegenstand des Strafverfahrens. Die Gefahr besteht, daß der Sachverständige dabei außerhalb der gerichtlichen Kontrolle nach eigenem Gutdünken vorgeht, ohne sich Rechenschaft über die Zulässigkeit seiner Fragen und Methoden innerhalb eines strafprozessualen Verfahrens zu geben. Mit der Unmittelbarkeit der Beweisaufnahme aber soll auch die richterliche Kontrolle ermöglicht werden. Deshalb darf das Gericht keine Personen vom Sachverständigen außerhalb der Hauptverhandlung ausforschen lassen, die es selbst vernehmen kann, um auf ihrem Zeugnis Tatsachen für das Urteil aufzubauen. Nur soweit der Sachverständige für den Richter unentbehrlich ist, hat er sich seiner zu bedienen; er kann ihm aber keine richterlichen Aufgaben überlassen. Gerade hier wird auch bei Gutachten über die Glaubwürdigkeit eines Zeugen darauf zu achten sein, daß der Bereich der Sachverständigentätigkeit nicht auf Kosten des Unmittelbarkeitsgrundsatzes unnötig ausgedehnt wird[125].

5. Die Vereidigung des Sachverständigen

Ob der Sachverständige auf sein Gutachten vereidigt werden soll, kann das Gericht nach seinem Ermessen entscheiden (§ 79 Abs. 1 Satz 1). Es wird dabei die Bedeutung des Gutachtens für die Urteilsfindung beachten. Insbesondere Sachverständigenaussagen der dritten Kategorie im Sinne Heglers und Mezgers sind dazu angetan, eine Vereidigung herbeizuführen, weil das Urteil häufig den ermittelten Befund als Tatsache verwertet.

Das Ermessen des Gerichts besteht jedoch nicht mehr, wenn einer der Verfahrensbeteiligten die Vereidigung beantragt (§ 79 Abs. 1 Satz 2). Aber auch ohne einen solchen Antrag kann der Richter nicht stillschweigend die Frage der Vereidigung übergehen, er muß vielmehr eine ausdrückliche Entscheidung treffen[126].

Die Bedeutung des Eides liegt vor allem in der Versicherung, das Gutachten unparteiisch erstattet zu haben. Im Hinblick auf die Gefahren, die der ‚Nimbus' des Sachverständigen als Richtergehilfen heraufgeführt hat, kann ein gelegentlicher Zweifel an der Unvoreingenommenheit gerechtfertigt sein[127]. Aber auch die üblich gewordene Praxis, Sachverständige, die bereits im Ermittlungsverfahren zur Stützung der Anklage

---

[125] Vgl. hierzu unten S. 66 ff. und 107 f.

[126] BGH NJW 52, 233 (Urt. v. 31. 8. 1951 — 4 StR 427/51 —).

[127] Weimann, JR 51, 199, macht auf die Gefahr für die Objektivität des Gutachtens aufmerksam, die aus der sicherheitspolizeilichen Tätigkeit des Sachverständigen entsteht.

tätig geworden sind, ebenfalls in der Hauptverhandlung zu hören, kann zur Vorsicht mahnen[128]. Zwar erscheint es als selbstverständliche Berufspflicht[129], unparteiisch und nach bestem Wissen und Gewissen[130] tätig zu werden, aber die Vielzahl der im letzten Jahrzehnt bei den Gerichten aufgetretenen Sachverständigen[131] macht leicht bedenklich, ob denn wirklich immer gediegenes Wissen, Sachverstand und verantwortliche Haltung dafür bürgen, daß — um ein Wort von Undeutsch[132] zu gebrauchen — Urteile darauf gebaut werden können.

[128] Vgl. hierzu Frenken, Falscher Gebrauch von Gutachten, in: FAZ v. 28. 6. 1961, Nr. 146.

[129] Nach RGSt 69, 98 (Urt. v. 29. 1. 1935) steht der Sachverständige außer der Wahrheitspflicht auch unter seiner besonderen Berufspflicht.

[130] Zu der Verbindung von Wissen und Gewissen darf auf den treffenden Kurzkommentar des Kölner Stadt-Anzeiger vom 28. 6. 1961 (K-G 4237 A Nr. 147) zu dem Bericht des Untersuchungsausschusses des schleswig-holsteinischen Landtags in Sachen Heyde alias Sawade hingewiesen werden, in dem bemerkt wird, daß anscheinend „Wissensträger" nicht immer zugleich auch „Gewissensträger" zu sein brauchten!

[131] Undeutsch, Gutachtertätigkeit, S. 15. Bindokat, JZ 54, 399, übt zu Recht scharfe Kritik an dieser Entwicklung.

[132] Undeutsch, Gutachtertätigkeit, S. 15.

3. Kapitel

Die Glaubwürdigkeit des Zeugen als Gegenstand der richterlichen Beweiswürdigung

1. Begriff und Funktion des Glaubwürdigkeitsurteils

Will der Richter sein Urteil auf eine Tatsache stützen, die er durch die Bekundung eines Zeugen in der Hauptverhandlung erfahren hat, so muß er sich Gewißheit darüber verschaffen, ob die Aussage mit der Wirklichkeit übereinstimmt. Die Beweiswürdigung ist der Teil richterlicher Tätigkeit im Verfahren, in dem sich der Richter seine Überzeugung von den erheblichen Tatsachen bildet oder aber zu dem Ergebnis kommt, daß die Zweifelhaftigkeit nicht beseitigt werden kann[133]. Wie er diese innere Sicherheit gewinnt, die man Überzeugung nennt, ist zu einem guten Teil seine eigenste persönliche Angelegenheit, die sich jeglicher gesetzlichen Regelung entzieht. Allerdings darf er hierbei nichts verwerten, was nicht vorher Gegenstand der Beweisaufnahme und damit der Hauptverhandlung war (§ 261), es sei denn, er stützt seine Argumentation auf offenkundige[134] Tatsachen oder Erfahrungssätze. Das tatsächliche Material, das der Richter zu würdigen und zu bewerten hat, muß unter den Verfahrensgarantien der Hauptverhandlung[135] zusammen-

---

[133] Zum Problem der richterlichen Überzeugungsbildung allgemein vgl. Bohne, Zur Psychologie der richterlichen Überzeugungsbildung, 1948, und die dort, S. 7, zitierte Literatur. — Grundlegend zur Bestimmung der Überzeugung RGSt 66, 163 (Urt. v. 14. 3. 1932), historische Gewißheit, nicht mathematische Genauigkeit ist gemeint.

[134] Zum Begriff der Offenkundigkeit: BGHSt 6, 292 (Urt. v. 14. 7. 1954 — 6 StR 180/54 —); „Gemäß § 261 StPO ist grundsätzlich der Inbegriff der Verhandlung die ausschließliche Erkenntnisquelle für die Überzeugungsbildung des Tatrichters. Hiervon macht die Offenkundigkeit eine Ausnahme. Ein Wissen, das der Richter in genügend sicherem Maße besitzt, weil er es mit der Allgemeinheit teilt oder weil er es auf Grund seiner bisherigen richterlichen Tätigkeit zuverlässig erworben hat, braucht nicht mehr durch die Hauptverhandlung vermittelt zu werden. Eine Beweisaufnahme hierüber wäre eine sachlich nicht gebotene Äußerlichkeit und ist daher überflüssig. Dieser Gedanke ist in der Neufassung des § 244 Abs. 3, die auf dem Vereinheitlichungsgesetz v. 12. 9. 1950 (BGBl S. 454) beruht, ausdrücklich anerkannt worden, nachdem er sich bereits vorher in Rechtsprechung und Rechtslehre durchgesetzt hatte ...“

[135] BGHSt 9, 292 (Urt. v. 7. 6. 1956 — 3 StR 136/56 —); vgl. auch Weimann, JR 51, 199.

getragen werden, damit Angeklagter, Verteidiger und Staatsanwalt Gelegenheit haben, sich zu äußern und etwa erforderliche oder auch nur mögliche Ergänzungen oder Zweifel vorzubringen.

Die Zeugenaussage, auf die der Richter seine Tatsachenfeststellung gründet, muß denn auch — wie § 250 ausdrücklich vorschreibt — grundsätzlich in der Hauptverhandlung gemacht werden. Aber mit der Aussage als solcher steht noch nicht fest, ob der Zeuge von seinen Beobachtungen wahrheitsgemäß oder auch nur wahrhaftig bekundet hat. Erst in der Gewißheit, daß Aussage und geschilderter tatsächlicher Vorgang übereinstimmen, liegt die Beweiskraft der Zeugenaussage.

Der Richter braucht den Beweis der Tatsache, und deshalb ist für ihn zunächst die Glaubhaftigkeit der Aussage von Interesse. Ist es möglich, den Richtigkeitsgehalt der Aussage durch andere Beweismittel oder Umstände in der Beweisaufnahme zu überprüfen und zu bestätigen, ist etwa der Angeklagte geständig, machen verschiedene Zeugen unabhängig voneinander übereinstimmende Aussagen oder stützen Realien die Bekundungen des Zeugen, so kann der Richter durch vergleichende Überlegungen dazu gelangen, die Aussage für glaubhaft zu halten. Stehen aber keine außerhalb der Aussage gelegene Momente zur Verfügung, die geeignet sind, sie zu stützen oder zu bestätigen, so beginnt eigentlich erst die schwierige Aufgabe der Beweiswürdigung. Sicherlich gibt es „Kriterien der Aussage"[136] wie Widerspruchslosigkeit, innere Wahrscheinlichkeit oder „Stimmigkeit"[137], die sie glaubhaft erscheinen lassen. Man kann aber nicht umhin anzuerkennen, daß die Person des Zeugen letztlich dem Richter für die Richtigkeit der Aussage bürgt oder auch nicht bürgt. Undeutsch irrt sich, wenn er meint, „es interessiert im Rahmen des Gerichtsverfahrens nicht die Glaubwürdigkeit des Zeugen — ein fiktiver Begriff —, sondern einzig und allein die Glaubhaftigkeit seiner konkreten, hic et nunc gemachten Aussagen zur Sache"[138]. In allen Fällen, in denen die Aussage nicht an Hand anderer äußerer Beweisumstände überprüft werden kann, ist vielmehr das Vertrauen auf die Zeugentüchtigkeit und -würdigkeit in diesem Verfahren die tragende Basis innerer Beweissicherheit. Das Urteil der Glaubhaftigkeit der Aussage baut alsdann auf dem Urteil der Glaubwürdigkeit des Zeugen in dieser Sache auf. Nicht die Glaubwürdigkeit ist ein fiktiver Begriff; wer einer Aussage glauben zu können vermeint, ohne die Person dahinter zu sehen und ihr zu vertrauen, benutzt Worte für einen Sachverhalt, dem sie nicht adäquat sind, und täuscht sich so über die Bedeutung seines Begriffes: Glaubhaftigkeit der Aussage. Will man die Aussage loslösen von der Person des Zeugen und lediglich ihre eigene Sachqualität überprüfen, so sollte man sich nicht scheuen, auch den Ausdruck Glaubhaftig-

---

[136] Undeutsch in Ponsold, S. 216: Die Kriterien der Aussage liegen in ihrer Qualität.

[137] Undeutsch, Gutachtertätigkeit, S. 16.

[138] Undeutsch in Ponsold, S. 216.

keit durch einen angemesseneren zu ersetzen wie etwa: Sachrichtigkeit. Geht man aber so weit, so zeigt sich, daß dieser Begriff nicht das leisten kann, was dem Glaubhaftigkeits- und Glaubwürdigkeitsurteil im Prozeß zukommt. Die Zeugenaussage, deren Sachrichtigkeit nicht anderweitig erwiesen ist, kann nur dann bei der Sachverhaltsfeststellung verwertet werden, wenn der Richter die Überzeugung von der Redlichkeit und Zuverlässigkeit des Zeugen gewonnen hat. Nur durch die Überzeugung von der Glaubwürdigkeit wird eine noch nicht gesicherte Aussage glaubhaft[139].

Versteht man diese Funktion des Glaubwürdigkeitsurteils, so leuchtet es ein, daß der Richter immer da, wo er seine Tatsachenfeststellung auf die Aussage eines Zeugen gründen will, sich die Überzeugung von der Glaubwürdigkeit oder Unglaubwürdigkeit bilden muß. In diesem Sinne sprechen auch die §§ 68 und 68a von dem Begriff der Glaubwürdigkeit.

2. Glaubwürdigkeitsbeurteilung durch den Richter allein oder mit Hilfe eines Sachverständigen

Das Rechtsinstitut der freien richterlichen Beweiswürdigung bürdet dem Richter mit dem Zeugenbeweis zugleich die Prüfung der Glaubwürdigkeit des Zeugen auf. Die Unterscheidung der Glaubwürdigkeit des Zeugen im allgemeinen von seiner Glaubwürdigkeit in der jeweiligen Sache kann von Bedeutung gerade in den zweifelhaften Fällen werden, in denen schlecht beleumundete oder auf Grund ihres Milieus wenig Vertrauen erweckende Zeugen gerade durch ihr Auftreten in der Vernehmung dieses Vorurteil der allgemeinen Unglaubwürdigkeit zu zerstören vermögen[140]. Entscheidend für den Richter wie für den Staatsanwalt ist die Gewißheit von der Zuverlässigkeit im konkreten Einzelfall; aber es bleibt ihm in der Regel kein anderer Weg, als sich über die allgemeine an die besondere Glaubwürdigkeit des Zeugen heranzutasten[141]. Welche Möglichkeiten ihm selbst hierzu im Rahmen des Verfahrens eingeräumt sind, ist bereits oben[142] bei Behandlung der Zeugenvernehmung und des Eides erörtert worden.

Seit den Entdeckungen der Aussagepsychologie zu Beginn dieses Jahrhunderts[143] ist — mit der Entwicklung eben dieser wissenschaftlichen Disziplin — immer mehr in Frage gezogen worden, ob der Richter eigentlich in der Lage sei, die Glaubwürdigkeit eines Zeugen zutreffend zu

---

139 Vgl. auch die Darlegungen in RGSt 72, 156 (157) (Urt. v. 11. 4. 1938) zum Begriff der offenbaren ‚Unglaubhaftigkeit‘ einer Zeugenaussage i. S. des § 61 Nr. 5 a. F.

140 Hierzu RGSt 46, 385 (Urt. v. 6. 12. 1912); Peters, Lehrbuch, S. 245.

141 Vgl. Peters, Zeugenlüge und Prozeßausgang, S. 302 f.

142 S. 6 ff. und S. 12 ff.

143 W. Stern formulierte 1902 den Satz: Die fehlerhafte Aussage ist die Regel, nicht die Ausnahme! ZStrW 22, 315 (327).

beurteilen[144]. Die Auseinandersetzungen konzentrieren sich um die Beurteilung jugendlicher und kindlicher Zeugen[145], aber sie beschränken sich nicht hierauf[146].

Die Frage, wann der Richter sich selbst noch zutrauen darf, sein Urteil über die Glaubwürdigkeit eines Zeugen ohne Hilfe eines Sachverständigen zu bilden, ist angesichts der Rechtsprechung des Bundesgerichtshofs, insbesondere des 5. Senats[147], immer mehr in den Vordergrund der Erörterung getreten.

Die Strafprozeßordnung kennt keine generelle Beschränkung der Zeugnisfähigkeit[148], vielmehr ist unabhängig von Alter, Geschlecht oder körperlichen Mängeln wie Blindheit und Taubstummheit jeder, der Be-

---

[144] In der Literatur finden sich zahlreiche Erörterungen, von denen eine Auswahl sowohl aus (a) psychologischer wie (b) juristischer Sicht hier genannt werden soll:

(a) Marbe, Grundzüge der forensischen Psychologie, München 1913; ders., Der Psychologe als Gerichtsgutachter im Straf- und Zivilprozeß, Stuttgart 1926; Plaut, Der Zeuge und seine Aussage im Strafprozeß, Leipzig 1931; ders., Psychologische Gutachten in Strafprozessen, ZaPs 1933, Bh. 65; Undeutsch, Die Entwicklung der gerichtspsychologischen Gutachtertätigkeit, Göttingen 1954; ders., Aussagepsychologie, in: Ponsold, Lehrbuch der gerichtlichen Medizin, Stuttgart 1957, S. 191 ff.

(b) Mezger, Der psychiatrische Sachverständige im Prozeß, Tübingen 1918; Peters, Zeugenlüge und Prozeßausgang, Bonn 1939; Marmann, Aufklärungspflicht durch Sachverständigengutachten und freie Beweiswürdigung, GA 1953, 136 ff.; H. Mayer, Der Sachverständige im Strafprozeß, Mezger-Festschrift 1954, S. 455 ff.; Bockelmann, Strafrichter und psychologischer Sachverständiger, GA 55, 321 ff.; Blau, Zur Zulässigkeit und Zweckmäßigkeit psychologischer Glaubwürdigkeitsgutachten in Jugendschutzsachen, GA 59, 293 ff.

[145] Arnold, Die psychologische Begutachtung der Zeugentüchtigkeit und Glaubwürdigkeit bei Kindern und Jugendlichen, Psychologische Rundschau, 1952, 265 ff.; Knögel, Zuziehung eines Sachverständigen über die Glaubwürdigkeit einer kindlichen Zeugin bei Sittlichkeitsverbrechen, DRiZ 52, 142; Noch einmal: „Tatrichter und Kinderaussage", NJW 53, 693; Jugendliche und Kinder als Zeugen in Sittlichkeitsprozessen, NJW 59, 1665 ff.; Kohlhaas, Die Glaubwürdigkeit der Kinderaussage und ihre Überprüfung durch Sachverständige, NJW 51, 903 ff.; Tatrichter und Kinderaussage, NJW 53, 293 f.; Müller-Luckmann, Über die Glaubwürdigkeit kindlicher und jugendlicher Zeuginnen bei Sexualdelikten, Stuttgart 1959; Peters, Ein Beitrag zum Fehlurteil (Erfahrungen aus einem Lehrerprozeß), Mezger-Festschrift 1954, S. 477 ff.; W. Stern, Jugendliche Zeugen in Sittlichkeitsprozessen, Leipzig 1926; vgl. ferner die zahlreiche bei Undeutsch, Gutachtertätigkeit, S. 26—32, zitierte Literatur.

[146] Plaut, Zur Zeugenaussage Erwachsener, ZaPs 1929, Heft 32, S. 321 ff.; Undeutsch, Gutachtertätigkeit, S. 7.

[147] BGHSt 7, 82 ff. (Urt. v. 14. 12. 1954 — 5 StR 416/54 —); ferner die unveröffentlichten Urteile v. 27. 11. 1952 — 5 StR 769/52 — und v. 9. 2. 1960 — 5 StR 620/59 —, die hier im Anhang B auszugsweise wiedergegeben sind.

[148] Vgl. dagegen im Erbrecht bei Testamentszeugen § 2237 BGB.

obachtungen machen kann und in der Lage ist, diese auch verständlich mitzuteilen, als Zeuge im Verfahren zuzulassen[149]. Selbst Geisteskrankheit[150] braucht die Zeugentüchtigkeit nicht immer zu berühren. Derartige krankhafte Erscheinungen lassen aber den Richter nicht so sehr an der Glaubwürdigkeit als an der Aussagefähigkeit begründeterweise zweifeln. Treten körperliche oder geistige Mängel des Zeugen in der Hauptverhandlung offen zutage, so wird der Richter in der Regel geneigt sein, einen Arzt oder Psychiater als Sachverständigen beizuziehen, um prüfen zu lassen, ob und in welcher Weise die Aussage durch die Krankheit beeinflußt werden könnte. Um die Bedeutung psychopathologischer Erscheinungen und ihre Bewertung durch den psychiatrischen Sachverständigen im Prozeß geht es auch Mezger[151], der zu dem Ergebnis kommt, „daß eine wirklich sachverständige Beurteilung auch der eigentlich krankhaften Vorgänge in foro nur vom Psychiater und Richter zusammen vorgenommen werden kann“[152]. Verdeckter Geisteskrankheit gegenüber ist der Richter nicht in der Lage, sich angemessen zu verhalten, wie ihre Unerkennbarkeit das gesamte (Rechts-)Leben unvermeidlich gefährdet.

Schwieriger wird die Entscheidung, wenn nicht so sehr die Aussagetüchtigkeit als vielmehr die Glaubwürdigkeit und speziell die Aussageehrlichkeit in Frage gezogen wird. Während die Prüfung der Aussageehrlichkeit sich auf bewußte und gewollte Verfälschungen des Zeugen bezieht, umfaßt die Frage nach der Glaubwürdigkeit auch dem Zeugen selbst nicht bewußte, unbeabsichtigte, jedenfalls nicht willentliche oder planmäßige Abweichungen von der Wahrheit. Es ist nicht verwunderlich, daß die noch verhältnismäßig junge Disziplin der Psychologie von diesem Fragenbereich angezogen worden ist und hier ein willkommenes Arbeitsfeld findet, wo ihre theoretisch gewonnenen Erkenntnisse und Methoden eminent praktisch zu werden versprechen. Von der Wissenschaft der Psychologie her gesehen, handelt es sich um ein durchaus anerkennenswertes und legitimes Anliegen[153]. Es fragt sich nur, inwieweit dieses Interesse mit dem geltenden Recht, insbesondere der Aufgabe des Richters

---

[149] In RGSt 33, 403 (Urt. v. 15. 10. 1900) werden die Gebärden eines Taubstummen als Beweisbehelf — nicht als Aussagen im strengen Sinne — verwertet.

[150] RGSt 33, 392 (Urt. v. 9. 10. 1900); 57, 186 (188/89) (Urt. v. 5. 1. 1923); 58, 396 (Urt. v. 27. 11. 1924).

[151] a. a. O., S. 76 ff., vgl. auch S. 89 ff.

[152] a. a. O., S. 79.

[153] Bockelmann, GA 55, 323, bemerkt hierzu: „Unter Berufung auf die Ergebnisse ihrer Forschung erhoben sie den Anspruch, bei der Beurteilung der Glaubwürdigkeit von Zeugen, namentlich von Kindern, aber auch von Prozeßbeteiligten, zu Rate gezogen zu werden. Sie verfochten ihre Forderungen mit der ganzen Entschiedenheit einer Schule, die sich im Besitz einer neuen Wahrheit weiß und in sich die Berufung fühlt, andere ihrer Unwissenheit zu entreißen.“ Lange, Handbuch V, S. 414 ff., stellt einprägsam dar, wie vornehmlich bei der Frage nach der Zurechnungsfähigkeit des Angeklagten die verschiedensten neuen

und der Stellung des auf Glaubwürdigkeit zu prüfenden Zeugen zu vereinigen ist; es fragt sich außerdem, ob es etwa möglich oder auch nur zweckmäßig sein würde, de lege ferenda Glaubwürdigkeitsuntersuchungen der forensischen Psychologen an Zeugen ausdrücklich für zulässig zu erklären und unter bestimmten Voraussetzungen verbindlich vorzuschreiben[154, 155].

3. Kritische Darstellung der Rechtsprechung

a) Rechtsprechung vor 1945

Der Grundsatz, daß der Richter in der Zuziehung von Sachverständigen frei oder genauer gesagt nur an sein pflichtgemäßes Ermessen gebunden sei, ist im Verlaufe der Rechtsprechung des Reichsgerichts immer mehr eingeschränkt worden. In RGSt 3, 176[156] hielt man den Richter „selbst in den Fällen, wo eine besondere Sachkunde zur Erforschung der Wahrheit erforderlich ist, nicht für verpflichtet, Sachverständige zuzuziehen und zu hören". RGSt 25, 326[157] sah im Verzicht auf den Sachverständigen einen Akt freier richterlicher Beweiswürdigung. Auch 1917[158] und 1922[159] war man noch der Ansicht, daß sich der Tatrichter, der sich selbst die erforderliche Sachkunde zutraute, keines Sachverständigen zu bedienen brauche.

Seit RGSt 61, 273[160] aber ist die Skepsis gegenüber der Freiheit der Ermessensausübung in den Vordergrund getreten. Während das Reichsgericht 1913[161] noch die Ablehnung des auf die Zuziehung eines Sachverständigen zielenden Beweisantrages bei Vorwegnahme des Beweis-

---

wissenschaftlichen Disziplinen (klassische nichtanalytische Psychologie, Tiefenpsychologien, Konstitutionsbiologie, Sozialpsychologie und Soziologie) Anspruch darauf erheben, „die eigentlich maßgebende Beurteilungsgrundlage zu liefern", oder gar „die Entscheidungskompetenz fordern". — Zu dem Beweiswert tiefenpsychologischer Untersuchungsmethoden bei der Beurteilung der Täterpersönlichkeit und der Schuldfähigkeit vgl. Göppinger in NJW 61, 241 ff.

[154] Bisher haben die Justizbehörden sich darauf beschränkt, die Zuziehung von Sachverständigen bei Vernehmung jugendlicher Zeugen in Sittlichkeitsverfahren zu empfehlen. Vgl. etwa die bei Stern, Jugendliche Zeugen . . ., S. 83 f. und S. 90 abgedruckte Sächsische Hauptverordnung vom 28. 3. 1922 und Ergänzungs- und Ausführungsverordnung vom 9. 7. 1923 sowie die Hamburger Verfügung v. 3. 3. 1925; ferner die Richtlinien für das Strafverfahren in NRW v. 1. 8. 1953, Nr. 19.

[155] Zur Frage de lege ferenda s. die Schlußbetrachtung unten S. 109 ff.

[156] Urt. v. 5. 1. 1881 (betr. techn. Sachverst.).

[157] Urt. v. 30. 4. 1894.

[158] RGSt 52, 61 (Urt. v. 23. 11. 1917).

[159] RGSt 57, 158 (Urt. v. 1. 12. 1922).

[160] Urt. v. 1. 4. 1927; vgl. zu dieser Entscheidung auch Schneidewin in Lobe, Fünfzig Jahre Reichsgericht, 1929, S. 330.

[161] RGSt 47, 100 (108) (Urt. v. 18. 3. 1913).

ergebnisses in das Ermessen des Richters stellte, gab es diese Rechtsprechung mit RGSt 61, 273 auf. Es formuliert hier zum ersten Male den Grundsatz, daß die Zuziehung eines Sachverständigen nur dann unterbleiben darf, wenn das Gericht sich selbst die nötige Sachkunde zutraut und diese nach der Erfahrung des Lebens auch haben kann. Dieser Grundsatz ist in der folgenden Zeit mehr und mehr anerkannt und gefestigt worden[162]. Man mißtraute der bloß subjektiven Ermessensausübung und wollte den allgemeineren, objektiveren Maßstab der Lebenserfahrung mitberücksichtigt sehen. Als Folge dieses Auffassungswandels eröffnete sich für das Revisionsgericht die Möglichkeit, das tatrichterliche, am Maßstab der allgemeinen Lebenserfahrung auszurichtende Ermessen zu überprüfen[163]. Bockelmann[164] bemerkt mit Recht, daß die Motive, welche zur allmählichen Änderung der höchstrichterlichen Judikatur geführt haben, noch kaum erforscht sind. Sicher aber sei der verwirrende Eindruck, den die zunehmende Spezialisierung allen Fachwissens auf den jeweils Außenstehenden mache, mit im Spiel gewesen. Es habe sich daher die Reverenz vor dem Spezialisten an die Stelle der Fiktion gesetzt, vor Gericht würden in der Regel nur solche Fragen erörtert, die den Horizont eines gebildeten Mannes nicht überragten.

Es ist aber auch nicht zu übersehen, daß Mezger mit seiner Habilitationsschrift im Jahre 1918 schon dieser Entwicklung in der Rechtsprechung vorarbeitete[165], indem er verlangte, daß für das Ermessen des Richters „irgendwie objektive Gründe maßgebend sein müssen"[166]. Diese Objektivierung wollte er durch die „vollständige Verwertung aller nach dem jeweiligen Stand der Wissenschaft verfügbaren Erfahrung"[167] erreichen.

Fragt man sich, wie es angesichts des von der reichsgerichtlichen Judikatur herausgearbeiteten Grundsatzes[168] um die Sachkunde des Richters zur Beurteilung der Glaubwürdigkeit von Zeugen steht, so darf man davon ausgehen, daß diejenigen, deren Beruf es ist, Tag für Tag Zeugen zu vernehmen und ihre Aussagen als Beweismittel zu verwerten, mit einiger Wahrscheinlichkeit auch die Fähigkeiten und Kenntnisse haben, diese berufsmäßige Arbeit zu leisten. Es wäre befremdlich, wenn sich der Richter zur Beurteilung der Glaubwürdigkeit eines Zeugen regelmäßig

---

[162] Vgl. hierzu RG JW 1928, 2989 (Urt. v. 6. 7. 1928); RG JW 1931, 1493 f. (Urt. v. 6. 5. 1930) mit Anm. von Alsberg, der gleichsam vorausschauend ausspricht, daß diese „wenigen Worte, die vorzüglich das ausdrücken, worauf es ankommt, eine Umwälzung der Rechtsprechung zum Sachverständigenbeweis im Gefolge haben können". Ferner RG JW 1936, 1976 (Urt. v. 6. 4. 1936).

[163] Z. B. RG HRR 1938 Nr. 1380 (Urt. v. 17. 6. 1938); vgl. auch Lange, Handbuch V, S. 412: „Das Revisionsgericht bestimmt Inhalt und Richtung der allgemeinen Lebenserfahrung."

[164] GA 55, 323.

[165] So zutreffend H. Mayer in Mezger-Festschrift, S. 455.

[166] Mezger, a. a. O., S. 156.

[167] Mezger, a. a. O., S. 157.

[168] Vgl. oben S. 39, 40

eines psychologischen Sachverständigen bedienen müßte; dies wäre selbst dann noch befremdlich, wenn dem ausgebildeten Psychologen Methoden und Kenntnisse zur Verfügung ständen, die ihm zu einem unzweideutigen Urteil über die Glaubwürdigkeit verhelfen könnten. Wenn in jedem anderen Beruf die Vermutung dafür besteht, daß seine Vertreter den regelmäßigen Anforderungen gewachsen sind, warum sollte dem Richter gegenüber von dieser Regel der Lebenserfahrung eine Ausnahme gemacht werden!

Diese Anschauung hat denn auch grundsätzlich in der Rechtsprechung des Reichsgerichts vorgeherrscht, jedenfalls sind, soweit ersichtlich, keine Fälle bekannt geworden, in denen das Reichsgericht einem Richter die Sachkunde, einen erwachsenen, nicht krank erscheinenden Zeugen zu beurteilen, abgesprochen hat. RGSt 40, 48 hebt vielmehr die Zuständigkeit des Richters zur Beurteilung der Glaubwürdigkeit hervor[169].

Nicht so eindeutig ist dagegen die Stellungnahme bei kindlichen und jugendlichen Zeugen ausgefallen. Besonders in den letzten zehn Jahren reichsgerichtlicher Rechtsprechung hatten sich zahlreiche Entscheidungen mit der Frage nach der angemessenen Beurteilung von Kinderaussagen zu befassen[170]. Über die allgemeine Einsicht hinaus, daß Kinder und Jugendliche mit besonderer, ihnen angemessener Behutsamkeit bei der Vernehmung zu behandeln und ihre Aussagen, vor allem, wenn sie in ein Sittlichkeitsdelikt verstrickt worden sind, mit Vorsicht und Umsicht im Urteil zu würdigen sind[171], hat sich jedoch keine feste, einheitliche Linie hinsichtlich der Zuziehung von Sachverständigen herausgebildet.

Während im Urteil vom 29. Januar 1942[172] erklärt wird: „Es gibt keinen allgemeinen Erfahrungsgrundsatz des Inhalts, Kinderaussagen seien für sich allein im Strafverfahren wegen Sittlichkeitsverbrechens kein geeignetes Beweismittel zur Überführung eines bisher unbescholtenen Angeklagten", heißt es ein halbes Jahr später: „Es besteht ein Erfahrungssatz des Inhalts, daß Kinder (Mädchen) in den Entwicklungsjahren dazu neigen, geschlechtliche Erlebnisse, besonders in Gesprächen mit Gleich-

---

[169] „Die Möglichkeit, daß ein Zeuge bei Anstellung einer Probe irgendwie ungenau beobachtet und darstellt, ist kaum jemals von der Hand zu weisen. Sie wird daher ohnehin vom Gericht in Betracht gezogen, als bestehend unterstellt. Sie nötigt aber nicht zu dem Rückschluß, daß ein den bezeugten Wahrnehmungen nachfolgender Beobachtungsmangel bei einem anderen Anlaß das Maß der Glaubwürdigkeit des Zeugnisses über die früheren Beobachtungen beeinträchtigt. Die Frage, ob spätere mögliche Fehler in der Auffassung, Unterscheidung und Zusammenfassung den Wert des abgelegten Zeugnisses zu ändern vermögen, steht mit der Beurteilung des Zeugnisses in so engem Zusammenhange, daß sie sachgemäß nur von dem zur Entscheidung der Tatfrage berufenen Richter gelöst werden kann", Urt. v. 26. 2. 1907.

[170] Vgl. RGSt 76, 349 (Urt. v. 25. 2. 1943) und die dort zit. Entscheidungen.

[171] RG HRR 1942 Nr. 511 (Urt. v. 23. 10. 1941); RGSt 76, 349 (Urt. v. 25. 2. 1943).

[172] RG HRR 1942, Nr. 514.

altrigen, zu übertreiben und daß sich dadurch in ihnen selbst — mögen sie auch sonst wahrheitsliebend, zuverlässig und anständig sein — ein falsches Erinnerungsbild festsetzt. In solchen Fällen muß der Richter einen fachwissenschaftlich geübten Sachverständigen beiziehen und sich eingehend über die Bedeutung von Abweichungen der Kinderaussagen von früheren Aussagen (gegenüber Angehörigen, Ermittlungsbeamten usw.) aussprechen"[173].

In den besonderen Schwierigkeiten von Kindern in den Entwicklungsjahren scheint sich danach der Richter nach Meinung des Reichsgerichts nicht genügend auszukennen. — Daß er sich in den Urteilsgründen eingehend mit allen Umständen für und wider die Glaubwürdigkeit zu befassen hat[174], kann nur von Vorteil sein, gewinnt er doch gerade bei solcher schwierigen wie präzisen Beweiswürdigung die Erfahrung, die ihm in späteren Fällen zur Verfügung steht.

Eine ziemlich umfassende und auch für die spätere Rechtsprechung der Oberlandesgerichte und des Bundesgerichtshofs grundlegende Darstellung zur Frage der Bewertung von Kinderaussagen enthält die bereits erwähnte Entscheidung RGSt 76, 349[175]. Es wird darin ausgeführt, das Gericht habe auch in dieser Frage „grundsätzlich nach pflichtgemäßem Ermessen darüber zu entscheiden, ob es der Hilfe eines Sachverständigen bedarf oder nicht", weil „davon auszugehen sei, daß gerade die Richter auf Grund ihrer Lebenserfahrung die Sachkunde besitzen, selbst zu beurteilen, ob die Aussage eines Kindes glaubwürdig ist oder nicht". Nach der Anführung zahlreicher früherer Urteile zur Stützung dieser Auffassung fährt die Entscheidung fort: „Deshalb bedarf es der Zuziehung eines Sachverständigen im allgemeinen nur in besonders liegenden Fällen, zum Beispiel dann, wenn eine jugendliche Zeugin in der Zeit der Geschlechtsreife vernommen wird und die Umstände darauf hindeuten können, daß das Kind die Neigung hat, Vorstellungen, die seiner Phantasie entsprungen sind, als eigene Wahrnehmungen zu empfinden und wiederzugeben." Auch für den Charakter dieses Falles als „eines besonders liegenden Falles" werden zahlreiche Rechtsprechungsnachweise erbracht.

Gegen die grundsätzliche Formulierung ist nichts einzuwenden. Schwierig wird nur in der Praxis die Umgrenzung der „besonders liegenden Fälle" sein, bei denen der Rat des Sachverständigen einzuholen ist. Aber in dem RGSt 76, 349 zugrunde liegenden Fall eines in ein Sittlichkeitsverfahren verwickelten dreizehnjährigen Mädchens wird keineswegs empfohlen, vorschnell einen psychologischen Sachverständigen zuzuziehen,

---

[173] RG DR 1943, 188 Nr. 3 (Urt. v. 29. 6. 1942).

[174] Hierzu auch RG JW 31, 1494 f. (Urt. v. 12. 5. 1930) mit Anm. von Gruhle. Tatrichter muß sich mit Bedenken auseinandersetzen, die auf Grund eines ärztlichen Gutachtens hinsichtlich der Glaubwürdigkeit eines Zeugen bestehen.

[175] Vgl. oben S. 41, Anm. 170.

der dem Gericht jegliche eigene Aufklärung abnimmt. Das Reichsgericht wirft vielmehr der Strafkammer mangelhafte eigene Ermittlungen und unzureichende Würdigung des vorhandenen Tatsachenmaterials vor. Erst wenn in der neuen Verhandlung der Sachverhalt weiter aufgeklärt und erforderlichenfalls durch Vernehmung geeigneter Personen, insbesondere der Lehrer des Kindes, das Gericht sich ein Bild von dessen Eigenschaften und Verhalten machen könne, aber trotz all dieser Bemühungen keine völlige Klarheit bestehe, erst dann sei ein Sachverständiger zuzuziehen, der über besondere Kenntnisse und Erfahrungen in der Seelenkunde von Kindern und Jugendlichen verfügt. — Diese Reichsgerichtsentscheidung kann man fast als Musterbeispiel maßvoller Handhabung des Sachverständigenbeweises in dieser Frage bezeichnen. Spätere höchstrichterliche Stellungnahmen lassen das richtige Rangverhältnis von eigener Aufklärung des Gerichts und Rückgriff auf das Sonderwissen des Sachverständigen nicht immer so klar erkennen.

b) Rechtsprechung nach 1945

Die zuletzt vom Reichsgericht gebildete Ansicht ist in der Rechtsprechung des Bundesgerichtshofs und der Oberlandesgerichte nach 1945 im grundsätzlichen beibehalten worden. Im Regelfall reicht die Sachkunde des Richters aus, die Glaubwürdigkeit auch kindlicher und jugendlicher Zeugen zu beurteilen; Ausnahmefälle aber rechtfertigen, ja gebieten dagegen die Zuziehung eines Sachverständigen[176].

So wenig an dieser grundsätzlichen Einstellung auszusetzen ist, so viele Schwierigkeiten bereitet doch die Frage, wann denn ein Ausnahmefall in diesem Sinne anzunehmen ist[177].

Wollte man mit einer Entscheidung des Oberlandesgerichts Celle aus dem Jahre 1947[178] davon ausgehen, daß ein Sachverständiger immer schon erforderlich ist, „wenn die Beurteilung der Glaubwürdigkeit eines Kindes nach den vorliegenden Verhältnissen besonders schwierig ist", so würde man zur Ununterscheidbarkeit von Regel- und Ausnahmefall beitragen und die Mehrzahl der Fälle dem Sachverständigen vorbehalten. Die vier Beispiele, welche die Entscheidung anführt, erfordern denn auch keineswegs regelmäßig die Sonderkenntnisse und Erfahrungen eines psychologischen Sachverständigen.

1. Vorherrschend ist zwar in der Rechtsprechung[179] die Meinung, daß Mädchen in den Entwicklungsjahren wegen der besonderen psy-

---

[176] Vgl. die Leitsätze der Entscheidungen: OLG Braunschweig in HESt 2, 96 (Urt. v. 20. 2. 1948); BGHSt 3, 27 (Urt. v. 24. 6. 1952 — 1 StR 130/52 —); 3, 52 (Urt. v. 13. 6. 1952 — 2 StR 259/52 —).

[177] Das zeigt z. B. ein Vergleich von Leitsatz und Gründen der Entscheidung des BGH vom 20. 6. 1961 — 1 StR 211/61 —, wie sie in NJW 61, 1936 abgedruckt ist.

[178] HESt 2, 95 (Urt. v. 30. 7. 1947).

[179] Vgl. BGHSt 2, 163 (Urt. v. 29. 2. 1952 — 1 StR 631/51 —); 3, 27

chischen Belastung nicht zureichend allein vom Richter beurteilt werden können, wenn sie über Vorgänge mit geschlechtlicher Bedeutung aussagen sollen. Es ist aber zu bemerken, daß der 1. Senat des Bundesgerichtshofs in zwei Entscheidungen nur darauf hinweist, daß bei einer solchen Lage im Interesse der Wahrheitserforschung die Zuziehung eines Sachverständigen „besonders nahe liege“[180] oder „oft nicht zu umgehen“[181] sei. Die apodiktische Formulierung des 5. Senats dagegen: „Bei einer solchen Sachlage bedarf es grundsätzlich der Zuziehung eines psychologischen oder psychiatrischen Sachverständigen“[182], birgt die Gefahr in sich, das Verhältnis von Regel und Ausnahmefall umzukehren.

2. Sind Anzeichen zu bemerken, der jugendliche Zeuge könne etwa unter dem Einfluß Dritter stehen, so ist im allgemeinen der Richter in der Lage, durch entsprechende Vernehmung des Jugendlichen und des etwaigen Hintermannes diese Beziehungen aufzuklären. Der Verdacht der Beeinflussung liegt häufig nahe, wenn Kinder aus gestörten Ehen als Zeugen gegen einen Elternteil auftreten müssen[183]; auch jugendliche Opfer von Blutschandedelikten oder Homosexualität werden zuweilen von Erwachsenen dazu benutzt, unangenehmen Familienverhältnissen ein willkommenes Ende zu bereiten[184]. Die hier notwendige vorsichtige Abwägung der Einzelumstände und persönlichen wie gesellschaftlichen Beziehungen kann der Sachverständige dem Richter nicht abnehmen. Erst wenn richterliches Einfühlungsvermögen und Vernehmungskunst angesichts abnormen Verhaltens des Zeugen versagt, ist sachverständige Hilfe geboten.

3. Auch die Tatsache, daß die Vorgänge, über die der jugendliche Zeuge aussagt, längere Zeit zurückliegen, ist allein noch kein Grund, die ausreichende sachkundige Vernehmungskunst des Richters zu bezweifeln. Der Vergleich mit etwaigen früheren polizeilichen Vernehmungen kann

---

(Urt. v. 24. 6. 1952 — 1 StR 130/52 —); unveröffentl. BGH-Urt. v. 9. 2. 1960 — 5 StR 620/59 —) siehe Anhang B S. 154 f.

[180] BGHSt 2, 163, vgl. Anm. 179.

[181] BGHSt 3, 27, vgl. Anm. 179.

[182] Unveröffentl. BGH-Urt. v. 9. 2. 1960, vgl. Anm. 179.

[183] Vgl. z. B. in BGHSt 3, 27: „Ursprünglich das ‚Lieblingskind‘ des Angeklagten, steht es jetzt, nachdem sich der Vater von seiner Familie getrennt hat, deutlich unter dem Einfluß der Mutter.“

[184] In einem Verfahren vor dem LG Stade — 13 KLs 13/52 — lag der Verdacht nahe, daß die Schwiegermutter durch die Behauptung, ihr Schwiegersohn habe sich an seiner 8jährigen Stieftochter vergangen, die Entfernung des Schwiegersohns aus der Familie erreichen wollte. In einem Verfahren vor dem LG Hannover — 16/17 KLs 3/57 —, in dem sich schließlich herausstellte, daß ein 15- bis 16jähriger Junge von einem 45jährigen Mann zur Unzucht mißbraucht worden war, in dessen Familie (Frau und drei Kinder) er sich zum Ärger seiner eigenen Mutter mehr geborgen fühlte als zwischen dem unharmonischen Verhältnis seines Stiefvaters und seiner Mutter, hat sich der Verdacht, der Junge würde von seinen Eltern beeinflußt, als unbegründet erwiesen.

ihm ein Bild von der Erinnerungs- und Gedächtnistreue verschaffen, wenn auch die allgemeine Gefahr, der die Wahrheitsfindung durch Zeitablauf und Verblassen der wirklichen Vorgänge in der Vorstellung des Zeugen ausgesetzt ist, nicht gering einzuschätzen ist. Je mehr aber eine Beobachtung oder ein Erlebnis aus der Alltäglichkeit herausfällt und zugleich die Empfindungswelt des Zeugen außergewöhnlich berührt, um so fester und genauer prägt es sich der Erinnerung ein. Deshalb ist es irrig, jugendliche oder kindliche Zeugen, die in Sittlichkeitsdelikte verstrickt sind und gerne lange Zeit hierüber schweigen — eben weil sie in besonderem Maße von der Tat berührt worden sind —, nach Jahr und Tag für unzuverlässiger zu halten als etwa in einem Zeitpunkt unmittelbar nach dem Geschehen.

Näher liegt schon die Frage nach dem Sachverständigen, wenn sich zu dem langen Zeitabstand noch eine mehr oder weniger sichere Beeinflussung von dritter Seite während dieser Zeit gesellt. Hier die Grenze von eigener unbeeinflußter und überfremdeter Aussage herauszufinden, kann die Fähigkeit des Richters überfordern. In einem solchen Fall hat der Bundesgerichtshof[185] denn auch die Ablehnung eines Beweisantrages auf Zuziehung eines Sachverständigen zur Beurteilung der Glaubwürdigkeit für rechtlich fehlerhaft gehalten, weil die Bedingungen der Hauptverhandlung zu solcher Aufklärung nicht günstig genug sind. Er läßt es allerdings dahinstehen, ob das Gericht auch ohne ausdrücklichen Antrag zur Beiziehung eines Sachverständigen gem. § 244 Abs. 2 verpflichtet gewesen wäre.

4. Als viertes Beispiel einer besonders schwierigen Glaubwürdigkeitsfeststellung schließlich führt das Oberlandesgericht Celle ein Kind in noch sehr jugendlichem Alter an. Wollte man dem uneingeschränkt folgen, so wäre das praktische Ergebnis, daß Kinder im allgemeinen nur durch einen Sachverständigen zureichend beurteilt werden können; denn zwischen dem sehr jugendlichen Alter und der Pubertät ist noch eine kürzere oder längere Zeit der Vorpubertät anzusetzen, in der eben die alsbald erwachende Entwicklung sich schon anmeldet und die Beurteilung gleichfalls vor Sonderschwierigkeiten stellt.

Mit der Frage, ob der Sachverständige nicht überlegenere Forschungsmittel habe, die Glaubwürdigkeit einer siebenjährigen Zeugin zu beurteilen, setzt sich das Urteil des 5. Senats vom 14. Dezember 1954[186] auseinander, das wegen seiner modernen Einstellung viel Beachtung und Kritik erfahren hat[187]. Die Strafkammer war der Ansicht gewesen, „bei einem so kleinen Kinde könne auch ein Sachverständiger nur mit denselben Mitteln und Erkenntnissen wie das Gericht selbst sich ein Urteil bilden, nämlich einer gewissen Erfahrung im Umgang mit kleinen Kin-

---

[185] BGHSt 3, 27 (Urt. v. 24. 6. 1952 — 1 StR 130/52 —).
[186] BGHSt 7, 82 (Urt. v. 14. 12. 1954 — 5 StR 416/54 —).
[187] Bockelmann, GA 55, 321 ff.; Knögel, NJW 59, 1664; Blau, GA 59, 293 ff., u. a. m.

dern". Der Senat führt dagegen als Ergebnis einer Umfrage anläßlich dieses Falles bei einer Reihe von medizinischen und psychologischen Sachverständigen sowie Vorsitzenden von Jugendschutzkammern an, es bestehe „allgemeine Übereinstimmung darüber, daß den medizinischen, nach mancher Auffassung auch den psychologischen Sachverständigen Erkenntnismittel zu Gebote stehen, die das Gericht jedenfalls in der Hauptverhandlung nicht haben kann, und zwar auch bei 7jährigen Kindern nicht".

Es kann zwar nicht bestritten werden, daß der Sachverständige die dann aufgezählten sechs Erkenntnismittel hat, angefangen vom „vertrauten Gespräch zu zweit oder höchstens zu dritt", über die wesentlich länger aufwendbare Zeit, die Möglichkeiten, „dem Kind bestimmte Aufgaben zu stellen oder es in Lagen zu bringen, die erfahrungsgemäß besonders günstige Grundlagen für die Beurteilung seiner Aussagetüchtigkeit ergeben können", die Möglichkeit wiederholter Befragung zu günstigeren Zeitpunkten sowie die überraschende Abholung zur ersten Vernehmung bis schließlich zur ergänzenden körperlichen Untersuchung. Fraglich ist aber, ob diese Erkenntnismethoden jederzeit im Verfahren zur Verfügung stehen, ob ihr vielleicht sachliche Überlegenheit nicht durch ihre prozessuale Unzulässigkeit ohne Einwilligung des Zeugen bzw. seines gesetzlichen Vertreters erheblich eingeschränkt ist.

Diesen Bedenken, denen im einzelnen in den folgenden Kapiteln der Arbeit nachgegangen werden soll, widmet der 5. Senat keine Aufmerksamkeit[188]. Es gilt aber doch immer, im Rahmen des geltenden Rechts Erkenntnismittel von Richter und Sachverständigem gegeneinander abzuwägen und danach die Aufklärungspflicht hinsichtlich des Sachverständigenbeweises zu bestimmen.

Zutreffend hebt die Entscheidung jedoch hervor, daß bei einem siebenjährigen Kind die feierliche Form der Wahrheitsermahnung in der Regel nicht die Wirkung erzielt, Konzentration und Verantwortlichkeit zu wecken, eher schon geeignet ist, das Kind einzuschüchtern. Es entfällt auch für den Richter die Möglichkeit, durch Vereidigung sich eine Glaubwürdigkeitsgrundlage zu verschaffen, § 60 Ziff. 1[189]. Dieser Gesichtspunkt erhellt die besondere Lage richterlicher Glaubwürdigkeitsbeurteilung bei Kindern. Ebenso bestätigt die Tatsache, daß man gerade bei eidesunmündigen Zeugen besonders gerne Zuflucht zum Sachverständigen nimmt, den bereits erwähnten inneren Zusammenhang, der zwischen dem Ausfall der Eideskraft und der Ersatzfunktion der psychologischen Wissenschaft besteht[190].

Läßt aber die Strafprozeßordnung Kinder und Jugendliche uneingeschränkt als Zeugen zu, so gibt sie damit zugleich dem Richter auf, sich mit ihnen — auch in der Hauptverhandlung — mit besonderer Behut-

---

[188] Das rügt auch Bockelmann, a. a. O., S. 331 f.

[189] Vgl. oben S. 6 ff.

[190] Vgl. oben S. 8 f.

samkeit und dem notwendigen Einfühlungsvermögen[191] zu beschäftigen. Denn die alltägliche rauhe Gerichts- und Prozeßwelt ist auf Erwachsene zugeschnitten und so sehr geeignet, gerade die Voraussetzung einer glaubhaften Aussage bei Kindern, ihre Unbefangenheit und ihre Bereitschaft, sich den Erwachsenen anzuvertrauen, zu zerstören. Aber gerade diese kindlich-naiven Eigenschaften bilden vortreffliche Anhaltspunkte für das Glaubwürdigkeitsurteil. Der Richter hat auch die Möglichkeit, die Eltern oder sonstigen Erzieher des Kindes in der Hauptverhandlung zu hören, um das Bild von Milieu und Charakter des Zeugen abzurunden. Insoweit ist auch dem Beschluß des Oberlandesgerichts Köln vom 20. März 1953[192] zuzustimmen, daß allein der von dem Kinde in der Hauptverhandlung gewonnene Eindruck nicht ausreicht, den Wert seiner Aussagen zu beurteilen. Ob aber die psychologischen Kenntnisse und Fähigkeiten der Richter einer Jugendschutzkammer nicht ausreichen, die etwaige Bedeutung eines früheren Erlebnisses[193] für die Aussage des elfjährigen Kindes festzustellen, darf bezweifelt werden. Gründliche eigene Ermittlungen des Gerichts durch Vernehmung derjenigen Personen, die das Kind aus seiner täglichen Umgebung kennen, erscheinen sachgemäßer als das vermeintlich erforderliche „tiefere Eindringen in das Seelenleben des Kindes", um das sich der Sachverständige bemüht.

Eines Sachverständigen bedarf der Richter erst, „wenn ein kindlicher oder jugendlicher Zeuge besondere, aus dem normalen Erscheinungsbild des Jugendalters hervorstechende Züge und Eigentümlichkeiten aufweist", wie es der 2. Senat im Leitsatz seiner Entscheidung vom 13. Juni 1952[194] prägnant formuliert hat.

Nicht generell im Alter oder im Zeitablauf oder im Verdacht der Beeinflussung kann der Grund, einen Sachverständigen beizuziehen, gesehen werden. Hierbei handelt es sich um regelmäßige oder doch häufig gegebene Schwierigkeiten, die zu lösen dem Richter nun einmal berufsmäßig aufgegeben ist[195]. Nur außergewöhnliche, einem bestimmten

---

[191] Hierzu Knögel, a. a. O.

[192] Unveröffentl. Beschluß — Ws 66/53 —, den auch Undeutsch, Gutachtertätigkeit, S. 8, Anm. 17, zitiert und auszugsweise wiedergibt. Nach den Angaben Undeutschs wurde mit diesem Beschluß ein vor dem BGH rechtskräftig abgeschlossenes Verfahren wiederaufgenommen und im Wiederaufnahmeverfahren schließlich die Zuziehung eines Sachverständigen doch für nötig gehalten. Undeutsch sagt aber leider nichts über den sachlichen Ausgang des Wiederaufnahmeverfahrens unter Mitwirkung des Sachverständigen.

[193] Das Kind hatte vor Jahren miterlebt, wie seine Mutter vergewaltigt worden war; jetzt wurde es als Zeugin eines Sittlichkeitsverbrechens vernommen.

[194] BGHSt 3, 52 (— 2 StR 259/52 —).

[195] Vgl. hierzu auch die Ausführungen des 2. Senats in dem oben zit. Urteil: „Den Wert der Aussagen von Zeugen, insbesondere ihre Glaubwürdigkeit, zu beurteilen, ist das Recht und die Pflicht des Tatrichters. Sie gerade machen einen wesentlichen Teil der allein ihm obliegenden Ermittlungen des von der Anklage umfaßten geschichtlichen Vorganges aus. Die Verantwortung für diese

Jugendlichen eigene — aber dem Durchschnitt fremde — Merkmale gehen in der Regel über die Beurteilungsmöglichkeiten des Richters hinaus. Persönliche Abartigkeit, angefangen von sicheren Anzeichen für Geisteskrankheit über die vielfältige Skala psychopathischer Charaktere bis zu den bloßen Auffälligkeiten neurotischer Störungen, legen dem Richter wie immer auch dem Staatsanwalt nahe, sich möglichste Sicherheit über ihren Einfluß auf die Aussage durch eine sachverständige psychiatrische oder psychologische Beurteilung zu verschaffen.

Nur so kann das richtige Verhältnis von Regel- und Ausnahmefall eingehalten werden; denn trotz einer gewissen Popularität der Psychologie und einer sich ausbreitenden Neugierde und Sympathie für ihre Methoden und Erkenntnisse[196] wird man auch heute noch nicht behaupten können, daß die Mehrzahl jugendlicher Zeugen abartige Züge tragen. Es kann deshalb auch nicht auf den bloßen, durch keine äußeren Anzeichen begründeten Verdacht hin ein Sachverständiger zugezogen werden, um etwaige gemeinhin unerkennbare Abweichungen vom normalen Erscheinungsbild erst herauszufinden. Der 5. Senat läßt diese Frage, zu deren Entscheidung für ihn keine Notwendigkeit bestand, in dem oben erörterten Urteil[197] offen. Will man aber das Verhältnis von Regel und Ausnahme nicht auf den Kopf stellen und in jedem Jugendlichen zunächst einmal einen Psychopathen vermuten, so kann die Antwort nur in dem hier vertretenen Sinne ausfallen.

Was der Bundesgerichtshof in seiner Entscheidung vom 13. Juni 1952[198] für die Glaubwürdigkeitsbeurteilung von Jugendlichen maßgeblich gesagt hat, gilt im Grundsatz ebenso für die Frage, wann zur Glaubwürdigkeitsprüfung eines erwachsenen Zeugen ein Sachverständiger zugezogen wer-

---

Aufgabe überträgt das Gesetz nur ihm (§§ 155 Abs. 2, 244 Abs. 2, 261, 264 StPO). Er muß deshalb über das Maß an Menschenkenntnis und an Fähigkeit, Aussagen auf ihren Wahrheitsgehalt zu beurteilen, verfügen, von dem die Befähigung zum Richteramt notwendig und wesentlich abhängt. Dieser aus seiner richterlichen Aufgabe sich zwingend ergebenden Forderung muß er auch dann gerecht zu werden imstande sein, wenn es sich um die Aussagen eines Kindes handelt, das vor ihm als Zeuge auftritt."

[196] Vgl. z. B. die Artikel: „Wer ist ein guter Psychologe?", Bericht über den Bonner Psychologen-Kongreß 1960 von W. Hennig in der FAZ vom 15. 10. 1960, Nr. 242; „Psychologie, Helfer oder Feind der Liebe?" von R. Bohne in der Rheinischen Post v. 10. 9. 1960, Nr. 212; „Psychoanalyse und Medizin" von J. Zutt in der FAZ v. 7. 6. 1960, Nr. 131.

[197] BGHSt 7, 82 (85): „Es kann hier dahingestellt bleiben, ob grundsätzlich nur dann ein Sachverständiger erforderlich ist, wenn das Kind erkennbare besondere, aus dem normalen Erscheinungsbild seiner Altersstufe hervorstechende Eigenschaften aufweist (BGHSt 3, 52), oder ob nicht vielmehr gerade solche Abweichungen häufig erst mit Hilfe eines Sachverständigen festgestellt werden können." Lange, Handbuch V, S. 413, meint allerdings, der 5. Senat lasse die Frage nur der Form nach dahingestellt: „er fordert hier bereits den Sachverständigen."

[198] BGHSt 3, 52.

den soll. Die Auseinandersetzung hat sich nur am Beispiel des kindlichen und jugendlichen Zeugen entzündet, weil Angeklagte und Verteidiger[199] die schwächere Position, in der sich ein Kind vor Gericht von vornherein befindet, benutzt haben, seine Glaubwürdigkeit anzugreifen. Aber auch bei den gelegentlichen Angriffen, die sich gegen die Glaubwürdigkeit Erwachsener richteten, hat der Bundesgerichtshof ausdrücklich den Grundsatz beibehalten, „daß der Tatrichter in der Regel nicht des Fachwissens eines Sachverständigen bedarf"; seine Anhörung aber „ausnahmsweise geboten sein kann, wenn besondere Umstände zu erhöhter Vorsicht bei der Bewertung der Aussagetüchtigkeit ... mahnen"[200]. In dem dieser Entscheidung zugrunde liegenden Fall hatte eine 45jährige Zeugin über geschlechtliche Erlebnisse mit dem Angeklagten ausgesagt. Die Strafkammer hatte den Antrag der Verteidigung, zum Nachweis der Unglaubwürdigkeit der M. drei Sachverständige — einen Frauenarzt, einen Psychiater und einen Psychologen — darüber zu vernehmen, „daß die M. sich in den Wechseljahren oder im Vorstadium dazu befinde und deshalb an krankhaften Empfindungen und Vorstellungen leide, die ihr die wahrheitsgetreue Wiedergabe geschlechtlicher Erlebnisse unmöglich machten", abgelehnt, weil sie selbst die zur Beurteilung der Glaubwürdigkeit der M. erforderliche Sachkunde besitze. Der Bundesgerichtshof bestätigte die Entscheidung des Landgerichts, nachdem er sich eingehend mit den Einwendungen der Revision auf Grund seines aus dem „Handbuch für Biologie und Pathologie des Weibes"[201] geschöpften Wissens auseinandergesetzt hatte. Er kommt zu dem Ergebnis, „daß die wissenschaftlichen Erkenntnisse die tägliche Erfahrung bestätigen, daß es abwegig wäre, Zeugenaussagen von in den Wechseljahren stehenden Frauen über geschlechtliche Vorgänge allgemein oder auch nur in größerem Umfange als unzuverlässig anzusehen und ihre Überprüfung durch Fachpsychologen zu verlangen. Im allgemeinen ermöglichen auch hier dem Tatrichter seine Lebenserfahrung und Menschenkenntnis die selbständige Beurteilung der Glaubwürdigkeit einer Zeugenaussage. Die Beiziehung eines geeigneten Sachverständigen ist nur da — ausnahmsweise — geboten, wo eine Zeugin Züge der oben geschilderten Art" (es war die Rede von schweren psychischen Störungen) „aufweist und die Richtigkeit ihrer Aussage nicht durch weitere Beweisumstände gestützt wird"[202].

Die besonders schwierige Beweislage, der sich der Richter allein nicht mehr gewachsen zu zeigen braucht, kann also bei erwachsenen wie bei jugendlichen Zeugen nur bei abartigem oder krankhaftem Verhalten angenommen werden.

---

[199] Auch Undeutsch, Gutachtertätigkeit, S. 4, weist darauf hin, daß die Strafverteidiger sich gerne der skeptischen Einstellung der Psychologie gegenüber den Aussagen von Kindern und Jugendlichen bedienten.

[200] BGHSt 8, 130 (Urt. v. 5. 7. 1955 — 1 StR 195/55 —).

[201] Ewald im Handbuch ..., 1. Aufl., Bd. 6, Gynäkologie, 3. Teil, S. 369 ff.

[202] BGHSt 8, 130 (132), vgl. Anm. 200.

Die Beurteilungsschwierigkeiten, die sich bei unvereinbaren Aussagen mehrerer glaubwürdig erscheinender Zeugen ergeben, hat das Gericht regelmäßig selbständig zu lösen. Zwar handelt es sich auch hier jedesmal um besonders schwierige Beweislagen, aber sie dürfen doch als typische Fälle richterlicher Beweiswürdigung[203] bezeichnet werden, die nicht ohne Notwendigkeit auf den nichtrichterlichen Sachverständigen abgewälzt werden können. Dies muß auch Undeutsch[204] gegenüber betont werden, der bei Kindern und Jugendlichen am liebsten die regelmäßige Koppelung von Zeugenbeweis und psychologischer sachverständiger Begutachtung einführen möchte.

Aber auch in den Fällen, in denen der Richter einen Sachverständigen zugezogen hat, sei es aus eigenem Antrieb oder auf Grund eines Beweisantrages, wird ihm nichts von der Aufgabe abgenommen, sich seine Überzeugung von der Glaubwürdigkeit oder Unglaubwürdigkeit des Zeugen zu bilden. Das Verfahren ist fehlerhaft, wenn er das Ergebnis des Gut-

---

[203] Das unveröffentl. Urt. des BGH vom 13. 3. 1952 — 3 StR 19/52 — will allerdings in einer solchen Lage einen Ausnahmefall sehen, der nur mit sachverständiger Hilfe ausreichend aufgeklärt werden könne. Es heißt dort in den Gründen: „Es ist zuzugeben, daß die Beweiswürdigung im vorliegenden Fall mit besonderer Vorsicht vorgenommen werden mußte, weil der einzige Tatzeuge, K., den von der Anklage behaupteten Geschlechtsverkehr mit seiner Mutter, der Angeklagten, ebenso wie diese bestritten und das Landgericht selbst auf die schweren Bedenken gegen die Glaubwürdigkeit der drei Belastungszeugen hingewiesen hat. Bei der schwierigen Beweislage, die sich aus den Urteilsgründen klar ergibt, mußte die Strafkammer jede ihr zu Gebote stehende Möglichkeit zur Aufklärung des Sachverhalts benützen. Dazu war sie ohne Beweisantrag verpflichtet, wenn die Umstände zum Gebrauch weiterer Beweismittel drängten. Solche Umstände lagen hier in den erheblichen und auffallenden Widersprüchen zwischen den Bekundungen der drei Belastungszeugen untereinander, ferner in den bedeutenden Abweichungen jeder einzelnen Aussage in der Hauptverhandlung gegenüber den Angaben vor der Polizei. Zwar kommt in aller Regel die Vernehmung eines Sachverständigen über die Glaubwürdigkeit von erwachsenen Zeugen nicht in Betracht; das Gericht hat hierüber aus eigener Sachkunde zu befinden. Hier aber handelt es sich offensichtlich um einen auch von der Strafkammer erkannten und dargestellten Ausnahmefall, der zu der Erwägung drängte, daß unter Umständen ein Sachverständiger in der Lage sein werde, die Beweggründe der Zeugen für den Wechsel und die Widersprüche der Bekundungen aufzuklären. Auf diese Weise hätte das Gericht weitere Unterlagen für die Beurteilung der Glaubwürdigkeit gewinnen können. Indem die Strafkammer in diesem zu besonderen Maßnahmen drängenden Ausnahmefall ohne Beiziehung eines Sachverständigen über die Glaubwürdigkeit der Belastungszeugen verhandelt und entschieden hat, wurde sie der Verpflichtung zur Wahrheitserforschung nicht in vollem Umfang gerecht."

Es fragt sich aber, worin denn noch die Bedeutung eines Grundsatzes besteht, wenn er immer außer Kraft gesetzt wird, sobald die Schwierigkeiten der Beweiswürdigung beginnen. Vgl. zum Verhältnis von Grundsatz und Ausnahme auch die Entscheidung des BGH in NJW 61, 1636.

[204] Gutachtertätigkeit, S. 7/8.

achtens einfach übernimmt[205]. Der Zweck des Sachverständigenbeweises besteht darin, dem Richter die fehlende Sachkunde zu vermitteln[206]. Der Sachverständige muß Methode und Ergebnis seiner Untersuchungstätigkeit dem Richter einsichtig machen, damit dieser in den Stand versetzt wird, auch in der schwierigen Fachfrage sich die Entscheidung selbst zu erarbeiten und ihre Begründung zu durchdenken. Zu dieser Aufgabenverteilung führt der 5. Senat in seiner Entscheidung vom 26. April 1955[207] aus: „Je weniger sich der Richter auf die bloße Autorität des Sachverständigen verläßt, je mehr er den Sachverständigen nötigt, ihn — den Richter — über allgemeine Erfahrungen zu belehren und mit möglichst gemeinverständlichen Gründen zu überzeugen, desto vollkommener erfüllen beide ihre verfahrensrechtliche Aufgabe."

An einer Reihe mir aus der Praxis zur Verfügung gestellter abgeschlossener Verfahren aus den Jahren 1952 bis 1958, die in der Regel Sittlichkeitsdelikte zum Gegenstand hatten, in die ein oder mehrere Kinder, sowohl Mädchen wie Knaben, als Opfer verwickelt waren, konnte ich die Beobachtung machen, daß in den Fällen, in denen ein Sachverständiger ein schriftliches und mündliches Gutachten erstattet hatte, eine auffällige Neigung der entscheidenden Gerichte bestand, ihre eigene Beweiswürdigung durch Bezugnahme auf das sachverständige Gutachten zu ersetzen, mindestens aber abzukürzen[208]. Dagegen fielen in den Fällen, in denen das Gericht auf einen Sachverständigen verzichtet hatte, Beweisaufnahme und -würdigung weit umfangreicher und auch überzeugender aus[209]. — Die vielfach in den Urteilsgründen zitierten ‚überzeugenden Ausführungen des Sachverständigen' hinterlassen zuweilen den Eindruck, daß sie nur die Kluft zwischen dem Ergebnis der Sachverständigentätigkeit und der vom Richter immer zu fordernden eigenen Gedankenarbeit und Würdigung überdecken sollen.

Allerdings gibt es auch Beispiele dafür, wie sich Gerichte eingehend mit den Gutachten der Sachverständigen auseinandersetzen und unter Umständen zu einem abweichenden Urteil gelangen.

In einem Verfahren vor dem Landgericht Hildesheim[210] hatte ein vom Gericht zugezogener Nervenarzt in seinem schriftlichen Gutachten die Glaubwürdigkeit beider kindlichen Zeuginnen uneingeschränkt bejaht, war aber dann auf Grund des Eindrucks in der Hauptverhandlung hinsichtlich der achtjährigen Helga hiervon abgewichen, weil sie schüchtern und unsicher auftrat. Die Strafkammer verwarf den Antrag des Ver-

---

[205] RG JW 1939, 754 (Urt. v. 27. 1. 1939); sehr instruktiv hierzu auch RG HRR 1939 Nr. 476 (Urt. v. 11. 11. 1938).

[206] Im einzelnen s. hierzu oben S. 28 ff.

[207] BGHSt 8, 113 (Urt. v. 26. 4. 1955 — 5 StR 86/55 —).

[208] StA Stade — 4 Kls 1/52 —; StA Hannover — 17 Ls 23/53 —; StA Hannover — 15 Kls 14/58 —.

[209] StA Hannover — 15/17 KLs 8/57 —.

[210] StA Hildesheim — 8 KLs 6/52 —.

teidigers, einen weiteren in der Kinderpsychologie erfahrenen Sachverständigen zu hören, und kam nach eingehender eigener Würdigung zu dem Ergebnis, daß beide Kinder glaubwürdig seien. Der Bundesgerichtshof[211] hob das Urteil der Kammer auf, weil sie sich damit zu ihrem vorangegangenen Verhalten in Widerspruch gesetzt habe. Durch die Zuziehung des ersten Sachverständigen habe sie gezeigt, daß sie sich selbst die erforderliche Sachkunde nicht zutraue; da sie aber dem Gutachten des Sachverständigen nicht gefolgt sei, habe sie sich tatsächlich die nötige Sachkunde nachträglich zugeschrieben[212].

Diese Entscheidung des 5. Senats wirft die Frage auf, wie weit denn der Spielraum eigener Beweiswürdigung bei Zuziehung eines Sachverständigen noch bemessen bleibt. Muß das Gericht immer, wenn es dem Gutachten eines Sachverständigen nicht folgen will, einen weiteren Sachverständigen zuziehen, um dessen Stellungnahme zu hören? § 244 Abs. 4 Satz 2 führt aus, unter welchen Umständen der Antrag, einen weiteren Sachverständigen zuzuziehen, nicht abgelehnt werden darf. Aber diese Gründe gelten doch nur neben dem in § 244 Abs. 4 Satz 1 bestimmten Grundsatz, daß ein Beweisantrag immer abgelehnt werden kann, wenn das Gericht die erforderliche Sachkunde selbst besitzt. Die Möglichkeit, daß durch die Anhörung eines Sachverständigen das Gericht in die Lage versetzt wird, nunmehr die Frage der Glaubwürdigkeit selbst zu entscheiden, und zwar auch anders als der Sachverständige, kann doch nicht geleugnet werden. Eigentlich hat der Sachverständigenbeweis schon dann seinen Zweck erfüllt, wenn er den Richter zu einem selbständigen Urteil befähigt.

Die Haltung des Bundesgerichtshofs hat denn auch ihre weitere Wirkung auf das Verfahren nicht verfehlt. Die Strafkammer, in ihrer eigenen Urteilsfähigkeit unsicher gemacht, stellte im zweiten Urteil fest, „daß beide Kinder an sich einen ordentlichen, wohlerzogenen Eindruck machen und nicht unglaubwürdig erscheinen. Dennoch konnten ihre Aussagen nicht ausreichen, um den Angeklagten ... zu überführen“[213]. Folgende in den Urteilsgründen enthaltene Bemerkung bringt jedoch deutlich zum Ausdruck, daß die Kammer nicht gewillt war, ihren Spielraum bei der Beweiswürdigung beeinträchtigen zu lassen: „Wenn das Gericht die von der Ärztekammer Niedersachsen namhaft gemachte Kinderpsychologin Frau Dr. M. hinzugezogen hat, so hat es aus deren gutachtlicher Äußerung eine Hilfe für die Beurteilung der Glaubwürdigkeit der Kinder nicht gefunden.“

---

[211] Unveröffentl. Urt. des BGH v. 27. 11. 1952 — 5 StR 769/52 —, vgl. Anhang B S. 154.

[212] Vgl. demgegenüber Stein, S. 98 f.: „Es ist nicht immer richtig, daß der Richter mit der Heranziehung Sachverständiger erklärt habe, die Frage nicht selbst entscheiden zu können, und deshalb jetzt nicht in Widerspruch mit sich selbst treten dürfe.“

[213] StA Hildesheim — 8 KLs 6/52 —.

Es wäre gut, wenn auch die höchstrichterliche Rechtsprechung den Willen und die Bemühung der Instanzgerichte zur eigenen Urteilsbildung in Spezialfragen, insbesondere aber in Fragen, die sich Tag für Tag wiederholen, unterstützen würde, weil nun einmal dem Richter zugemutet ist, die Verantwortung für die dem Urteil zugrunde liegenden Feststellungen zu tragen, und der Sachverständige weder gewillt noch in der Lage ist, ihm diese auch nur teilweise abzunehmen[214].

4. Kritische Darstellung von Ansichten in der Literatur

Die Frage, wann der Richter einen Sachverständigen zuziehen müsse, um die Glaubwürdigkeit des Zeugen ausreichend beurteilen zu können, ist mit der Entwicklung der psychologischen Wissenschaft immer häufiger Gegenstand der Erörterung in der Literatur geworden.

Während Stein im Jahre 1893 das Gericht nicht einmal für verpflichtet hielt, den Angeklagten in der Hauptverhandlung darüber zu unterrichten, „ob und nach welcher Richtung das Vorleben des Zeugen für dessen Glaubwürdigkeit von Bedeutung sein werde[215], fordert Undeutsch etwa 60 Jahre später, daß der Richter bei jugendlichen Zeugen regelmäßig und bei Erwachsenen in Ausnahmefällen einen psychologischen Sachverständigen zur Beurteilung der Glaubhaftigkeit der Aussage zuziehen solle[216].

Die Zeit, die zwischen diesen beiden Äußerungen liegt, hat die Entwicklung der forensischen Psychologie gebracht[217], die mit Namen wie W. Stern[218], Plaut[219], Marbe[220] und Mönkemöller[221] — um nur einige bedeutende herauszuheben — verbunden ist. Sie hat aber auch Erfahrungen mit Zeugen sammeln lassen, deren Einfluß auf den Ausgang des Verfahrens nicht zu unterschätzen ist[222].

Stern faßte 1902 das Ergebnis seiner mehrjährigen experimentell durchgeführten Untersuchungen in dem bekannten Satz zusammen: Die fehlerlose Erinnerung ist nicht die Regel, sondern die Ausnahme[223]. —

[214] BGHSt 7, 238 (Urt. v. 8. 3. 1955 — 5 StR 49/55 —).

[215] Stein, S. 94 f.

[216] Undeutsch, Gutachtertätigkeit, S. 7 f., S. 9 f.

[217] Einen Überblick vermittelt Undeutsch, a. a. O., S. 1 ff.

[218] Die Aussage als geistige Leistung und als Verhörsprodukt, 1903; Jugendliche Zeugen in Sittlichkeitsprozessen, 1926.

[219] Der Zeuge und seine Aussage im Strafprozeß, 1931.

[220] Grundzüge der forensischen Psychologie, 1913; Der Psychologe als Gerichtsgutachter im Straf- und Zivilprozeß, 1926.

[221] Psychologie und Psychopathologie der Aussage, 1930.

[222] Vgl. hierzu Peters, Zeugenlüge und Prozeßausgang, 1939.

[223] Zur Psychologie der Aussage, ZStrW 22 (1902), 315 ff. (327); Stern legte sich in dieser Abhandlung die Frage vor, inwiefern die Durchschnittsaussagen des normalen, einwandfreien Zeugen als eine korrekte Wiedergabe des objektiven Tatbestandes betrachtet werden können.

Dagegen ,wagt' auf Grund seiner Erfahrungen als forensischer Gutachter in einer großen Zahl von praktischen Fällen Undeutsch 1954 den Satz, „daß bei den Bekundungen, die zum Inhalt haben, daß der Zeuge Opfer einer sittlichen Verfehlung geworden ist, die glaubhafte Aussage die Regel ist, sofern es sich um Einzelzeugen handelt und nicht um Zeugengruppen"[224].

Es sind vor allem jugendliche und kindliche Zeugen, deren Glaubwürdigkeit in Rechtsprechung und Literatur eingehend erörtert wird. Man darf aber vermuten, daß sich die Tätigkeit des psychologischen Gutachters immer mehr auch dem erwachsenen Zeugen zuwenden wird. Plaut[225] versuchte schon in einer Untersuchung des Husmann-Prozesses darzulegen, „daß den Aussagen von Erwachsenen dieselben Bedenken entgegenzuhalten sind wie denen von Kindern und Jugendlichen"[226]. Undeutsch meint heute, „bei Erwachsenen sei es in Ausnahmefällen, bei Kindern und Jugendlichen aber regelmäßig geboten, einen Sachverständigen zuzuziehen, sobald der Fall irgendwelche Besonderheiten biete oder auch nur Einwände gegen die Glaubhaftigkeit der Aussage vorgebracht würden"[227]. Diese Formulierung erinnert zwar noch an die Leitsätze der Urteile des Bundesgerichtshofes, bringt aber keineswegs den in der Judikatur immer wieder betonten Ausgangspunkt zum Ausdruck, daß der Richter in der Regel selbst in der Lage ist, die Glaubwürdigkeit eines Zeugen zu beurteilen. An diesem Grundsatz scheiden sich denn auch die Meinungen im juristischen Schrifttum.

Beeindruckt von der Genauigkeit der Erkenntnismittel in den sogenannten exakten Naturwissenschaften hätte Bohne, wie bereits oben angemerkt[228], am liebsten den Zeugenbeweis vollständig durch den Realienbeweis ersetzt. Wegen der Unausführbarkeit dieses Gedankens sah er in der Zuziehung von Sachverständigen in weitem Umfange einen Ausweg, die Zeugenaussage so sicher wie möglich zu machen. Gestützt auf Marbe, Plaut und Alsberg[229], hielt er den Psychologen für berufen, die möglichen Fehlerquellen der jeweiligen Zeugenaussage klarzulegen und zu diesem Zweck eine Analyse von Person und Persönlichkeit des Zeugen vorzunehmen.

Diese Untersuchungen sollten keineswegs auf die Fälle beschränkt bleiben, in denen die Aussageperson „im Verdacht psychopathologischer Regelwidrigkeit steht"[230], vielmehr war es das Anliegen Bohnes, die Zuständigkeit des Psychiaters für diese Fälle, die Zuständigkeit des Psychologen aber für die Mehrzahl der regelmäßig auf Glaubwürdigkeit

---

[224] Undeutsch, Gutachtertätigkeit, S. 10.
[225] Zur Zeugenaussage Erwachsener, ZaPs 1929, Heft 32, S. 321 ff.
[226] Plaut, a. a. O., S. 322.
[227] Undeutsch, Gutachtertätigkeit, S. 7.
[228] Vgl. oben S. 10, Anm. 34
[229] Bohne, SJZ 49, 11 ff.
[230] Bohne, a. a. O., Sp. 13

zu untersuchenden „normalen" Zeugen zu betonen. Fast neigt er dazu, die Tätigkeit des psychologischen Sachverständigen als die schwierigere anzusehen, und deshalb kann sie — dieser Schluß liegt nahe — vom unausgebildeten Richter um so weniger geleistet werden.

Mit Bockelmann[231] darf aber daran erinnert werden, daß „die Wertung der Glaubwürdigkeit von Aussagen zum eigentlichsten Wirkungsbereich des Richters" gehört. Diese Aufgabe, die ihm regelmäßig mit jedem Prozeß neu gestellt wird, kann er sich nicht ebenso regelmäßig vom Sachverständigen abnehmen lassen, ohne einen Teil seines Amtes und dessen Verantwortung aufzugeben[232].

Es ist fraglich geworden, ob die bloße Menschenkenntnis, die Erfahrung und der sogenannte gesunde Menschenverstand, kurz die Psychologie des Alltags, heute dem Richter allein noch genügen darf, die Aussage eines Zeugen und die Verbürgung ihrer Wahrheit durch die Persönlichkeit des Zeugen ausreichend zu beurteilen.

Mezger[233] verlangte, daß im Prozeß die Wahrheit „unter vollständiger Verwertung aller nach dem jeweiligen Stand der Wissenschaft verfügbaren Erfahrung" gesucht werden müsse. Es kann nicht geleugnet werden, daß die Psychologie diagnostische Methoden entwickelt hat, die der Persönlichkeitserforschung des Zeugen dienen können[234]. Hülle[235], der zwar den Jung'schen Assoziationstest[236], den Formdeutungsversuch von Rorschach[237] und den Zeichentest von Wartegg[238] als „empirisch gesichert"

---

[231] GA 55, 321 ff. (330).

[232] Bockelmann, a. a. O., S. 330, sagt: „Man kann Richter sein, ohne etwas von Hochfrequenztechnik zu verstehen. Nicht aber kann Richter sein, wem irgend Menschliches fremd ist. Die Menschenkunde, deren das Gericht bedarf, um seines Amtes zu walten, kann ebenso wie die nötige Rechtskunde nur im Ausnahmefall ein Geheimnis sein, das erst durch einen Akt der Beweisaufnahme in den Prozeß eingeführt wird."

[233] Mezger, a. a. O., S. 156 ff.

[234] Vgl. z. B. Meili, Lehrbuch der psychologischen Diagnostik, 1955, bes. S. 163 ff.; Pauli-Arnold, Psychologisches Praktikum, 6. Aufl., 1957, bes. S. 216 ff.; Kretschmer, Medizinische Psychologie, 10. Aufl., 1950, bes. S. 240 ff.

[235] JZ 55, 8 ff.

[236] Der Versuchsperson wird eine Reihe von Worten (Reizworte) zugerufen, auf die sie mit dem je unmittelbar ihr einfallenden Wort antworten soll. Aus der Kombination und der Dauer der Reaktion will der Psychologe Rückschlüsse auf die psychische Beschaffenheit der Versuchsperson ziehen. Vgl. hierzu eingehend Balla, S. 7, ferner Kretschmer, a. a. O., S. 203.

[237] „Es handelt sich um das Ausdeuten von zehn symmetrischen, teils nur grau-schwarzen, teils mehrfarbigen Klecksen, die in einer bestimmten Reihenfolge der Versuchsperson nacheinander vorgelegt werden mit der Instruktion, zwanglos zu sagen, was das sein könnte. Die erhaltenen Antworten werden auf Grund bestimmter Kategorien ausgewertet und in dem sogenannten Psychogramm numerisch zusammengestellt. Die dabei verwendeten Kategorien betreffen hauptsächlich den „Erfassungstyp", d. h. die Art der perzeptiven Organisation (mehr ganzheitlich oder mehr analytisch die Teile berücksichtigend, das

betrachtet, bemerkt, daß die Schwäche der sogenannten projektiven Methoden[239], die das persönliche Erleben des Zeugen erhellen sollen, darin bestehe, „daß sie keine quantitativen Feststellungen über den dynamischen und damit charakterologischen Aufbau der Persönlichkeit erlauben; ihre Symptomwerte müssen intuitiv erfaßt und gedeutet werden, weil das Wesen der Menschen nur vom Seelisch-Geistigen her begriffen werden kann." Die wissenschaftlichen Verfahren, welche die Psychologie entwickelt hat, sind keine exakten Verfahren, wie sie in den Naturwissenschaften ausgebildet worden sind; sie können es auch durch Verfeinerung der Arbeitsweise oder Verbreiterung der Arbeitsgrundlage niemals werden, weil sich ihr Gegenstand, Person und Persönlichkeit, letztlich jeder mechanischen, technischen oder auch statistisch bestimmten Erfassung entzieht.

Kritische psychologische Autoren, z. B. Lersch[240] und Wellek[241] sind sich bewußt, daß trotz großen wissenschaftlichen Aufwandes „die Tests

---

Eingehen auf die kleineren Einzelheiten, auf die ausgesparten Formen usw.) und den „Erlebnistyp", d. h. die mehr oder weniger einseitige Orientierung an den Konturen, den bloßen Formen, oder die Miteinbeziehung der Farben und Schattierungen, sowie die Tendenz, die Formen zu beleben, in ihnen bewegte Gestalten zu sehen." Meili, a. a. O., S. 189; vgl. auch Pauli-Arnold, a. a. O., S. 239 ff.

[238] Wie beim Rorschachtest bildet auch beim Wartegg-Zeichentest die Verarbeitung eines gegebenen Reizes die Grundlage für die Deutung. Aber der Ausgangspunkt ist hier ein kleines graphisches Zeichen, und die Verarbeitung besteht nicht in der Deutung, sondern in der Herstellung einer Zeichnung, durch die das gegebene Zeichen so weit „fortgeführt" werden soll, daß die Zeichnung „gefühlsmäßig befriedigt". Es werden acht solcher kleiner Zeichen in schwarzem Felde gegeben ... Wartegg legt auf den dunklen Grund starkes Gewicht, da der Hell-Dunkelkontrast für die „reflexible Reizverarbeitung" wesentlich sei. An verschiedenen Orten wird nur mit leichter Strichumrahmung gearbeitet, zum Teil auch mit anderer Anordnung der Zeichen. Meili, a. a. O., S. 193. Vgl. auch Pauli-Arnold, a. a. O., S. 257 ff.

[239] Verfahren, „die die Triebkräfte, Strebungen und inneren Handlungen der Vp (Versuchsperson) auf das der Vp vorgelegte Textmaterial hervorlocken, so daß die Vp diese Erlebnisse auf das Textmaterial projiziert. ... Allen Projektionsmethoden ist gemeinsam eine doppelte subjektive Komponente: die Projizierung von bestimmten Erlebnissen durch die Vp auf die gebotene Reizkonstellation. Diese Projektion muß, in umgekehrter Richtung betrachtet, als subjektive Reizinterpretation durch die Vp angesprochen werden; sodann wird die von der Vp abhängige subjektive Reizinterpretation durch den Vl (Versuchsleiter) seinerseits interpretiert". Pauli-Arnold, S. 238. Vgl. auch Meili, S. 21 f.

[240] Ph. Lersch, Aufbau der Person, 6. Aufl., 1954, S. 66 ff. „Daß also das Experiment in der Psychologie zu wertvollen Ergebnissen geführt hat und auch in Zukunft noch führen wird, ist unbestreitbar. Andererseits aber weiß jeder, der tiefere Kenntnis von der menschlichen Natur und der Eigenart des Seelischen besitzt, daß es immer nur ein beschränkter Umkreis seelischer Vorgänge ist, die sich durch experimentelle Anordnung im Laboratorium hervorrufen lassen, und daß die Anwendbarkeit des Experiments um so mehr abnimmt, je

vom Ideal einer Erkenntnis der Persönlichkeit und von der Möglichkeit, sichere Prognosen für ihre Entwicklung und ihr Verhalten zu stellen, noch weit entfernt" sind[242]. — Daß insbesondere die sogenannten Intelligenztests zur Ermittlung der intellektuellen Fähigkeiten wertvolle Hilfe leisten können, wird dadurch nicht abgestritten[243]. Sehr bedenklich erscheint nur der Anspruch, der psychologische Gutachter sei dem im Umgang mit Zeugen erfahrenen Richter grundsätzlich überlegen, weil ihm seine Untersuchungsmethoden erlaubten, ein unzweifelhaftes Urteil über die Glaubwürdigkeit zu erlangen. Undeutsch steht mit seiner allzu selbstsicheren Ansicht[244] den weit skeptischeren Äußerungen seiner Fachkollegen gegenüber[245]. Die von ihm beschriebene Explorationstechnik[246]

---

mehr wir von der Peripherie des Gegenstandsbewußtseins in die tieferen und zentraleren Erlebnisse vorzudringen suchen. Es ist nicht die experimentelle Situation des Laboratoriums, sondern die existentielle Situation des Lebens, durch die ein Gefühl des Hasses und der Liebe, ein Akt unwiderruflicher Entscheidung, eine Haltung des Mutes und der Tapferkeit, eine Manifestation echter, der seelischen Tiefe eingewurzelter Gesinnungen zum Vollzuge gebracht und damit der Beobachtung zugänglich gemacht werden. Die Methode des Experimentes läßt uns gerade da im Stich, wo wir uns den tieferen Schichten des seelischen Lebens zu nähern suchen."

[241] Wellek, Das Experiment in der Psychologie, Studium generale, 1. Jahrg., 1947/48, S. 18; Ganzheitspsychologie und Strukturtheorie, 1955, S. 125 ff. (126): „Alle behauptete Exaktheit (das Wort im naturwissenschaftlichen Verstande genommen) in der Charakterdiagnostik ist Pseudoexaktheit. Entscheidend ist letzten Endes doch stets die Intuition, der nun freilich gewisse Hilfen, Stützen und (am besten nachträgliche) Kontrollen beigegeben werden können und folglich auch sollen, was das Verdienst des ‚Charaktertests' tatsächlich ist."

[242] Anschütz, Psychologie, 1953, S. 114.

[243] Marbe, Grundzüge, S. 68 ff., beschreibt schon, welche Hilfe der Intelligenztest im Prozeß bieten kann.

[244] „Es sind in jahrelanger forensischer Gutachtertätigkeit Kriterien der Aussage selbst bekannt geworden, die sich als so zuverlässig erwiesen haben, daß man auf sie Häuser — hier richtiger gesagt Urteile — bauen kann", Gutachtertätigkeit, S. 15.

[245] Müller-Luckmann, Über die Glaubwürdigkeit kindlicher und jugendlicher Zeuginnen bei Sexualdelikten, 1959, S. 23 ff.: „Es existiert nicht eine einzige psychologische Testmethode, aus der sich direkte Schlüsse auf die ‚Glaubwürdigkeit' ziehen lassen. Es sei lediglich erwähnt, daß projektive Methoden, die sich an die inhaltliche Seite des Erlebens wenden, auf unserem Untersuchungsfeld häufig besonderen Ertrag bringen können. Grundsätzlich ist zu sagen, daß bei der Begutachtung von Zeuginnen für Sexualdelikte der Exploration stets ein besonders breiter Raum zu gewähren ist ... Wir betonen ..., daß die Erfassung der Zeugenpersönlichkeit niemals allein durch die Anwendung von — etwa möglichst vielen — Testmethoden garantiert wird. Es wird dem den jeweiligen Fall begutachtenden Sachverständigen stets die Entscheidung überlassen werden müssen, welche Verfahren es sind, die gerade hier die Zuverlässigkeit einer Diagnose sichern können. Diese bedarf jedoch stets in weitem Umfange der Ergänzung durch eine sorgfältige Analyse lebensgeschichtlicher, sozialpsycho-

könnte ebensogut von Richtern in Einzelvernehmungen gehandhabt werden, da es sich tatsächlich um nichts anderes als eine eingehende Vernehmung zur Sache handelt. Exploration im Sinne der Hauptaussprache bei einer Persönlichkeitsuntersuchung verspricht aber nur dann zu einem Bild von Person und Wesen des Zeugen zu verhelfen, wenn bereits Ergebnisse von Testverfahren und insbesondere die Befunde der Lebenslaufanalyse mitverwertet, überprüft und ergänzt werden können[247]. In diesem Zusammenspiel verschiedenster methodischer Prüfungsgesichtspunkte liegt gerade der Vorzug, der die wissenschaftliche Psychologie von der bloßen praktischen Menschenkunde oder Psychologie des Alltags unterscheidet. Blau[248] meint, „ein psychologisches Glaubwürdigkeitsgutachten, das sich auf eine Vielfalt von Testverfahren, verbunden mit Explorationen, insbesondere einer sorgfältigen Analyse lebensgeschichtlicher, sozial-, sexual-, kultur- und epochen-psychologischer Faktoren gründet (Müller-Luckmann), dürfte etwa den gleichen Wirklichkeitsgehalt erreichen wie ein ärztlicher (internistischer oder psychiatrischer) Befund (wenn auch naturgemäß nicht die unanzweifelbare Deckung mit der Wirklichkeit wie etwa die durch ein Röntgenbild belegte Diagnose einer Knochenfraktur)." Selbst wenn man gegen diese immerhin optimistische Beurteilung nicht viel einwenden will, so dürfte gerade dieser Vergleich, zu Ende gedacht, nahelegen, daß die regelmäßige Konsultation eines psychologischen Sachverständigen ebenso befremdlich erscheinen sollte wie etwa die regelmäßige Zuziehung eines Arztes zur Überprüfung der körperlichen Gesundheit des Zeugen.

Kohlhaas äußerte allerdings in einem 1951 veröffentlichten Aufsatz[249], daß eine Beurteilung der heranwachsenden Jugend auch den erfahrenen Richter vor Probleme stelle, denen er nicht gewachsen sei, weil seine eigene Kindheit und Jugend unter anderen Verhältnissen und Einflüssen gestanden habe und er sich deshalb nicht in die Vorstellungswelt eines Kindes versetzen könne, „das Bombenangriffe erlebt, Fluchten mitgemacht und Dinge gesehen habe, wie man sie früher eben nicht zu sehen bekam". Solche oder ähnliche Erlebnisse in früher Kindheit oder Jugend können nachteilig oder jedenfalls nachhaltig den Charakter eines Menschen beeinflussen. Man darf sich aber nicht damit beruhigen, solche Zeiten seien Ausnahmen, seit 1945 etwa wüchsen wieder Menschen unter normalen Lebensbedingungen heran. Vielmehr muß man die Bedenken von Kohlhaas unter dem Aspekt des immer wiederkehrenden Generationsproblems sehen. Das trifft um so mehr für seine Äußerung zu, daß heute „anders

logischer, sexualpsychologischer kultur- bzw. epochenpsychischer Faktoren, die für die Ausformung der jeweiligen Persönlichkeit bestimmend gewesen sind." Vgl. ferner Hofstätter, Psychologie, S. 292.

[246] Vgl. die Beispiele in Ponsold, Lehrbuch, S. 201 ff.

[247] Vgl. über Wesen und Ziel der Exploration: Pauli-Arnold, S. 293 ff.

[248] GA 59, 293 ff., 298.

[249] NJW 51, 903.

als vor 20 Jahren die sexuelle Phantasie durch Kinoplakate, Zeitschriftenaushänge, Schlagertexte ganz unkontrollierbar aufgepeitscht wird"[250]. Es ist aber kein Sonderproblem für den heute tätigen Richter, daß die heranwachsende Jugend sich von seiner Generation und deren Jugendzeit unterscheidet, vielmehr hat sich mit dieser Tatsache und den daraus sich ergebenden Schwierigkeiten der Richter seit jeher auseinandersetzen müssen.

Blau[251] sucht eine Erklärung für die immer häufigere Zuziehung des psychologischen Sachverständigen in der allgemeinen Erschwerung mitmenschlichen Verständnisses in unserem sogenannten industriellen Massenzeitalter, während seiner Meinung nach in patriarchalischen Zeiten dieses Verständnis für einander gewährleistet war. In diesem Zusammenhang gewinnt der psychologische Sachverständige die Bedeutung eines „Spezialisten für zwischenmenschliche Kontakte"! Bei einem Richter, dem kein eigener ursprünglicher Zugang zur Person des Zeugen mehr offensteht, kann aber auch ein solcher Spezialist kein wirkliches Verständnis für den Zeugen mehr wecken oder ermöglichen.

Hülle[252], der auf die Untersuchungsergebnisse hinweist, die Müller-Luckmann[253] als gerichtliche Sachverständige von 365 Mädchen zwischen drei und vierzehn Jahren vornehmlich mit Hilfe projektiver Methoden zusammengetragen hat, meint, der Psychologe habe ausreichende Mittel, der Richter aber weder Zeit noch Ort noch Erfahrung und Kenntnisse, um die Zeugeneignung von Kindern und Jugendlichen zu erforschen. Sollte die Behauptung Hülle's hinsichtlich der Richter zutreffen, so erscheint doch nichts dringlicher, als durch geeignete Maßnahmen dafür zu sorgen, daß es dem Richter in Zukunft weder an Zeit noch Raum, weder an Erfahrungen oder Fähigkeiten und Kenntnissen mangelt, eine Aufgabe zu erfüllen, die sein Beruf Tag für Tag von ihm fordert. Ganz verfehlt ist aber der Gedanke, man müsse, soweit es dem Richter — wie behauptet wird — an der Möglichkeit fehlt, eine Aufgabe zu erfüllen, die zu seinem ureigensten Bereich gehört, die Lücke nicht bei ihm, sondern bei anderen schließen. Es kann nicht genug betont werden, daß die Glaubwürdigkeitsbeurteilung des gesund und unauffällig erscheinenden Zeugen, sei er erwachsen oder jugendlich, keine aus der regelmäßigen Tätigkeit des Richters herausragende Sonderaufgabe ist, für die der Sachverstand des Spezialisten bemüht werden müßte. Traut der Richter sich nach einer persönlichen Einzelvernehmung[254] ausnahmsweise nicht zu, den jugendlichen oder erwachsenen Zeugen hinreichend zu verstehen und seine Glaubwürdigkeit beurteilen zu können, bleibt ihm nichts übrig,

---

[250] Kohlhaas, a. a. O.

[251] Ga 52, 294.

[252] JZ 55, 8.

[253] Berichtsband der Technischen Hochschule Braunschweig, 1952—1954, S. 55 ff.

[254] Gem. § 202.

als seine Zuflucht zum Sachverständigen zu nehmen. Es ist aber immer zu bedenken, daß ein Charakter in der herausfordernden, weil das Schicksal des Angeklagten entscheidenden Situation im Gerichtssaal oder Vernehmungszimmer des Richters eher sich bewährt oder nicht bewährt als in der immerhin „veranstalteten" Situation der psychologischen Untersuchung[255]. Dieser Vorzug, den der Prozeß durch seine entscheidende Bedeutung selbst dem Richter einräumt, sollte nicht übersehen und zu gering veranschlagt werden.

---

[255] Hülle, JZ 55, 9, bemerkt, der Jugendliche lasse sich nicht beliebig an den Versuchstisch befehlen; das verletzliche Wesen des Menschen und sein Verhalten gegenüber der Umwelt können nicht in der experimentellen Lage der veranstalteten Untersuchung, sondern allein in der existentiellen des Lebens selbst ihren unbefangenen Ausdruck finden.

4. Kapitel

Möglichkeiten und Grenzen psychologischer Sachverständigentätigkeit nach dem geltenden Recht

1. Die Beauftragung durch Richter oder Staatsanwalt

Erkennt der Richter nach sorgfältiger Beschäftigung und eingehender Auseinandersetzung mit dem Zeugen, daß er sachverständiger Hilfe bedarf, um die Besonderheiten in Charakter oder Verhaltensweise im Hinblick auf die Glaubwürdigkeit ausreichend beurteilen zu können, so stellt sich ihm die Frage, welchen Sachverständigen er im jeweiligen Fall zuziehen soll. Vor fünfzig Jahren etwa hatte man keinen Zweifel, daß der Gerichtsarzt, der in der Regel auch etwas von Nervenkrankheiten verstand, in der Lage war, diese Aufgabe zu erfüllen. Inzwischen aber ist es zweifelhaft geworden, ob der Psychiater oder der Psychologe besser geeignet erscheint, die Glaubwürdigkeit eines Zeugen zu beurteilen[256]. Der Zuständigkeitsstreit hat sich insbesondere bei der Begutachtung „nicht krankhafter Zustände, soweit die Entscheidung über die Zurechnungsfähigkeit des Angeklagten von ihr abhängt“[257], entwickelt. Der Bundesgerichtshof hält sich nicht für kompetent, den Meinungsstreit zwischen den beiden Fachdisziplinen zu entscheiden. Er überläßt daher dem Richter im Einzelfall die Schwierigkeit der richtigen Wahl und erwartet, daß gegebenenfalls ein Vertreter sowohl des einen wie auch des anderen Fachgebietes gehört wird[257].

Bresser[258], selbst Facharzt und Fachpsychologe, hält daran fest, daß für die Frage der Zurechnungsfähigkeit (§ 51 StGB) in allererster Linie der Psychiater zuständig bleibt, weil es sich hier regelmäßig um krankhafte Erscheinungen handelt. Er räumt aber ein, daß „in sehr seltenen, besonders gelagerten Fällen“ der „§ 51 auch einmal bei nichtkrankhaften seelischen Ausnahmesituationen zu erwägen“ sei und alsdann die Abstimmung mit der Meinung des Psychologen nur von Vorteil sein könne. „Letzten Endes geht es ja um das Ziel der prinzipiellen Zusammenarbeit, auch ohne das jedesmal zwei Sachverständige in einem Strafverfahren gehört werden“[259].

---

[256] Peters, Lehrbuch, S. 282.

[257] BGH in NJW 59, 2315 (Urt. v. 22. 7. 1959 — 4 StR 250/59 —); vgl. zu dieser Frage auch Lange, Handbuch V, S. 413 ff.

[258] NJW 59, 2315 ff. (Anm. zum BGH-Urt. v. 22. 7. 1959).

[259] Bresser, a. a. O., S. 2316.

Speziell für die Frage der Glaubwürdigkeitsprüfung bemerkt Peters[260], daß traditionsgemäß zwar dem Psychiater der Vorzug gegeben wird, doch sich offenbar zugunsten des Psychologen eine Verschiebung anbahnt.

Dem Richter ebenso wie dem Staatsanwalt, der im Ermittlungsverfahren die Zuziehung eines Sachverständigen für erforderlich hält, steht es also grundsätzlich frei, aus welchem Fachgebiet er einen Vertreter auswählt. Er wird vielfach weniger auf die Disziplin achten als darauf, wo gerade die bedeutendere Persönlichkeit die Güte des Gutachtens gewährleistet. Neben diesem mehr persönlich bestimmten Gesichtspunkt bei der Auswahl sollte aber auch die sachlich verschiedene Methode mitberücksichtigt werden. Zeigen sich beim Zeugen körperliche Auffälligkeiten, so erscheint die mehr körperlich-medizinische Betrachtungsweise des Psychiaters angemessener als die unmittelbar auf geistig-seelische Äußerungen der Person gerichtete Methode der Psychologie.

Ist der Richter oder der Staatsanwalt sich schlüssig geworden, welchen ihm bekannten oder ihm namhaft gemachten Sachverständigen er zuziehen will, so beauftragt er ihn, „ein Gutachten über die Glaubwürdigkeit des Zeugen zu erstatten". Im Ermittlungsverfahren wie in der Voruntersuchung (§ 202) wird ein schriftliches Gutachten erwartet, während der Sachverständige in der Hauptverhandlung sein Gutachten vorzutragen hat.

2. Möglichkeiten zur Vorbereitung des Gutachtens

Mit dem Erlaß der angeführten knappen Auftragsformel hat der Richter oder Staatsanwalt nach der heute vielfach geübten, recht oberflächlichen Praxis zunächst einmal genug getan, und es ist dem Sachverständigen anheimgegeben, welche Maßnahmen er nun im einzelnen ergreifen will, um sich die notwendigen Kenntnisse und Unterlagen zur Erstattung des Gutachtens zu beschaffen.

Sind ihm mit dem Auftrag nicht zugleich die Akten zugeschickt worden, so wird er sich in der Regel von sich aus um Einsicht in die Akten bemühen. Nach § 80 Abs. 2 ist es in das Ermessen des Auftraggebers gestellt, dem Sachverständigen die Akten zu überlassen oder sie ihm vorzuenthalten. Für das eine wie das andere können gute Gründe sprechen. Ohne Aktenkenntnis ist der Sachverständige dem Zeugen gegenüber unbefangen, während die Art und Weise der protokollierten Vernehmungen leicht zu einem Vorurteil dergestalt führen kann, daß man möglichst von der Auffassung des früheren Vernehmungsbeamten nicht abzuweichen sucht[261]. Andererseits bietet der Vergleich verschiedener Bekundungen des Zeugen und die Kenntnis der Aussagen des Beschuldigten und anderer Zeugen wichtiges Material für den Sachverständigen,

---

[260] Peters, a. a. O.

[261] Vgl. die Beispiele für die Beeinflussung durch Aktenkenntnis bei Peters, Lehrbuch, S. 287, 288.

auf das er nur dann verzichten kann, wenn ihm die Möglichkeit eingeräumt ist, den Zeugen in persönlichem Gespräch kennenzulernen.

Das Studium der Akten reicht aber allein nicht aus, darauf eine zuverlässige Glaubwürdigkeitsbeurteilung zu stützen. Geht man davon aus, daß sich der Richter trotz Aktenkenntnis und persönlicher Vernehmung des Zeugen nicht in der Lage fühlt, sich ein zureichendes Urteil zu bilden, so kann die durch bloße schriftliche Unterlagen vermittelte Kenntnis des Sachverständigen auch nicht ausreichen, selbst wenn die Akten mit psychologischem Sachverstand gelesen werden. Ein gründlich und gewissenhaft eingestellter Sachverständiger wird sich ohne unmittelbaren persönlichen Eindruck kein Urteil über die Glaubwürdigkeit eines Menschen zutrauen, zumal er dem psychologischen Geschick der Vernehmungsbeamten, deren Protokolle er in den Akten findet, mit Vorbehalten gegenüberstehen wird. Die Unentbehrlichkeit des persönlichen Eindrucks hat das Oberlandesgericht Oldenburg für den ähnlich gelagerten Fall des § 81 ausdrücklich betont. Der Gutachter, der zu der Frage gehört wird, ob eine Beobachtung des Beschuldigten in einer öffentlichen Heil- und Pflegeanstalt erforderlich sei, darf sich mit der Kenntnis der Ermittlungsakten und anderer Strafakten selbst dann nicht begnügen, wenn in einem früheren Verfahren bereits einmal die Voraussetzungen des § 51 Abs. 2 StGB bejaht worden sind[262].

In der Praxis der forensischen Begutachtung von Zeugen ist aber nicht so sehr Anlaß zur Besorgnis, die Sachverständigen würden sich allzu leicht mit bloßer Aktenkenntnis begnügen, vielmehr besteht eher die Gefahr, daß die Zeugen allzusehr in die Mühle der psychologischen Test- und Explorationstechniken gezogen oder sogar als Forschungsobjekte behandelt und ausgebeutet werden. Dabei wird zwar selten gegen ihren ausdrücklichen Willen mit ihnen verfahren, um so häufiger aber ihr stillschweigendes Einverständnis als selbstverständlich vorausgesetzt. Der Zeuge, der vom Richter oder Staatsanwalt aufgefordert wird, sich zur Überprüfung seiner Wahrnehmungsfähigkeit, seiner Erinnerungswilligkeit und -fähigkeit oder kurz seiner Glaubwürdigkeit der Untersuchung durch einen psychologischen Sachverständigen zu unterziehen, wird im Vertrauen auf die rechte Amtsausübung im Glauben sein, er müsse der Aufforderung der Behörde folgen[263]. Der Richter oder Staatsanwalt, der

---

[262] OLG Oldenburg in NJW 61, 981 (Beschl. v. 1. 3. 1961 — 1 Ws 58/61 —): „Für das die Notwendigkeit einer stationären Beobachtung bejahende Gutachten des Sachverständigen genügt regelmäßig nicht, daß es sich allein auf den Inhalt der Ermittlungsakten, anderer Strafakten oder sonstiger schriftlicher Unterlagen stützt. Der Gutachter muß sich vielmehr einen persönlichen Eindruck von dem Beschuldigten verschafft und ihn untersucht haben, weil er grundsätzlich nur dann beurteilen kann, welcher weiteren Maßnahmen es zur Vorbereitung eines Gutachtens noch bedarf."

[263] Aufschlußreich ist in diesem Zusammenhang der von Peters in „Ein Beitrag zum Fehlurteil", Mezger-Festschrift, 1954, 477 ff. (481) geschilderte Lehrerprozeß, in dem eine große Zahl von schulentlassenen Mädchen auf-

sich bemüht, diese irrige Ansicht im Zeugen zu wecken oder aufrechtzuerhalten, mißbraucht seine Machtbefugnisse, und zwar auch dann, wenn er glaubt, zur Wahrheitsfindung auf das Ergebnis einer psychologischen sachverständigen Untersuchung angewiesen zu sein; denn es besteht kein Recht des Staates, den Zeugen den psychologischen Erforschungsmethoden der Sachverständigen zu unterwerfen, wie in entsprechender Weise den Zeugen keine Pflicht trifft, sich ihnen zu unterziehen[264].

Die Strafprozeßordnung bestimmt die Stellung des Zeugen genau und erschöpfend, wie sie oben S. 2 ff. im einzelnen dargestellt ist. An der Erscheinens-, Aussage- und Eidespflicht (§§ 51, 70) wie der nach § 81 c beschränkt zu duldenden körperlichen Untersuchung des Zeugen sind die Rechte und Möglichkeiten des psychologischen Sachverständigen zu messen.

Wenn Hellwig[265] meinte, die Pflicht zur wahrheitsgemäßen Aussage unterwerfe den Zeugen zugleich jeglicher Überprüfung seiner Aussage, soweit damit keine Schäden für seine Gesundheit zu besorgen sind, so dehnte er in unzulässiger Weise die Pflichtenstellung des Zeugen aus. Die Strafprozeßordnung kannte und kennt jedenfalls eine derartige Duldungspflicht nicht; sie achtet vielmehr die Selbstverantwortung des Zeugen für seinen Beweisbeitrag, indem sie allein seine Vereidigung zur Herbeiführung einer wahrheitsgemäßen Aussage vorsieht[266]. Der Staatsanwalt oder Richter darf mit seinem Auftrag an den Sachverständigen diesem keine Untersuchungsmöglichkeiten eigenmächtig einräumen, denen der Zeuge nicht auf Grund seiner Stellung im Prozeß bereits unterworfen ist. Ebensowenig steht dem Sachverständigen zu, mit dem Zeugen anders zu verfahren, als es die Prozeßordnung ihm zugebilligt hat.

Daß ein Sachverständiger zur Beurteilung der Glaubwürdigkeit zugezogen werden kann und im Ausnahmefall auch zu Rate gezogen werden soll, ist hier nicht mehr in Frage zu ziehen. Fraglich ist aber, w i e er vorgehen darf, um die Grundlagen für ein möglichst umfassendes und zuverlässiges Gutachten zu bekommen. Bei der Interpretation der Gesetzesvorschriften (§§ 80, 81 c) werden sich die prozeßordnungsgemäßen Möglichkeiten und Grenzen der psychologischen Begutachtungstätigkeit

---

gefordert wurden, sich einer Glaubwürdigkeitsuntersuchung zu unterziehen, und alle ohne Widerspruch sich begutachten ließen, eine einzige aber, die sich bei einem Rechtsanwalt in Stellung befand und von diesem über ihre Rechtspflichten aufgeklärt worden war, sich dieser Untersuchung widersetzte. Vgl. auch BGHSt 13, 1 (5) (Urt. v. 13. 2. 1959 — 4 StR 470/58 —), wo richtig bemerkt wird, daß die vom Sachverständigen Befragten regelmäßig glaubten, sie müßten sich äußern, d. h. eine Zeugen p f l i c h t erfüllen.

[264] RG HRR 1928, 2330; OLG Hamm in JMBl NRW 57, 45 = JZ 57, 186.

[265] Psychologie und Vernehmungstechnik, 4. Aufl., 1951, S. 299.

[266] Hierzu RGSt 73, 31 ff. (Urt. v. 15. 12. 1938) und BGHSt 9, 362 ff. (Urt. v. 27. 9. 1956 — 3 StR 217/56 —). Hellwigs Ansicht, dem Zeugen gegenüber könnten tatbestandsdiagnostische Methoden und die Hypnose angewendet werden, kann nach Einführung des § 136 a ernstlich nicht mehr vertreten werden.

ergeben. — Erst wenn die gesetzlichen Möglichkeiten ausgeschöpft sind, stellt sich die Frage nach der Einwilligung des Zeugen in solche Maßnahmen, die außerhalb der gesetzlichen Regelung stehen und deshalb von der zusätzlichen freien Entscheidung des Zeugen abhängen.

Die Strafprozeßordnung enthält in § 80 eine ausdrückliche Bestimmung darüber, welche prozeßförmigen Maßnahmen dem Sachverständigen zur Verfügung stehen, sein Gutachten vorzubereiten.

a) Das Recht, weitere Aufklärung durch Vernehmung von Zeugen zu verlangen, § 80 Abs. 1

Der Sachverständige, der im Ermittlungsverfahren oder während der Voruntersuchung zugezogen, aber auch noch derjenige, der in der Hauptverhandlung tätig wird, kann verlangen, daß der Staatsanwalt oder Richter den zu begutachtenden Zeugen wie auch andere Zeugen und den Beschuldigten zur weiteren Aufklärung vernimmt. Die Fassung des § 80 Abs. 1 läßt nicht die Deutung zu, der Sachverständige habe ein eigenes Vernehmungsrecht[267]. Sollte die grammatikalische Form noch einen Zweifel offen lassen, so ist die ergänzende Betrachtung des § 80 Abs. 2 geeignet, jegliche Unklarheit auszuräumen. Dem Sachverständigen, dem lediglich gestattet werden kann, bei der Vernehmung von Zeugen oder des Beschuldigten anwesend zu sein und Fragen zu stellen, kann kein eigenes Vernehmungsrecht zustehen, wenn diese Regelung als sinnvoll und nicht als überflüssig bezeichnet werden soll. — Sie hat aber den guten Sinn, dem Sachverständigen unter der Kontrolle des Richters oder Staatsanwalts eine Möglichkeit zu geben, sich die jeweils erforderlichen Unterlagen zu beschaffen, ohne die Rechtsstellung des Zeugen zu beeinträchtigen. Denn der die Vernehmung leitende Staatsanwalt oder Richter kennt die Grenzen justizförmigen Verhaltens, die dem Zeugen gegenüber nicht überschritten werden dürfen.

Angesichts der eindeutigen Fassung des § 80 und seiner erschöpfenden Regelung[268] ist es verwunderlich zu beobachten, wie versucht wird, das Recht des Sachverständigen, selbständig Ermittlungen anzustellen, auszudehnen. Peters[269] zum Beispiel meint, nachdem er zunächst den klaren Sinn des § 80 anerkannt hat: „Trotzdem ist es für zulässig zu erachten, daß der Sachverständige sich in angemessenem, nicht allzu weitem Umfang Grundlagen für seine Begutachtung selbst verschafft, wie es bei

[267] KMR, § 80 Erl. 2 a: „§ 80 räumt dem Sachverständigen kein Recht ein, sich die Aufklärung unmittelbar selbst durch Vernehmung von Zeugen oder Sachverständigen zu beschaffen. Er kann nur informatorisch ausfindig machen, wer als Zeuge in Betracht kommt, und diesen dann durch das Gericht vernehmen lassen."

[268] Weimann, JR 51, 199: „Die Bestimmung des § 80 StPO regelt erschöpfend den Fall, daß der vom Gericht bestellte Sachverständige zur Erstattung seines Gutachtens noch weiterer Aufklärung des Sachverhalts bedarf."

[269] Lehrbuch, S. 287.

Gutachten über den Geisteszustand oder die Glaubwürdigkeit in der Praxis weithin geschieht." Peters gibt aber nicht an, wie denn die Angemessenheit und das Allzuweite bestimmt werden kann. Das unbegründete Vertrauen, der Sachverständige werde schon seine Grenzen kennen, ist nicht nur durch schlechte Erfahrungen erschüttert[270], sondern auch deshalb nicht gerechtfertigt, weil vom Psychologen gar nicht ohne weiteres erwartet werden kann, daß er von sich aus die Regeln des rechtsstaatlichen Prozesses im einzelnen kennt.

Der Bundesgerichtshof schiebt den Gesichtspunkt der Unmittelbarkeit der Beweisaufnahme in den Vordergrund[271]. Er duldet nicht, daß der Sachverständige Auskünfte von Personen verwertet, die ihm außerhalb der Hauptverhandlung gegeben worden sind, ohne daß es hierzu gerade seiner besonderen Sachkunde bedurfte[272]. Hat er dagegen die Ermittlungen kraft Sachkunde herbeigeführt, so handelt es sich um Befundtatsachen, die ohne Verletzung des Unmittelbarkeitsprinzips verwertet werden dürfen. Die Unterscheidung der Belastungstatsachen oder Zusatztatsachen[273] von den Befundtatsachen[274] ermöglicht es, die Ergebnisse eigener Ermittlung, die nur kraft Sachkunde zustande gekommen sind, von jenen Fällen zu trennen, in denen der Sachverständige praktisch die Funktion eines Vernehmungsrichters ausgeübt hat.

Als Befundtatsachen im Rahmen einer Glaubwürdigkeitsprüfung kommen etwa die Eindrücke in Frage, die der Sachverständige bei der Vernehmung durch den Richter oder Staatsanwalt oder auch bei der selbständig vorgenommenen Untersuchung — deren Zulässigkeit hier einmal dahingestellt sein soll — vom Verhalten des Zeugen gewinnt,

---

[270] Vgl. hierzu die gutachtlichen Stellungnahmen von Eb. Schmidt und K. Schneider: „Zur Frage der Eunarkon-Versuche in der gerichtlichen Praxis" in SJZ 49, 450 ff.; Schönke, Grenzen des Sachverständigenbeweises, in DRZ 49, 203 f.; ders., Einige Bemerkungen zur Frage der Verwendung des „Wahrheitsserums", in DRZ 50, 145 ff.; Radbruch, Grenzen der Kriminalpolizei, in Festschrift für Sauer, 1949, S. 121 ff. (123); Baumann, Die Narkoanalyse, Diss., Münster 1950, S. 24 f.; vgl. aber auch Sauer, Grenzen des richterlichen Beweises, Zulässigkeit des „Wahrheitsserums"? — Ein Gegengutachten, JR 49, 500 ff.

[271] BGH NJW 51, 771 (Urt. v. 18. 5. 1951 — 1 StR 149/51 —); BGHSt 9, 292 (Urt. v. 7. 6. 1956 — 3 StR 136/56 —).

[272] In BGH NJW 51, 771 hatte die Strafkammer auf Grund eines psychiatrischen Gutachtens die Glaubwürdigkeit einer jugendlichen Zeugin bejaht und das vom Sachverständigen eingeholte Zeugnis eines Lehrers mitverwertet, ohne den Lehrer selbst als Zeugen zu hören. — In BGHSt 9, 292 verwertete der zur Begutachtung der Glaubwürdigkeit eines Mädchens bestellte Sachverständige Auskünfte der Mutter, die ihm außerhalb der Hauptverhandlung gegeben worden waren.

[273] Neue Tatsachen, die bei Gelegenheit der Exploration durch den Sachverständigen zutage treten und den Sachverhalt unmittelbar betreffen.

[274] BGHSt 13, 1 ff. (Urt. v. 13. 2. 1959 — 4 StR 470/58 —); BGHSt 13, 250 ff. (Urt. v. 18. 9. 1959 — 4 StR 209/59 —); vgl. auch in dieser Arbeit oben S. 29 ff.

von seiner Aufgeschlossenheit, seiner geistig-seelischen Verfassung, seinem Auftreten und anderem mehr[275]. Über die Verwertbarkeit von Befundtatsachen, die lediglich durch Anhörung des Sachverständigen in das Verfahren eingeführt werden, besteht in der Rechtsprechung des Bundesgerichtshofs Einverständnis[276], und es ist gegen sie auch in der Tat nichts einzuwenden. Sie ist die konsequente Folge der zutreffenden Einordnung des Sachverständigenbeweises in den Prozeß. Es bleibt allerdings immer darauf zu achten, daß auch die Genesis der Befundtatsachen dem erkennenden Gericht einsichtig gemacht und von ihm auf Vereinbarkeit mit den allgemeinen Denkgesetzen und der Lebenserfahrung überprüft werden muß.

Ermittelt der Sachverständige bei der Vorbereitung des Glaubwürdigkeitsgutachtens aber zusätzliche Tatsachen, die den Sachverhalt, d. h. die den Untersuchungsgegenstand bildende Tat und ihre(n) Täter (§ 155 Abs. 1) betreffen, so übt er nichts anderes als Vernehmungstätigkeit aus. Vernehmen heißt nämlich, jemanden über sein Wissen von Täter und Tat befragen und seine Beziehungen zum Tatgeschehen erforschen. Das Ziel der Vernehmung im strafrechtlichen Verfahren ist die Erforschung der Wahrheit (§ 244 Abs. 2) über die „in der Anklage bezeichnete Tat" (§ 264 Abs. 1). Undeutsch[277] ist zwar der Ansicht, daß bei Zeugen in Sittlichkeitsprozessen „häufig erst die Exploration durch den Sachverständigen eine unverfälschte, ehrliche und vollständige Schilderung des Geschehens herbeizuführen vermag". Der Psychologe stellt aber nirgendwo die Frage, ob er denn als Sachverständiger zu solcher tataufklärenden Exploration oder richtiger gesagt Vernehmung überhaupt berechtigt ist[278].

Die Strafprozeßordnung jedenfalls räumt ihm ein solches Recht nicht ein. Das Ziel der materiellen Wahrheitsfindung aber darf nicht auf jedem nur möglichen Weg angestrebt werden. Die Justizförmigkeit des Verfahrens[279] ist keine bloß nebensächliche Verschönerung oder Erleichterung der Tätigkeit der Gerichte und der Staatsanwaltschaft, sondern echte Garantie, daß die Rechte aller Beteiligten angemessen gewahrt werden. Deshalb beharrt die Rechtsprechung darauf, daß alle Tatsachen, die zur Urteilsfindung verwertet werden, „unter den Verfahrensgarantien der

---

[275] Vgl. auch BGHSt 13, 1 (s. Anm. 274).

[276] BGHSt 9, 292 (vgl. Anm. 271) mit zahlreichen Nachweisen.

[277] In Ponsold, Lehrbuch, S. 200; vgl. auch Gutachtertätigkeit, S. 14.

[278] Gruhle bemerkte in seiner Anm. zum Urteil des RG vom 12. 5. 1930 in JW 1931, 1494 f. dagegen, daß der Facharzt oder Sachverständige „sich niemals auf die Frage einlassen darf, ob einem Zeugen im speziellen Einzelfall geglaubt werden darf. Denn auch die geübte Menschenkenntnis eines Sachverständigen kann den konkreten Sachverhalt des Einzelfalles nicht immer so überschauen, daß er sich über die subjektive Wahrheit hic et nunc ein Urteil erlauben kann".

[279] Zum Begriff der Justizförmigkeit: Eb. Schmidt, Lehrkommentar, Teil I, Erl. 14, 15; Niese, ZStrW 63, 199 ff., 218: „Justizförmigkeit ist keine formale Technik, sondern selbst ein staatsrechtlich materialer Rechtswert."

Hauptverhandlung festgestellt werden müssen"[280], das gilt auch für die tatsächlichen Grundlagen des Gutachtens, soweit sie eben nicht aus Befundtatsachen bestehen. Auf die Kontroll- und Läuterungsfunktion, die der Unmittelbarkeit und Parteiöffentlichkeit des Beweisverfahrens (§§ 261, 250, 240, 257)[281] innewohnt, kann bei Tatsachen, die durch die Mitteilung von Auskunftspersonen zugänglich sind, nicht verzichtet werden. „Der Beweiswert solcher Äußerungen steht erst fest, wenn die Verfahrensbeteiligten Gelegenheit zu Frage (§ 240) und Äußerung (§ 257) gehabt haben[282]."

Bei der Exploration zum Sachverhalt aber steht der Zeuge dem Sachverständigen allein gegenüber, und die situationsbedingte Überlegenheit des Sachverständigen wird durch keine beobachtenden Prozeßbeteiligten ausgeglichen oder korrigiert. — Auf der anderen Seite besteht die Gefahr, daß „Auskunftspersonen außerhalb der Kontrolle der Hauptverhandlung Mitteilungen machen, die sie in der Hauptverhandlung nicht aufrechterhalten könnten"[283].

Der Bundesgerichtshof ist darauf bedacht, die Verfahrensprinzipien der Unmittelbarkeit und Parteiöffentlichkeit unbeeinträchtigt zu lassen. Es geht ihm aber nicht so sehr darum, die Sachverständigen auf die ihnen nach der Strafprozeßordnung zufallende Aufgabe der Bewertung von Zeuge und Zeugenaussage im Hinblick auf ihre Glaubwürdigkeit zu beschränken. Das ergibt sich schon aus dem mehrfach vom Bundesgerichtshof erörterten Problem der Zusatztatsachen. Dieses Problem würde gar nicht erst entstehen, wenn die Sachverständigen streng an den Rahmen ihrer nach § 80 zustehenden Ermittlungstätigkeit gebunden würden.

Die verfahrensgerechte Einführung und Verwertung der sogenannten Zusatztatsachen wird dann zu einem besonderen Problem, wenn der vom Sachverständigen „vernommene" Zeuge in der späteren Hauptverhandlung von seinem Zeugnisverweigerungsrecht Gebrauch macht[283]. Der Ausweg, den der Bundesgerichtshof findet, vom Sachverständigen ermittelte Zusatztatsachen durch Vernehmung des Sachverständigen als Zeugen vom Hören-Sagen in den Prozeß einzuführen[284], wird in diesem Falle von ihm selbst als ungangbar erklärt. Nimmt doch der Sachverständige, der im Auftrage des Gerichts oder der Staatsanwaltschaft tätig geworden ist, dem Zeugen gegenüber eine andere Stellung ein als irgendein privater Dritter. Ein Dritter darf als Zufallszeuge jederzeit über Mitteilungen vernommen werden, die ein Zeuge ihm gemacht hat. Die Äußerungen des Zeugen gegenüber dem Sachverständigen sind aber *im Verfahren* abgegeben worden und wegen dieses bewußt herbeigeführten Zusammen-

---

280 BGHSt 9, 292 (294) (Urt. v. 7. 6. 1956 — 3 StR 136/56 —).

281 Vgl. BGHSt 13, 1 (3) (Urt. v. 13. 2. 1959 — 4 StR 170/59 —).

282 BGHSt 9, 292 (295) (vgl. Anm. 280).

283 BGHSt 11, 97 (Urt. v. 10. 10. 1957 — 4 StR 393/57 —) = NJW 58, 268; BGH in NJW 60, 586 (Urt. v. 11. 11. 1959 — 2 StR 471/59 —).

284 BGHSt 13, 1 (s. Anm. 281); vgl. hierzu auch oben S. 31

hangs genau so zu behandeln wie Erklärungen, die der Zeuge vor dem Staatsanwalt oder Polizeibeamten macht. Der Mangel einer nach außen ein für allemal sichtbaren amtlichen Stellung des Sachverständigen darf nicht dazu führen, seinen Doppelcharakter als ad hoc beauftragtes gerichtliches oder staatsanwaltschaftliches Organ und Privatperson je nach Bedarf hin- und herzuwenden. Streng genommen geht der Sachverständige mit der Ermittlung von Belastungs- oder Zusatztatsachen zwar über seinen Auftrag, den Zeugen auf seine Glaubwürdigkeit zu untersuchen, hinaus; dennoch steht die Ermittlung in einem solch engen inneren und äußeren Zusammenhang mit der Aufgabe, zu der er beauftragt ist, daß es spitzfindig erscheinen würde, hier eine Aufspaltung in Sachverständigentätigkeit und Zufallszeugnis vorzunehmen. Erklärungen, die der Zeuge dem Sachverständigen bei der Exploration macht und die geeignet sind, den Sachverhalt zu ergänzen oder zu verändern, sind Aussagen im Verfahren, die nach späterer Zeugnisverweigerung nicht verwertet werden dürfen, denn der Psychologe oder Psychiater ist hier kein Zufallszeuge, sondern er wird eben als Sachverständiger in diesem Strafverfahren tätig. Die Zusatztatsachen, die er dabei ermittelt, dürfen gem. § 252 ebensowenig verwertet werden, als wenn es Tatsachen wären, die ein Staatsanwalt oder Polizeibeamter durch Vernehmung des Zeugen ermittelt hätte. Sie fallen unter das absolute Verwertungsverbot des § 252, das eine notwendige Ergänzung des Zeugnisverweigerungsrechts gemäß §§ 52 ff. ist, weil der Sachverständige ebensowenig wie Staatsanwalt oder Polizeibeamter verpflichtet ist, den Zeugen über dieses Recht zu belehren. Deshalb darf der Sachverständige auch nicht wie ein Untersuchungsrichter behandelt werden, der über frühere Aussagen, die ein Zeuge nach Belehrung vor ihm gemacht hat, auch dann noch vernommen werden darf, wenn der Zeuge später von seinem Weigerungsrecht Gebrauch macht[285], weil jener als Richter verpflichtet ist, den Zeugen auf das ihm zustehende Weigerungsrecht aufmerksam zu machen (§§ 52 Abs. 2, 55 Abs. 2). So kommt der 4. Senat in einem Urteil vom 13. Februar 1959[286] zu dem treffenden Ergebnis, daß die Grundsätze, die die Rechtsprechung für die richterliche Vernehmung entwickelt hat, „für die Befragung einer vom Sachverständigen zu untersuchenden Person selbst dann nicht gelten, wenn die Erforschung in einem Zeitpunkt erfolgte, in dem die zu Beurteilende bereits vom Richter vernommen und von diesem über ihr Zeugnisverweigerungsrecht belehrt worden war. Hierauf kann es schon deshalb nicht ankommen, weil sich die Sachverständigen, eben weil sie keine Richter sind, bei ihren Anhörungen über die Frage eines Aussageverweigerungsrechts begreiflicherweise oft keine Gedanken machen und die von ihnen Befragten regelmäßig glauben, sie müßten sich äußern, d. h. eine Zeugenpflicht erfüllen".

[285] OGHSt 1, 299 (302) (Urt. v. 5. 3. 1949); BGHSt 2, 99 (106 ff.) (Urt. v. 15. 1. 1952 — 1 StR 341/51 —); KMR § 252 Erl. 1 b; Löwe-Rosenberg § 252 Erl. 5 u. 6; zur Bedeutung des § 252 auch Schneidewin in JR 51, 487.

[286] BGHSt 13, 1 (4 f.) (s. Anm. 281).

Der Fall der unzulässigen Einführung einer Belastungstatsache durch den Sachverständigen ist aber zu unterscheiden von der anderen Frage, ob ein von seinem Zeugnisverweigerungsrecht Gebrauch machender Zeuge noch auf seine Glaubwürdigkeit untersucht[287] und ob eine bereits abgeschlossene Begutachtung nach späterer Aussageverweigerung noch verwertet werden darf[288]. Soweit es hierbei nur um die sachverständige Beurteilung der Glaubwürdigkeit des Zeugen geht, steht das Zeugnisverweigerungsrecht nicht im Wege. Allerdings beschränkt sich diese Frage auf die Fälle, in denen der das Zeugnis verweigernde Zeuge doch noch mittelbar Gegenstand der Beweisaufnahme bleibt, weil er etwa in einer früheren richterlichen Vernehmung ausgesagt oder weil er außerhalb des Prozesses dritten Personen etwas über den Sachverhalt mitgeteilt hat und der Inhalt dieser Äußerungen nun durch Vernehmung des Richters oder der Dritten als Zeugen zulässigerweise in den Prozeß eingeführt wird[289].

Der Bundesgrichtshof lehnt eigene Ermittlungen des Sachverständigen zum Tatgeschehen nicht schlechthin als mit § 80 unvereinbar ab. Seine etwas unklare Stellungnahme, beispielsweise bei einer „vorbereitenden Befragung"[290] dem Sachverständigen freie Hand zu lassen, mag der eigengesetzlichen Arbeitsweise wissenschaftlicher und das heißt hier psychologischer oder psychiatrischer Forschungstätigkeit entgegenkommen. Der Standpunkt des gewissenhaften Sachverständigen, ein wirklich begründetes Gutachten über die Glaubwürdigkeit eines Zeugen könne von ihm erst abgegeben werden, wenn er die Möglichkeit habe, den Zeugen allein und nach seinen Zielrichtungen zu vernehmen, ist im Sinne von Fachgerechtigkeit und Berufsethos anzuerkennen. — Die Stellungnahme der Rechtsprechung ist aber nicht geeignet, klare Grenzen zwischen dem Aufgabenbereich des Richters oder Staatsanwalts einerseits und dem des Sachverständigen andererseits zu ziehen. Der 3. Strafsenat spricht in

---

[287] BGH in NJW 60, 586 (Urt. v. 11. 11. 1959 — 2 StR 471/59 —).

[288] BGHSt 11, 97 (Urt. v. 10. 10. 1957 — 4 StR 393/57 —) = NJW 58, 268; kritisch zu dieser Entscheidung Jescheck in GA 59, 84, Die Rechtsprechung des BGH in Strafsachen, Bd. 10 und 11 der Amtlichen Sammlung.

[289] In BGH NJW 60, 586 wird hierzu ausgeführt: „Die Begründung der Strafkammer, daß B. wegen ihrer Aussageverweigerung aus dem Verfahren ausgeschieden sei, ist unrichtig. Da die Strafkammer es unternommen hat, über die frühere Aussage der B. vor dem Ermittlungsrichter und über ihre Äußerungen gegenüber Dritten Beweis zu erheben, ist diese, wenn auch mittelbar, Quelle der Sachverhaltserforschung geblieben. Von ihrer Glaubwürdigkeit hängt es ab, ob mangels weiterer Tatzeugen der jede Schuld bestreitende Beschwerdeführer überführt werden kann. Einem Angeklagten, der bei unmittelbarer Anhörung der Zeugin durch das Gericht Beweismittel für ihre Unglaubwürdigkeit hätte benennen können, darf dieses Recht nicht versagt werden, wenn die Aussagen nur mittelbar verwendet werden. Das ist um so weniger angängig, weil sich das Gericht gerade in solchen Fällen der besonderen Beweisschwierigkeit gegenübersieht, selbst keinen unmittelbaren Eindruck von der Glaubwürdigkeit gewinnen zu können."

[290] BGHSt 9, 292 (296) (Urt. v. 7. 6. 1956 — 3 StR 136/56 —).

seinem unveröffentlichten Urteil vom 13. Dezember 1951[291] aus, „daß der Sachverständige im Rahmen seines Auftrags auch zur Exploration über die Tat befugt“ sei. Damit wird die ideale Aufgabenverteilung, die Vernehmung zur Sache allein dem Richter vorzubehalten und den Sachverständigen auf die Exploration zur Person zu beschränken, aufgegeben. Zwar kann man der Intention nach Exploration und Vernehmung im verfahrensrechtlichen Sinne[292] unterscheiden. Der Vernehmungsrichter will unmittelbar die Wahrheit oder Unwahrheit der in der Anklage bezeichneten Tat feststellen. Den Explorierenden dagegen interessiert die Glaubwürdigkeit des Zeugen im allgemeinen und in dem speziell durch das Tatgeschehen gebildeten Zusammenhang. Die beiden Vorgänge sind nach außen jedoch weithin einander gleich. Der Sachverständige forscht den Zeugen zum Tatgeschehen aus, wenn er ihn zur Sache exploriert. Dabei greift er allzu leicht in den Bereich richterlicher Vernehmungstätigkeit ein, ohne — und darin liegt die Gefahr dieses Übergriffes — wie der Richter oder Staatsanwalt die durch § 136 a gezogene Grenze des Erlaubten bei den Methoden, die er anwendet, genau vor Augen zu haben[293].

Im Einzelfall hat es der Richter oder Staatsanwalt in der Hand, dieser Gefahr vorzubeugen und selbst den bloßen Anschein einer „Vernehmung zur Sache“ durch den Sachverständigen zu vermeiden, indem er den Auftrag ausdrücklich auf eine Begutachtung der allgemeinen Glaubwürdigkeit beschränkt[294]. Dies könnte sich auch deshalb empfehlen, weil die eigentliche Sachkunde des Psychologen oder Psychiaters die allgemeine Charakterkunde sowohl gesunder wie auch neurotischer und pathologischer Personen ausmacht. „Ein Sachverständiger kann immer nur allgemein beurteilen, ob ein Zeuge dazu neigt, unwahrhaftig zu sein oder nicht. Er kann aber nicht feststellen, ob der Zeuge im konkreten Fall die Wahrheit sagt oder nicht. Diese Entscheidung ist in allen Fällen dem Gericht vorbehalten, das die Aussage des Zeugen gem. § 261 nach seiner freien, aus dem Inbegriff der Verhandlung geschöpften Überzeugung zu würdigen hat. Das Gutachten des Sachverständigen über die Glaubwürdigkeit eines Zeugen ist dabei nur eines der Momente, die das

---

[291] 3 StR 385/51, zit. bei Dalcke, 37. Aufl., 1961, Anm. 4 zu § 80 StPO.

[292] Vgl. das Urt. v. 13. 2. 1951 — 3 StR 385/51 —: „Exploration ist keine Vernehmung im verfahrensrechtlichen Sinne, die allein dem Gericht und der Staatsanwaltschaft vorbehalten ist, sondern eine Anhörung des Beschuldigten, die der Beschaffung von tatsächlichen Unterlagen für die Erstattung des Gutachtens dient und ohne die ein Sachverständiger je nach Lage der Umstände nicht auskommen kann.“ Der Umstand, daß es sich bei dem der Entscheidung zugrunde liegenden Fall um die Glaubwürdigkeitsfeststellung der Angeklagten und nicht des Zeugen handelt, ist für die hier behandelte Frage ohne Bedeutung.

[293] Die Gefahr wird in den unten S. 93 ff. kritisch dargestellten Fällen sachverständiger Untersuchungen bestätigt.

[294] Bockelmann, GA 55, 333 Anm. 40, weist darauf hin, daß „das Göttinger Psychologische Institut bei der Exploration von Kindern das eigentliche Beweisthema überhaupt nicht berührt“.

Gericht zu würdigen hat ... Auch ein zur Lüge neigender Zeuge kann durchaus im konkreten Fall die Wahrheit sagen"[295].

Dem Richter oder Staatsanwalt geht es aber gerade immer um die Wahrheit der Aussage im konkreten Fall. Gewiß kann ihm kein Sachverständiger letzten Endes die Überzeugungsbildung über die Glaubwürdigkeit des Zeugen hic et nunc abnehmen. Aber die Schwierigkeit der Zweifelsfälle, in denen überhaupt erst die Zuziehung eines Sachverständigen gerechtfertigt ist, liegt doch gerade in der Frage nach der speziellen Glaubwürdigkeit im Zusammenhang des Tatgeschehens. Hierzu möchte der Richter die sachkundige Meinung eines Psychologen oder Psychiaters hören, damit er sich mit ihr bei seiner Beweiswürdigung auseinandersetzen kann. Es kommt ja nicht darauf an, daß der Richter allein entscheidet, sondern daß er seine Entscheidung nach allen Seiten bedacht und abgewogen hat. Der Richter oder Staatsanwalt, der seinen Auftrag an den Sachverständigen auf die allgemeine Glaubwürdigkeitsprüfung beschränken möchte, sollte überlegen, ob er nicht überhaupt ohne ein Gutachten auskommen kann. Will man das psychologische Gutachten nicht als bloßes überflüssiges Anhängsel der Beweisaufnahme betrachten, so kann man nicht umhin, gerade die sachkundige Ansicht zur konkreten Situation des Zeugen im Prozeß zu Worte kommen zu lassen.

Unter die von der Strafprozeßordnung in § 80 Abs. 1 vorgesehenen Möglichkeiten des Sachverständigen, sich ein Bild von dieser Situation des Zeugen zu verschaffen, fällt aber die Exploration überhaupt nicht; der Sachverständige kann danach lediglich die Vernehmung durch den Richter oder Staatsanwalt anregen. Ebensowenig wie aus dieser Vorschrift ein eigenes Vernehmungsrecht abgeleitet werden kann, gibt sie auch keinen Anhaltspunkt für ein Explorationsrecht. Vielmehr steht diese Ausforschungsmethode dem Sachverständigen nur dann zur Verfügung, wenn der Zeuge sie sich gefallen läßt, richtiger gesagt, wenn er sich ausdrücklich oder konkludent, aber unmißverständlich damit einverstanden erklärt, daß er sich einer über seine Zeugenpflicht hinausgehenden Glaubwürdigkeitsuntersuchung unterziehen will. Nur unter dieser Voraussetzung erteilt der Richter oder Staatsanwalt überhaupt seinen Auftrag an den Sachverständigen zu Recht, und erst im Rahmen eines solchen mit Einwilligung des Zeugen erteilten Auftrages stellt sich die Frage, ob der Sachverständige nur zur Person oder auch zur Sache explorieren darf. Da dem Richter aber mit einer bloßen allgemeinen Persönlichkeitswürdigung ohne Bezug zum Tatgeschehen nicht gedient ist, kann man nicht umhin, auch die Exploration zur Sache zuzulassen. Damit wird allerdings die Gefahr in Kauf genommen, „daß im Sachverständigen der Jagdeifer erwacht und er über den Rahmen seiner Sachverständigen-

[295] Auszug aus einer Stellungnahme des Generalstaatsanwalts in Celle in dem Verfahren 15/17 KLs — 8/57 — beim LG Hannover. — Bockelmann, a. a. O., S. 330, erinnert an die alte Lehre, daß „selbst wenn alle Kreter Lügner wären, gleichwohl nicht alles, was ein Kreter sagt, gelogen sein müßte".

tätigkeit hinausgeht"[296] und tatsächlich den Zeugen „vernimmt", statt bloß zu explorieren. Diese Gefahr könnte nur durch eine strikte Beschränkung auf die Ausforschung zur Person wirksam vermieden werden. Bei einer derartigen Beschränkung würde der Richter oder Staatsanwalt aber gerade da im Stich gelassen sein, wo er der Sachkunde des Psychologen oder Psychiaters eigentlich bedarf, nämlich bei der Beurteilung der Glaubwürdigkeit im konkreten Fall des Tatgeschehens.

b) Anwesenheits- und Fragerecht bei Vernehmung des Zeugen, § 80 Abs. 2

Es steht dem Richter wie dem Staatsanwalt frei, bei Einzelvernehmungen im Ermittlungsverfahren oder schließlich in der Hauptverhandlung einen psychologischen Sachverständigen zuzuziehen, damit dieser den Zeugen während der Vernehmung beobachtet und nach seinem Dafürhalten Fragen an ihn richtet, § 80 Abs. 2. Die Erscheinens- und Aussagepflicht (§§ 59 ff.) verhindert es, daß der Zeuge diese Erkenntnisquelle dem Sachverständigen verschließen kann. Das Verhalten des Zeugen während der Vernehmung, seine Sicherheit oder Unsicherheit im Auftreten bei bestimmten, seine Beziehung zu Tat und Täter berührenden Aussagepunkten, sein Erröten, Erbleichen, Zittern, sein Gesichtsausdruck, seine Mimik und Gesten können dem sachkundigen Auge des Psychologen oder Psychiaters Hinweise und Anhaltspunkte geben, um die Persönlichkeit und Glaubwürdigkeit dieses Zeugen in der gegebenen Prozeßsituation zu beurteilen. Ob die Eindrücke, die der Sachverständige im Einzelfall empfängt und auswertet, ausreichen, ein begründetes und sicheres Gutachten abzugeben, das kann er von Fall zu Fall nur selbst entscheiden. Andere als die durch die bloße Anwesenheit geschaffenen Beobachtungsmöglichkeiten braucht der Zeuge nicht zu dulden. Das gilt sowohl von der Registrierung seiner Puls- und Atemtätigkeit durch einen „Polygraphen"[297] als auch von der Aufnahme seiner Stimme mit einem Magnetophonband. Wenngleich der Zeuge verpflichtet ist, seine Aussagen im Prozeß öffentlich zu machen, so greift doch die technische Verkörperung des Sprechens tiefer in den Bereich seines Persönlichkeitsrechtes ein als die bloße Tatsache öffentlicher, d. h. einem unbestimmten Kreis von Hörern zugänglicher Bekundung. Das Tonband macht die Stimme des Zeugen

---

[296] Peters, Lehrbuch, S. 288.

[297] Vgl. die Beschreibung der Meßinstrumente für die Pulstätigkeit (Plethysmograph) und für die Atemtätigkeit (Pneumograph) bei Balla, Tatbestandsdiagnostische Methoden und ihre strafprozessuale Zulässigkeit, Jur. Diss. 1936, S. 38/39. Die S. 61 ff. dargestellten rechtlichen Ergebnisse entsprechen allerdings nicht mehr heutiger Rechtsauffassung; BGHSt 15, 332 (Urt. v. 16. 2. 1959 — 1 StR 578/53 —): „Die Untersuchung mit dem ‚Polygraphen' (Lügendetektor) verletzt die Freiheit der Willensentschließung und -betätigung des Beschuldigten und ist daher im Strafverfahren wie in den Vorermittlungen ohne Rücksicht auf sein Einverständnis unzulässig."

verfügbar wie einen Gegenstand. Diese Verselbständigung eines Stückes seines persönlichen Ausdruckes wird durch die bloße Öffentlichkeit des Prozesses dem Zeugen aber nicht zugemutet[298]; er braucht daher dem Sachverständigen auch keine Tonbandaufnahme zuzugestehen, um diesem eine etwaige spätere Auswertung seiner Beobachtungen zu erleichtern[299].

So verhältnismäßig einfach und klar die Frage des Anwesenheitsrechts liegt, so schwierig gestaltet sich die Begrenzung des eigenen Fragerechts des Sachverständigen. § 80 Abs. 2 ergänzt die Vorschrift des § 240[300]. Deshalb gilt auch dem Sachverständigen gegenüber, daß der Vernehmungsleiter ungeeignete oder nicht zur Sache gehörende Fragen zurückweisen kann (§ 241 Abs. 2). Nun kann eine Frage dem Sachverständigen, der allein die Glaubwürdigkeitsfeststellung im Auge hat, noch durchaus als geeignet und sachdienlich erscheinen, wenn sie dem Zeugen bereits äußerst peinlich wird und sich deshalb dem Richter die Frage der Ungeeignetheit nach § 68a aufdrängt. Interessiert den Sachverständigen verständlicherweise, ob und an welche Krankheiten, pathologischen oder neurotischen Erscheinungen sich der Zeuge erinnert, so wird dieser bestrebt sein, sein persönliches Schicksal, zumal wenn Ansehen und Ehre auf dem Spiel stehen, möglichst den Augen der Öffentlichkeit zu verbergen. Das Maß der dem Zeugen zuzumutenden Enthüllung kann nicht als eine Frage bloßen Takts, sei es des Sachverständigen oder des Richters, behandelt werden. Die Auffassungen von taktvollem Verhalten sind zu verschieden und dehnbar, als daß sie zur Begrenzung rechtlicher Positionen herangezogen werden könnten.

Der Gesichtspunkt, daß sich der Zeuge einer Vernehmung, nicht aber einer Exploration[301] zu stellen hat, kann zu einer angemessenen Beschränkung des Fragerechts verhelfen. Der Sachverständige darf nicht mehr und nicht weniger erforschen als das, worüber der Richter im Rahmen der Vernehmung zur Person (§ 68) Auskunft verlangen kann[302]. Sind danach Fragen „über solche Umstände, die die Glaubwürdigkeit des Zeugen in der vorliegenden Sache betreffen“, erlaubt, so wird damit dem Sachverständigen nicht ermöglicht, den Zeugen auf seinen Geisteszustand zu untersuchen. Nicht der Zeuge, sein Charakter, seine Fähigkeiten und Fehler, seine Kraft, das Leben zu meistern oder daran zu scheitern, sind Gegenstand einer strafrechtlichen Vernehmung. Ausforschungen dieser Art mögen in der Sprechstunde des Psychiaters oder Psychologen am Platze sein. Die Vernehmung aber hat die Feststellung der für das Strafurteil

---

[298] Vgl. zu diesem Problem: BGH NJW 60, 1580 ff. (Urt. v. 14. 6. 1960 — 1 StR 683/59 —); BGH NJW 60, 1582 ff. (Urt. v. 14. 6. 1960 — 1 StR 73/60 —).

[299] Vgl. hiergegen die von Undeutsch, Gutachtertätigkeit, S. 15, empfohlene Praxis, die gesamte Exploration zur Person und zur Sache mechanisch festzuhalten.

[300] KMR, § 80 Erl. 3.

[301] Vgl. hierzu Pauli-Arnold, S. 292 ff.

[302] Vgl. hierzu oben S. 12 ff.

erheblichen Tatsachen im Auge, und nur ob und weshalb der Zeuge „in der vorliegenden Sache“ glaubwürdig erscheint oder nicht, hat der Richter zu entscheiden und den Sachverständigen zu interessieren. Wie weit die vorliegende Sache reicht, kann zuverlässig bestimmt werden. Es ist der historische Vorgang, den der Zeuge beobachtet hat oder auch nur vom Hören-Sagen kennt, oder aber in den er als Opfer oder auf Grund besonderer Beziehungen zum Täter verwickelt ist. Über diese Auskunft zu geben, ist er verpflichtet. Er darf aber schweigen, ohne seine Zeugenpflicht zu verletzen, wenn er nach seiner geistig-seelischen Entwicklung, nach Krankheiten oder anderen nur seine Person betreffenden Tatsachen gefragt wird, die in keiner unmittelbaren Beziehung zum Tatkomplex stehen. Das Reichsgericht hat an seiner Auffassung zu dieser Frage keinen Zweifel gelassen. Es sagt ausdrücklich: „Der Zeuge braucht sich nicht auf seinen Geisteszustand untersuchen zu lassen“[303]. Der 5. Senat des Bundesgerichtshofes übersieht in seiner Entscheidung vom 14. 12. 1954[304] angesichts der überlegenen Erkenntnismittel der Sachverständigen die Frage nach der Pflicht des Zeugen, ihre Anwendung zu ermöglichen[305]. Der Bundesgerichtshof hat außer den bereits angeführten Entscheidungen zu § 68 a[306] noch keine Gelegenheit gehabt, sich mit der Auskunftspflicht des Zeugen auf Fragen des Sachverständigen über seine charakterliche und gesundheitliche Entwicklung auseinanderzusetzen. Die Entscheidungen, in denen er sich mit der Glaubwürdigkeitsprüfung von Zeugen befassen mußte, sind entweder durch die Rüge mangelnder Aufklärung (§ 244 Abs. 2)[307] oder wegen Verletzung des Beweisantragsrechts (§ 244 Abs. 3 und 4)[308] dem Revisionsgericht vorgelegt worden.

Die Aufklärungspflicht geht aber nicht so weit, daß der Tatrichter den Werdegang eines jugendlichen Zeugen lückenlos zu ermitteln hätte. „Nur wenn besondere Ereignisse oder Begebenheiten in dem Werdegang des Zeugen hervortreten oder behauptet werden, welche dessen Glaubwürdigkeit im Hinblick auf die von ihm gemachten Angaben zweifelhaft erscheinen lassen, ist der Tatrichter, soweit das möglich ist, zu deren Aufklärung verpflichtet“[309].

Dagegen hat das Oberlandesgericht Hamm in einem beispielhaften Fall[310] der Beschwerde eines Hauptbelastungszeugen stattgegeben. Da sich der Zeuge nicht freiwillig einer psychiatrisch-psychologischen Glaub-

---

[303] RG HRR 1928, 2330 (Urt. v. 24. 9. 1928).

[304] BGHSt 7, 82 (— 5 StR 416/54 —).

[305] Bockelmann, GA 55, 331, merkt das ebenfalls kritisch an.

[306] Vgl. oben Anm. 52 und 53.

[307] Z. B. die unveröffentlichten BGH-Urteile v. 13. 3. 1952 — 3 StR 19/52 — und v. 9. 2. 1960 — 5 StR 620/59 —.

[308] BGHSt 2, 163; 3, 27; 7, 82; 8, 130; NJW 61, 1636; vgl. hierzu auch die Anm. 176—182 und 185.

[309] BGHSt 13, 297 (300) (Urt. v. 29. 10. 1959 — 2 StR 393/59 —) = NJW 60, 56.

[310] JMBl NRW 57, 45 = JZ 57, 186 (Beschl. v. 29. 6. 1956 — 2 Ws 207/56 —).

würdigkeitsuntersuchung zur Verfügung stellte, ordnete die Strafkammer gem. § 202 Abs. 1 die Vernehmung durch das zuständige Amtsgericht als ersuchten Richter in Gegenwart eines psychiatrisch-psychologischen Sachverständigen an. Dabei sollte der Sachverständige das Recht haben, „an ihn sowohl Fragen über seinen Werdegang, Krankheiten, nervenärztliche Behandlungen und Therapien als auch sonstige Fragen, die er zur Beurteilung der Glaubwürdigkeit für erforderlich halte, zu stellen". Dem Amtsgericht erschien eine derartige Vernehmung immerhin ungewöhnlich, und es fragte deshalb noch einmal bei der Kammer an, was Gegenstand der Vernehmung sein solle. Darauf eröffnete ihm das Landgericht, „daß die Vernehmung sich auf alle Fragen erstrecken solle, die die allgemeine und die besondere Glaubwürdigkeit des Beschwerdeführers betreffen, und daß der Sachverständige die wesentlichen Fragen der Vernehmung stellen werde".

Der Zeuge setzte sich zu Recht gegen diese in der äußeren Form einer Zeugenvernehmung beabsichtigte Exploration seiner Persönlichkeit zur Wehr. Die an der Weigerung des Zeugen gescheiterte Untersuchung im Sprechzimmer des Sachverständigen sollte im Vernehmungszimmer des Amtsgerichts stattfinden. Die Frage, ob der Zeuge sich dies gefallen lassen mußte, wurde gar nicht erst erwähnt.

Das Oberlandesgericht Hamm stellt den Mißbrauch der Vernehmung und die Mißachtung der durch die Strafprozeßordnung gezogenen Grenzen für die Pflicht des Zeugen, sich untersuchen zu lassen, deutlich heraus. Es läßt keinen Zweifel daran, daß der Zeuge nur die Aufgabe hat, über Wahrnehmungen eine Aussage zu machen. Eine geistige und seelische Untersuchung sowie eine Beobachtung auf seinen Geisteszustand ist grundsätzlich nicht gestattet.

Die Entscheidung läßt noch einen weiteren, für die Praxis wichtigen Punkt erkennen. Das Fragerecht des Sachverständigen kann in den Fällen, in denen er zu einer Einzelvernehmung hinzugezogen wird, leicht dazu führen, daß er wegen der mit seiner Sachkunde gegebenen Überlegenheit die Vernehmung praktisch an sich zieht. Eb. Schmidt[311] und Bockelmann[312] warnen ausdrücklich vor dieser Gefahr. Ihr kann nur begegnet werden, wenn der Richter wie der Staatsanwalt darauf achten, daß der Zeuge zur Person und zur Sache vernommen, aber nicht exploriert wird.

3. § 81 c gibt kein Recht zu einer psychologischen oder psychiatrischen Untersuchung im Sinne von Exploration oder Test

Das bisher gefundene Ergebnis der Unzulässigkeit psychologischer oder psychiatrischer Untersuchung des Zeugen im Rahmen der prozessualen Vernehmung wird durch die Vorschrift des § 81 c nicht einge-

[311] Lehrkommentar, § 80 Erl. 1.
[312] GA 55, 331.

schränkt; vielmehr ist diese geeignet, das Gesagte zu bestätigen. Auf welche Untersuchungsmaßnahmen sich die Duldungspflicht des Zeugen beschränkt, ist bereits oben[313] im einzelnen ausgeführt worden. Keine noch so weite Auslegung kann aus der Feststellung von Spuren oder Folgen einer Straftat am Körper des Zeugen (§ 81c Abs. 1) eine Untersuchung des Geisteszustandes oder Exploration der Persönlichkeit mit Hilfe psychologischer Tests machen, viel weniger aus der Entnahme einer Blutprobe oder der Abstammungsfeststellung (§ 81c Abs. 2). Weitere Maßnahmen aber sind nicht aufgeführt, und die ausschließliche Fassung des § 81c Abs. 1 läßt unzweideutig erkennen, daß der Gesetzgeber diese Beschränkung ausdrücklich erklären wollte.

Aus § 81 a. F., der die Untersuchung des Beschuldigten und „anderer Personen" zusammen regelte, hätte eventuell die Möglichkeit zur Erforschung der psychischen Erfassung des Zeugen herausgelesen werden können[314]. Der Wortlaut des seit dem Vereinheitlichungsgesetz eingeführten § 81c läßt aber eine generelle Ermächtigung zu „anderen Eingriffen" nach den Regeln der ärztlichen Kunst nicht einmal mehr anklingen, vielmehr sind die zulässigen Maßnahmen einzeln und genau festgelegt und betreffen immer nur den körperlichen Zustand[315]. Dagegen sieht das Gesetz zum Zwecke der Glaubwürdigkeitsprüfung weder körperliche noch psychische Untersuchungen des Zeugen vor. Die Rechtsprechung[316] bestätigt diese in der Literatur[317] anerkannte Auslegung des § 81c.

Es kann aber Peters nicht zugestimmt werden, wenn er meint, „das Gesetz sei hier lückenhaft"[318]. Zur Zeit der Entstehung der Strafprozeßordnung im Ganzen hat man allerdings kaum schon an die heutzutage möglichen und in Zweifelsfällen dienlichen Untersuchungen von Zeugen auf ihre Glaubwürdigkeit gedacht. Bei den zahlreichen seitdem ergangenen Gesetzesänderungen und -ergänzungen wäre aber Gelegenheit genug gewesen, eine durch die Entwicklung der forensischen Psychologie möglicherweise angezeigte Ergänzung vorzunehmen. Insbesondere hätte der Gesetzgeber bei der Neufassung durch das Gesetz zur Wiederherstellung der

---

[313] S.15 ff.

[314] Vgl. den Wortlaut von § 81 a a. F. oben Anm. 68.

[315] Eb. Schmidt, § 81c Erl. 4.

[316] OLG Hamm, JMBl NRW 57, 45 (Beschl. v. 29. 6. 1956 — 2 Ws 207/56 —): „Nur ausnahmsweise und in beschränktem Maße gestattet § 81c StPO bei Zeugen die zwangsweise Vornahme bestimmter Untersuchungen und die Entnahme einer Blutprobe. Andere Untersuchungen und Eingriffe irgendwelcher Art sind dagegen ohne die Einwilligung des betroffenen Zeugen nicht gestattet. Insbesondere ist jedoch eine geistige und seelische Untersuchung des Zeugen sowie seine Beobachtung auf seinen Geisteszustand nicht gestattet." BGHSt 13, 294 = NJW 60, 58 (Urt. v. 14. 10. 1959 — 2 StR 249/59 —); BGH NJW 60, 586 (Urt. v. 11. 11. 1959 — 2 StR 471/59 —).

[317] Bockelmann, GA 55, 332; KMR, § 81c Erl. 2; Peters, Lehrbuch, S. 257.

[318] Peters, Lehrbuch, S. 254.

Rechtseinheit vom 12. 9. 1950[319], in der er den § 81 c einführte, für erforderlich und zulässig angesehene Duldungspflichten des Zeugen begründet. Daß er hierauf bewußt verzichtet hat, erscheint um so wahrscheinlicher angesichts der eingehenden Beschäftigung mit den Vernehmungsmethoden[320], die schließlich in dem neuartigen, aber für notwendig erachteten § 136 a zum Ausdruck gekommen ist.

Die Ansicht, das Gesetz sei lückenhaft, erscheint daher unbegründet. Sie ist aber auch nicht ungefährlich, da sie notwendig die Ergänzungsbedürftigkeit in sich schließt. Eine Ergänzung extra oder praeter legem kann aber allzu leicht die vom Gesetz gewollte Rechtsstellung des Zeugen in Gefahr bringen.

4. Angewiesensein des psychologisch-psychiatrischen Sachverständigen auf die freiwillige Entscheidung des Zeugen für die Glaubwürdigkeitsuntersuchung

Zusammenfassend darf noch einmal gesagt werden, daß das geltende Strafprozeßrecht außer der Akteneinsicht, dem Recht, Vernehmungen anzuregen, sowie dem Anwesenheits- und Fragerecht im Rahmen der richterlichen oder staatsanwaltlichen Vernehmung dem Sachverständigen keine Möglichkeiten einräumt, sich aus eigenem Recht Grundlagen für ein Gutachten über die Glaubwürdigkeit eines Zeugen zu beschaffen[321]. § 81 c begründet keine Pflicht, eine Glaubwürdigkeitsuntersuchung zu dulden; er läßt vielmehr erkennen, daß andere als die bezeichneten körperlichen Untersuchungsmaßnahmen vom Gesetz nicht vorgesehen und deshalb unzulässig sind, soweit der Zeuge in irgendeiner Form zu ihrer Duldung gezwungen wird. Dieses Ergebnis zwingt zu dem Schluß, daß der Sachverständige zur psychologisch-psychiatrischen Untersuchung auf die Freiwilligkeit des Zeugen angewiesen ist.

Diese Tatsache, so selbstverständlich sie erscheinen mag, wenn man die Stellung und die Aufgabe des Zeugen einerseits und die in den Persönlichkeits- und Intimbereich eindringenden Methoden psychologischer Untersuchungstechnik andererseits überschaut, ist noch nicht zum festen Bestand der gerichtlichen wie der psychologischen Praxis, viel weniger des allgemeinen Bewußtseins geworden. Wie konnte sonst der 5. Strafsenat des Bundesgerichtshofes noch 1954 der Ansicht sein, der Sachverständige dürfe einen kindlichen Zeugen „zur ersten Vernehmung überraschend abholen lassen, so daß Beeinflussungsmöglichkeiten weitgehend ausgeschaltet oder gemindert werden“[322]. Wenn aber die höchstrichterliche Rechtsprechung bis vor kurzem die Rechtsstellung des Zeugen im Prozeß so wenig beachtet hat, dann ist es nicht verwunderlich, wenn Amts- und

[319] BGBl 455.
[320] Hierzu: Hermes, S. 5 ff.; Schwenck, S. 80.
[321] Hierzu: Eb. Schmidt § 69 Erl. 13.
[322] BGHSt 7, 82 (84) (Urt. v. 14. 12. 1954 — 5 StR 416/54 —).

Landgerichte ohne Bedenken über den Kopf des Zeugen hinweg die Untersuchung durch einen Sachverständigen anordnen[323]. Noch häufiger sind der Staatsanwalt und der Verteidiger geneigt, über der Ermittlung von ent- und belastenden Tatsachen das Recht des Zeugen auf Integrität seiner Persönlichkeit zu übersehen[324]. In einem Verfahren vor dem Landgericht Hannover[325] beantragte der Verteidiger während des Ermittlungsverfahrens einen Psychotherapeuten einzuschalten und den einzigen Belastungszeugen — einen siebzehnjährigen Oberschüler — zu testen. In seiner Eingabe bemerkte er: „Zur erfolgreichen Durchführung der Tests ist jedoch erforderlich, daß weder der Junge noch seine Eltern vorher Mitteilung erhalten."

Nicht immer handelt es sich um ein bloßes Übersehen der Rechtsstellung des Zeugen. Die Verfahren 6 Kls 7/52 und 6 Js 79/55 vor dem Landgericht Lüneburg berichten davon, wie ein Verteidiger mit Helfershelfern es fertigbrachte, den zehnjährigen Hauptbelastungszeugen unter dem Vorwand, das Kind würde zur Erholung verschickt, ohne Wissen der Mutter in eine psychiatrische Heil- und Pflegeanstalt zu bringen und dort tiefenpsychologisch untersuchen zu lassen.

Angesichts derartiger Erscheinungen in der Praxis, die keineswegs auf die hier genannten Fälle beschränkt sind[326], kann nicht genug betont werden, daß kein Zeuge ohne seine Einwilligung auf seine Glaubwürdigkeit untersucht werden darf. In zwei Entscheidungen aus dem Jahre 1959 hat der 2. Senat des Bundesgerichtshofs[327] dies in bemerkenswerter Klarheit zum Ausdruck gebracht. Die Untersuchung auf Glaubwürdigkeit braucht danach nicht geduldet zu werden, sie ist vielmehr nur mit Einwilligung des Betroffenen zulässig.

Angemerkt werden soll noch, daß die psychologisch-psychiatrische Untersuchung auch in einem anderen Sinn auf die Bereitwilligkeit des Zeugen angewiesen ist. Der mehr oder weniger große Gewinn an Charakter- und Persönlichkeitserhellung hängt nämlich nicht nur von der Sachkunde des Psychologen ab, sondern ebensosehr von der inneren Bereitschaft des Untersuchten, sich den Anforderungen und Aufgaben,

---

[323] So z. B. in den Verfahren: StA Hannover 17 Ls 23/53; StA Hannover 15 Kls 14/58; StA Hannover 16 Ls 17/57; StA Hildesheim 8 Kls 6/52.

[324] Beispiele: StA Stade 4 Kls 1/52; StA Stade 13 Kls 13/52.

[325] 16/17 Kls 3/57.

[326] In BGHSt 11, 97 = NJW 58, 268 (Urt. v. 10. 10. 1957 — 4 StR 393/57 —) wird erwähnt, daß eine Zeugin, die auf die Bestellung der Sachverständigen nicht erschienen war, sich auf behördliche Ladung unter Androhung der Vorführung schließlich zur Untersuchung einfand. — In dem Verfahren StA Hannover 16 Ls 17/57 bat die beauftragte Sachverständige darum, die Einladung zur psychologischen Untersuchung seitens der Staatsanwaltschaft herausgehen zu lassen.

[327] BGHSt 13, 394 = NJW 60, 584 (Urt. v. 14. 10. 1959 — 2 StR 249/59 —); BGH NJW 60, 586 (Urt. v. 11. 11. 1959 — 2 StR 471/59 —).

die der Sachverständige stellt, zu unterziehen[328]. Allerdings werden die Fälle, in denen der Zeuge sich bewußt vollständig sperrt, kaum bis zu diesem Stadium der Beweisaufnahme gelangen; denn so geartete Zeugen haben in der Regel ein gutes Gespür für das, was in einem rechtlichen Verfahren ihnen zugemutet werden darf. Sie werden sich deshalb überhaupt weigern, sich untersuchen zu lassen. Größer wird die Zahl derjenigen sein, die nolens volens in die Glaubwürdigkeitsuntersuchung hineingeraten. Bei ihnen aber hat ein geschickter Psychologe es immer noch in der Hand, die notwendige Bereitschaft und vielleicht auch Neugierde zu wecken. Von seiten der Sachverständigen wird daher die Frage der vorherigen Einwilligung nicht so dringend gestellt werden, wie sie als rechtliches Problem dem Richter und Staatsanwalt aufgegeben ist.

---

[328] Vgl. hierzu die Ausführungen von Arnold-Pauli, S. 13 ff., über die „inneren Versuchsbedingungen".

5. Kapitel

Das Einwilligungserfordernis und die Folgen seiner Mißachtung

1. Einwilligung als Vorbedingung der Glaubwürdigkeitsuntersuchung

In der Praxis wird die Untersuchung des Zeugen auf seine Glaubwürdigkeit von Richtern und Staatsanwälten angeordnet, ohne daß eine Rechtsgrundlage für sie im Gesetz gegeben ist. Da die Anordnung über die Zeugenpflichten hinausgeht, kann sie rechtmäßig nur mit der Einwilligung des betroffenen Zeugen ergehen. Die Erklärung des Zeugen, sich freiwillig untersuchen zu lassen, rechtfertigt die Tätigkeit des Sachverständigen. Ohne diese Einwilligung aber ist sie unzulässig mit der Folge, daß das Ergebnis einer trotzdem durchgeführten Untersuchung im Urteil nicht verwertet werden darf.

2. Die Pflicht des Richters oder Staatsanwalts, die Einwilligungsfrage zu klären

Es fragt sich, wie Richter und Staatsanwalt in ihrer täglichen Praxis den Anspruch des Zeugen, im Prozeß seiner Rechtsstellung gemäß behandelt zu werden, zu erfüllen haben. Erscheint eine Glaubwürdigkeitsprüfung zur Wahrheitsermittlung erforderlich oder wird vom Verteidiger ein Beweisantrag gestellt, den Zeugen auf seine Glaubwürdigkeit hin untersuchen zu lassen, so hat der Richter oder Staatsanwalt den Zeugen zu fragen, ob er bereit sei, sich durch den Psychologen oder Psychiater untersuchen zu lassen. Die Pflicht hierzu ergibt sich aus der Notwendigkeit der Einwilligung, ohne die eine Untersuchung nicht vorgenommen werden darf. Aus der Form der Frage muß dem Zeugen erkennbar sein, daß er vollständig frei ist, sich für oder gegen eine Untersuchung zu entscheiden. Hat der Zeuge keine rechte Vorstellung, was ihn bei einer Glaubwürdigkeitsuntersuchung erwartet, so sollte er auch hierüber unterrichtet werden, damit er in der Lage ist, seine Entscheidung sachlich begründet zu treffen.

Der Zeuge wird in der Regel herausspüren, daß die Untersuchung erwünscht ist, weil man seiner Wahrheitsliebe oder auch nur seiner Aussage- und Erinnerungsfähigkeit mißtraut. Er kann sich dieser Mißtrauenskundgebung gegenüber verhalten, wie er es für gut hält; er kann sie für berechtigt oder unberechtigt halten, er kann ihr auch gleichgültig gegenüberstehen. In keinem Fall aber darf er vom Richter oder Staatsanwalt in dem Irrtum belassen werden, er sei verpflichtet, die Untersuchung über sich ergehen zu lassen. Das Gericht und ebenso der Staatsanwalt müssen vielmehr „das zur Klärung der Einwilligungsfrage Erforderliche veranlassen"[329]. Das bedeutet, daß der Zeuge nicht im unklaren über seine Rechtslage gehalten werden darf und seine Einwilligung mehr oder weniger unterstellt wird, damit keine „unnötigen Schwierigkeiten" von ihm gemacht werden. Unter einer Klärung der Einwilligungsfrage ist vielmehr eine positive Zustimmung oder eine Ablehnung zu verstehen, an deren Sinn nichts mehr zu deuteln ist. Äußert sich der Zeuge nur unbestimmt, so besteht die Vermutung, daß er entweder seiner Freiheit, ja oder nein zu sagen, nicht ganz sicher ist oder aber noch unschlüssig, welche Entscheidung er treffen soll. In einem solchen Fall ist die Einwilligungsfrage noch nicht geklärt. Im Zweifel darf die Einwilligung nicht unterstellt werden, weil die Untersuchung in den Persönlichkeitsbereich des Zeugen eingreift und oft nachteilige Folgen für ihn über den Prozeß hinaus haben kann. Bei einer psychologisch-psychiatrischen Glaubwürdigkeitsuntersuchung steht nämlich für den Zeugen mehr auf dem Spiel als das Urteil über seine Aussage in diesem einzelnen Prozeß. Bezeichnet der Sachverständige den Zeugen als unglaubwürdig, so läßt sich diese Kennzeichnung nicht auf den prozessualen Bereich dieses Verfahrens beschränken, sondern wirkt sich darüber hinaus im gesellschaftlichen Raum aus, in dem der Zeuge lebt. Niese[330] spricht hier treffend von Doppelfunktion. Die prozessuale Funktion der Glaubwürdigkeitsuntersuchung besteht in der Sicherung der Aussage zum Zwecke der Tatsachenfeststellung, ihre materielle Funktion aber, der Eingriff in die materielle Rechtssphäre von Ehre und Ansehen im sozialen Leben, trifft den Zeugen in seinem außerprozessualen Bereich. Mögen sich die psychologischen Untersuchungsmethoden auch zunehmender Anerkennung erfreuen und die gefühlsmäßigen Vorurteile mehr und mehr verschwinden, vor einer Abstempelung als unzuverlässig und unglaubwürdig in einem öffentlichen Verfahren wird jedermann auch heute noch leicht zurückschrecken.

Richter und Staatsanwalt sind nicht gehalten, den Zeugen auf die Tragweite seiner Einwilligung im einzelnen aufmerksam zu machen. Es darf vielmehr unterstellt werden, daß ein erwachsener Zeuge diese möglichen tatsächlichen Auswirkungen selbst überschaut. Dagegen kann das von einem Jugendlichen nicht regelmäßig erwartet werden, erst recht nicht von Zeugen, die entmündigt sind oder unter vorläufiger Vormundschaft stehen. In diesen Fällen hat der Richter zu prüfen, ob der Zeuge die erforderliche Verstandesreife und Einsicht besitzt, die Bedeutung seiner Einwilligung zu erkennen. Im Zweifel bedarf es hier der Zustimmung des gesetzlichen Vertreters, wie es die Rechtsprechung für den ähnlich gelagerten Fall einer Beweisperson ohne die erforderliche Reife zur

---

[329] BGH NJW 60, 586 (Urt. v. 11. 11. 1959 — 2 StR 471/59 —).

[330] Doppelfunktionelle Prozeßhandlungen, 1950; Narkoanalyse als doppelfunktionelle Prozeßhandlung, ZStrW 63, 199 f.

Entscheidung über ihr Zeugnis- und Untersuchungsverweigerungsrecht entschieden hat[331].

3. Keine Belehrungspflicht in Analogie zu den §§ 52 Abs. 2, 55 Abs. 2

Der Bundesgerichtshof hat in zwei Entscheidungen[332] ausgesprochen, daß zeugnisverweigerungsberechtigte Angehörige auch darüber zu belehren sind, daß sie eine Untersuchung auf ihre Glaubwürdigkeit hin nicht zu dulden brauchen. Es handelt sich aber nicht um die Sonderstellung von Personen, die zur Zeugnisverweigerung berechtigt sind, vielmehr braucht niemand Untersuchungen dieser Art zu dulden. Der Gedanke einer allgemeinen Belehrungspflicht ist vielleicht nahegelegt durch die Art und Weise, wie vielfach in der Praxis über den Kopf des Zeugen oder seines gesetzlichen Vertreters hinweg die Glaubwürdigkeitsprüfung angeordnet wird. Aber die Strafprozeßordnung, die nirgendwo eine Glaubwürdigkeitsuntersuchung des Zeugen vorsieht, enthält auch nichts über eine entsprechende Belehrungspflicht.

Eine solche könnte allenfalls in Analogie zu den §§ 52 Abs. 2 und 55 Abs. 2 entwickelt werden. Es ist aber fraglich, ob wirklich eine analoge Struktur zugrunde liegt. Die Belehrungspflicht der §§ 52 und 55 besteht, weil der Zeuge grundsätzlich verpflichtet ist, Aussagen vor dem Richter zu machen, in Ausnahmefällen aber ein Weigerungsrecht dieser Pflicht gegenübersteht. Der Zeuge wird also vom Richter darüber belehrt, daß er ausnahmsweise von der allgemeinen Aussagepflicht befreit wird, wenn er von seinem Sonderrecht Gebrauch macht. Das Verhältnis von Grundsatz und Ausnahme ist aber bei der Glaubwürdigkeitsuntersuchung anders. Hier lautet der Grundsatz: Niemand ist verpflichtet, sich untersuchen zu lassen. Der einzelne Zeuge läßt es ausnahmsweise durch seine Einwilligung zu. Eine Belehrungspflicht über die allgemeine Freiheit, sich untersuchen zu lassen oder nicht, kann daher nicht in Analogie zur Belehrung über die Ausnahme von einer allgemeinen Verpflichtung entwickelt werden.

Das Ergebnis wird bestätigt durch den Vergleich mit der herrschenden Ansicht, daß der Staatsanwalt oder Polizeibeamte nicht verpflichtet ist, den Zeugen zu belehren, bevor er ihn vernimmt[333]. Auch hier liegt der Grund darin, daß niemand zur Aussage vor dem Staatsanwalt oder Polizeibeamten verpflichtet ist. Wer aber überhaupt nicht verpflichtet ist,

---

[331] BGHSt 12, 235 (Beschluß des Großen Senats für Strafsachen v. 8. 12. 1958 — GS St 3/58 —); BGHSt 14, 159 = NJW 60, 1396 (Urt. v. 2. 3. 1960 — 2 StR 44/60 —); vgl. auch R. Busch in Festschrift für Eb. Schmidt, 1961, S. 569; a. A. war RGSt 4, 398 (Urt. v. 14. 7. 1881).

[332] BGHSt 13, 394 (Urt. v. 14. 10. 1959 — 2 StR 249/59 —); BGHSt 14, 21 (Urt. v. 11. 11. 1959 — 2 StR 471/59 —).

[333] Vgl. oben Anm. 9.

braucht auch auf keine besonderen Weigerungsgründe hingewiesen zu werden.

Eine Belehrungspflicht nur deshalb zu begründen, weil viele Zeugen im Vertrauen auf die rechte Amtsausübung durch Richter und Staatsanwalt sich in Unkenntnis über ihre Rechte und Pflichten im Verfahren befinden, ist nicht angebracht. Es könte dadurch eher der Anschein entstehen, die Zeugen würden bevormundet, als daß ihr Rechtsbewußtsein ausgebildet würde.

Es genügt, daß der Richter oder Staatsanwalt verpflichtet ist, die Frage der Einwilligung zu klären, auf die er angewiesen ist, um eine wirksame Anordnung im Rahmen des Ermittlungs- oder Beweisaufnahmeverfahrens zu erlassen. Der Zeuge oder sein gesetzlicher Vertreter wird bei der unmißverständlich gestellten Frage, ob er bereit sei, sich oder seinen Schützling untersuchen zu lassen, heraushören müssen, daß es seiner eigenen freien Entscheidung anheimgegeben ist, was er tun oder lassen will.

4. Der Sachverständige muß sich von der Freiwilligkeit überzeugen

Der vom Richter oder Staatsanwalt beauftragte Sachverständige muß sich vor Beginn der Glaubwürdigkeitsuntersuchung beim Zeugen selbst vergewissern, ob dieser aus eigener freier Entscheidung zu ihm kommt oder mehr oder weniger unter dem Druck der Autorität des Gerichts. Unterläßt er es, sich darüber Gewißheit zu verschaffen, so setzt er sich der Gefahr aus, vergeblich zu arbeiten, weil die Ergebnisse einer unfreiwilligen Untersuchung vor Gericht nicht verwertet werden dürfen. Mag die Untersuchungstätigkeit wissenschaftlich einwandfrei erscheinen, rechtlich zulässig ist sie nur, wenn der Zeuge positiv mit ihr einverstanden ist.

5. Das Recht des Zeugen, in die Glaubwürdigkeitsuntersuchung einzuwilligen oder sie abzulehnen, sowie die erteilte Einwilligung zu widerrufen

Der Zeuge schließlich hat es selbst in der Hand, ob der Sachverständige sich eingehend mit ihm beschäftigen kann oder nicht. Daß er erklärt, ob er sich untersuchen lassen will oder nicht, dafür hat der Richter oder Staatsanwalt zu sorgen. Wie er sich entscheiden will, liegt aber allein beim Zeugen selbst. Es läßt sich nicht allgemein sagen, es sei besser einzuwilligen, oder es sei richtiger, nicht einzuwilligen. Der Zeuge muß jeweils seine eigene Lage erwägen, an die etwaigen Nachwirkungen über den Prozeß hinaus denken, aber auch in Betracht ziehen, daß eine Untersuchung durch einen Sachverständigen zu seiner eigenen Beruhigung oder gar Rehabilitierung beitragen kann. Gerade bei jugendlichen Zeugen, die in Sittlichkeitsdelikte verstrickt waren, kann die klärende Aussprache mit dem Sachverständigen von Gewinn sein[334]. Es ist aber ebensogut möglich, daß es für dieses oder jenes Kind das Beste ist, wenn es vorerst möglichst wenig an die Erlebnisse, die es seelisch belastet haben, erinnert wird[335]. Eine persönliche Auseinandersetzung mit seinem Erlebnis erscheint erst dann sinnvoll, wenn das Kind oder der Jugendliche den Problemen auch seelisch gewachsen ist.

Aus der freien Stellung des Zeugen der Glaubwürdigkeitsuntersuchung gegenüber ergibt sich ferner, daß die erteilte Einwilligung jederzeit widerrufen werden kann. Es bedarf keiner besonderen Begründung des Widerrufs, weil der Zeuge mit der Duldung der Glaubwürdigkeitsprüfung über seine Zeugenpflicht freiwillig hinausgegangen ist.

6. Materiellrechtliche Folgen der Mißachtung des Einwilligungserfordernisses

Ob und wann der Zeuge und seine Rechtsstellung durch das materielle Strafrecht geschützt sind, mag zweifelhaft sein, da unser strafrechtliches Sanktionensystem nur grobe und erhebliche Beeinträchtigungen persönlicher Rechtsgüter wie der Ehre, der Willens- und Bewegungsfreiheit wie überhaupt der körperlichen und seelischen Integrität zu erfassen geeignet ist (§§ 185 ff., 240, 253 StGB). Je nach den Umständen des Einzelfalles und nach der Intensität der Mißachtung des Willens und der Freiheit des Zeugen kann eine Nötigung, eine Freiheitsberaubung oder gar eine Aussagenerpressung durch die Glaubwürdigkeitsuntersuchung begangen werden. Aber nicht diese schweren Fälle, gegen die sich der Betroffene in der Regel zur Wehr setzen wird, sind es, welche die tägliche Praxis bedrohen. Gefährlicher sind vielmehr jene Beeinträchtigungen der Persönlichkeit des Zeugen, die noch nicht als strafrechtliches Unrecht, eher schon als unerlaubte Handlungen i. S. der §§ 823, 839 BGB erfaßt werden können. Versteht man unter einem „sonstigen Recht" i. S. des § 823 Abs. 1 BGB auch das verfassungsmäßig gewährleistete allgemeine Persönlichkeitsrecht[336] (Art. 1 und 2 GG)[337], so darf die ohne oder gegen den Willen des Zeugen durchgeführte Exploration seiner Person als widerrechtliche Verletzung dieses Integritätsrechtes bezeichnet werden, § 823 BGB. Es leuchtet auch ein, daß der Staatsanwalt, der im Ermittlungsverfahren, oder der Richter, der im Hauptverfahren die psychologische Untersuchung des Zeugen ohne Rücksicht auf dessen Zustimmung anordnet oder zuläßt, dessen Rechtsstellung mißachtet. Richter wie Staatsanwalt haben auch dem

---

[334] Dies liegt in den unten S. 93 f. näher beschriebenen Fällen der Eva-Maria A. und der Sigrid H. nahe; vgl. Anhang A S. 125 ff. und S. 128 f.

[335] Das gilt zum Beispiel in dem unten S. 93 f. beschriebenen Fall der Karin F.; vgl. Anhang A S. 120 ff.

[336] BGHZ 13, 334 (338 ff.) (Urt. v. 25. 5. 1954 — I ZR 211/53 —).

[337] Vgl. hierzu: v. Mangoldt-Klein, Komm., 2. Aufl., Art. 1 Anm. III; Wernicke in Bonner Komm., Art. 1 Erl. II, Art. 2 Erl. I d.

Zeugen gegenüber die Amtspflicht, die Justizförmigkeit des Verfahrens[338] zu wahren, § 839 BGB. Die geringe Bedeutung der bloß zivilrechtlichen Sanktionen liegt darin, daß nur in den seltensten Fällen ein materieller Schaden des Zeugen entsteht, dessen Wiedergutmachung er verlangen kann. Der Gedanke, ihm in analoger Anwendung des § 847 BGB ein Schmerzensgeld zuzubilligen, erscheint vielleicht kühn; er würde aber zu einem besseren Schutz des Zeugen führen.

7. Prozessuale Folgen der mangelnden Einwilligung

a) Beweis- und Verwertungsverbot

Aus der Vorschrift des § 81 c ist das Beweisverbot herzuleiten, daß der Zeuge anderen als den dort bestimmten Untersuchungen zu Beweiszwecken nicht unterworfen werden darf. Die ausschließliche Formulierung in § 81 c Abs. 1 Satz 1, der Zeuge darf „nur untersucht werden, soweit ...", läßt unmißverständlich erkennen, daß andere Untersuchungsmaßnahmen nicht nur im Gesetz nicht vorgesehen, sondern mit Bestimmtheit ausgeschlossen sind. Dies ergibt sich auch aus dem Zusammenhang mit Art. 2 Abs. 2 Satz 2 und 3 GG: Eingriffe in die Freiheit der Person stehen unter dem Vorbehalt des Gesetzes. Da es aber im Geltungsbereich des Grundgesetzes keine gesetzliche Vorschrift gibt, die eine Glaubwürdigkeitsuntersuchung durch den Sachverständigen erlaubt, ist sie auch als Methode der Beweissicherung im Strafverfahren verboten.

Dünnebier[339] nimmt ein Beweisverbot für die Untersuchungen zeugnisverweigerungsberechtigter Angehöriger (§ 81 c Abs. 1 Satz 2) an, die über ihr Recht, die Untersuchung zu verweigern, nicht belehrt worden sind. Er entwickelt dieses Beweisverbot zutreffend in entsprechender Anwendung der §§ 52, 55 und 252 und der festen Rechtsprechung zu diesen Bestimmungen. Das Verbot, Zeugen auf ihre Glaubwürdigkeit zu untersuchen, besteht aber nicht nur Angehörigen gegenüber; es ist vielmehr allgemein und von vornherein gegenüber jedem Zeugen in Kraft. Auf den Gedanken Dünnebiers kann aber insofern aufgebaut werden, als sie einen Schluß a maiore ad minus zulassen: Wenn schon in dem Weigerungsrecht des Angehörigen ein Beweisverbot enthalten ist, so muß sich ein solches aus dem allgemeinen Recht des Zeugen, nicht auf seine Glaubwürdigkeit untersucht zu werden, erst recht ergeben. Auch Sinn und Zweck des Weigerungsrechts und des generellen Verbots der Glaubwürdigkeitsuntersuchung sind einander ähnlich. Dort wird in erster Linie der auf dem Angehörigenverhältnis beruhende Intimbereich geachtet; hier wird der Intimcharakter der Person des Zeugen selbst geschützt.

Im Strafverfahren darf die Wahrheit über das Tatgeschehen nicht um jeden Preis und in jeder möglichen Form erforscht werden. Ein rechts-

---

[338] Eb. Schmidt, Lehrkommentar I, Erl. 14, 15 und passim.
[339] GA 53, 65 ff. (68 f.).

staatlicher Prozeß hat die schutzwürdigen Interessen des Angeklagten und nicht weniger diejenigen des Zeugen angemessen zu berücksichtigen[340]. Diese Bindung des Gesetzes und derjenigen, die das Gesetz auszulegen und anzuwenden haben, wird durch die Vorschrift des § 136a i. V. m. § 69 Abs. 3 noch betont.

Soweit das von der Strafprozeßordnung anerkannte Integritätsrecht in die Disposition des Zeugen gegeben ist, kann dieser im Einzelfall durch Verzicht auf den allgemeinen Schutz das Beweisverbot aufheben. Eine psychologische oder psychiatrische Untersuchung auf Glaubwürdigkeit ist aber grundsätzlich nicht sittenwidrig[341]; es steht daher dem Zeugen frei, in eine solche einzuwilligen und sie dadurch zu einer erlaubten Erkenntnisquelle für den Richter zu machen. Fehlt jedoch die Einwilligung des Zeugen, entweder weil er von vornherein gar nicht gefragt worden ist und deshalb überhaupt keine persönliche Entscheidung treffen konnte, oder aber weil er später seine Einwilligung widerrufen hat, so bleibt es bei dem Verbot, eine Glaubwürdigkeitsuntersuchung durch einen Sachverständigen vornehmen zu lassen.

Der Mangel der Einwilligung ist kein bloßer Formfehler[342], der ohne Einfluß auf das Beweisergebnis wäre. Je nach der Entscheidung des Zeugen kann sich nämlich die Beweiswürdigung auf die Ergebnisse der sachverständigen Untersuchung erstrecken oder nicht; das Beweisaufnahmeverfahren und die Urteilsfindung werden also sachlich und nicht bloß der Form nach berührt.

Die Bedeutung des Beweisverbotes erschöpft sich nicht darin, die Untersuchung selbst zu untersagen, vielmehr wirkt es sich dahin aus, daß die Ergebnisse einer verbotswidrig zustande gekommenen Untersuchung im Verfahren als nicht vorhanden gelten[343]. Erst wenn das Beweisverbot durch das Verwertungsverbot ergänzt wird, ist es nämlich geeignet, seine Funktion im Verfahren zu erfüllen: zu verhindern, daß Tatsachen bei der Urteilsfindung zugrunde gelegt werden, die unter Verletzung der Integrität des Zeugen ermittelt worden sind, obwohl dies verboten ist. Der Ansicht, daß ein Verwertungsverbot „ein rechtlich anerkanntes prozessuales Interesse oder Schutzrecht des Angeklagten voraussetze", die Kleinknecht[344] vertritt, kann nur dann zugestimmt werden, wenn ein prozessuales Interesse des Angeklagten auch daran angenommen wird, daß der Zeuge in keiner anderen als nach der Strafprozeßordnung zulässigen Weise zu Beweiszwecken herangezogen wird. Das Beispiel des § 136a

---

[340] Vgl. hierzu Eb. Schmidt, II, Vorb. zu §§ 52—56 Erl. 4.

[341] § 226a StGB sieht in der Sittenwidrigkeit die Grenze für eine Einwilligung in die Verletzung der körperlichen Integrität. Der Gedanke darf hier entsprechend für Eingriffe in die geistig-seelische Integrität einer Person aufgenommen werden.

[342] Vgl. hierzu Niese, S. 132 ff.

[343] Vgl. KMR, Vorb. vor § 48 Erl. 2b.

[344] KMR, a. a. O.

Abs. 3 lehrt im übrigen durch den Hinweis in § 69 Abs. 3, daß es ein Verwertungsverbot gibt, das allein wegen der Anwendung unerlaubter Methoden gegenüber dem Zeugen begründet ist.

Schließlich kann auch aus der Vorschrift des § 252 und ihrer zutreffenden Auslegung als absolutes Verwertungsverbot[345] das Ergebnis bestätigt werden, das Sachverständigengutachten, welches auf Grund einer unerlaubten Glaubwürdigkeitsuntersuchung zustande gekommen ist, dürfe in keiner Weise verwertet werden. Denn wenn schon das Ausnahmerecht eines Zeugen, sein Zeugnis zu verweigern, so folgerichtig im Gesetz durchgeführt und geschützt ist, so kann für den Schutz und die folgerichtige Anerkennung des allgemeinen Rechts der Zeugen, nicht ohne persönliche Einwilligung auf ihre Glaubwürdigkeit untersucht zu werden, nicht weniger gelten. Auch auf das Untersuchungsverweigerungsrecht nach § 81 c Abs. 1 Satz 2 wird das Verwertungsverbot des § 252 entsprechend angewandt[346]. Wenn aber für den in der Prozeßordnung geregelten Fall des weigerungsberechtigten Zeugen das Verbot aufgerichtet ist, die Ergebnisse einer nach § 81 c an sich zulässigen Untersuchung nicht zu verwerten, ohne daß dieser ausdrücklich mit der Untersuchung sich einverstanden erklärt hat, so muß dasselbe Verbot sicher dann bestehen, wenn eine nach der Prozeßordnung an sich unzulässige Untersuchung ohne Einwilligung desjenigen vorgenommen wird, von dessen Zustimmung es allein abhängt, ob der Sachverständige untersuchen darf oder nicht.

Die Unverwertbarkeit des in unzulässiger Weise erlangten Sachverständigengutachtens ist die konsequente, aber einschneidende prozessuale Folge der Mißachtung des Einwilligungserfordernisses. Auf ihr bauen weitere Folgen auf, insbesondere auch die Möglichkeit, Rechtsmittel mit Aussicht auf Erfolg einzulegen.

b) Folgen der Unverwertbarkeit für das Verfahren in der ersten Instanz

Ein Glaubwürdigkeitsgutachten, das ohne Einwilligung des Zeugen in die Untersuchung zustande gekommen ist, darf in der Hauptverhandlung in keiner Form verwertet werden. Der Sachverständige darf weder sein Gutachten vortragen, noch ist es zulässig, ihn oder einen Dritten als Zeugen über die Untersuchung zu vernehmen. Hat der Sachverständige ein Gutachten bereits schriftlich zu den Akten gegeben, stirbt aber, bevor die mündliche Verhandlung beginnt, oder ist aus anderen tatsächlichen Gründen auf absehbare Zeit verhindert, vor Gericht zu erscheinen, so scheidet auch die Verwertungsmöglichkeit des § 251 Abs. 2 aus[347], denn

---

[345] Vgl. hierzu Schneidewin, JR 51, 481 (487); KMR, § 252 Erl. 1 a; Eb. Schmidt, II, § 252 Erl. 1 ff.

[346] Vgl. KMR, § 252 Erl. 3 e.

[347] Nach RGSt 71, 11 (Urt. v. 14. 1. 1937) läßt § 251 Abs. 2 im allgemeinen die Verlesung eines schriftlich ausgearbeiteten Gutachtens zu, wenn der Sachverständige inzwischen verstorben ist.

die unzulässige Untersuchung darf auch nicht mittelbar Erkenntnisquelle der Urteilsfindung sein. Das erkennende Gericht muß sich vielmehr so verhalten, als ob der Zeuge nie auf seine Glaubwürdigkeit durch den Sachverständigen untersucht worden wäre.

c) Die Rechtsmittel der Berufung und der Revision

Verwertet das Gericht erster Instanz das Gutachten des Sachverständigen im Urteil, so können der Staatsanwalt und der Angeklagte mit der Berufung, § 312, oder gegebenenfalls mit der Revision, § 333, den Verfahrensverstoß rügen. Verletzt ist die sich aus § 81 c i. V. m. den §§ 48 ff. ergebende Rechtsnorm, daß der Zeugenbeweis nicht auf die Untersuchung der Glaubwürdigkeit durch einen Sachverständigen ausgedehnt werden darf, wenn und soweit der Zeuge nicht auf die Integrität seiner Persönlichkeit, Art. 1 Abs. 1, Art. 2 Abs. 2 Satz 2 und 3 GG, verzichtet. Dieser Mangel begründet die Revision, wenn das Sachverständigengutachten, das unter Verstoß gegen ein Beweisverbot zustande gekommen ist, im Urteil verwertet worden ist und es wahrscheinlich oder auch nur möglich ist, daß ohne die Kenntnis des Gutachtens das Urteil anders ausgefallen wäre, § 337. Die Möglichkeit ist aber immer schon dann gegeben, wenn die Aussage des Zeugen, der ohne Einwilligung auf seine Glaubwürdigkeit untersucht worden ist, zur Tatsachenfeststellung gedient hat.

Das Berufungsgericht kann daher das Urteil des erstinstanzlichen Gerichts aufheben und in der Sache selbst — ohne das Sachverständigengutachten zu verwerten — entscheiden, § 328 Abs. 1; es kann aber auch nach seinem Ermessen unter Aufhebung des Urteils die Sache zur Entscheidung an das Gericht des ersten Rechtszuges zurückverweisen, § 328 Abs. 2.

Im Revisionsverfahren muß die fristgerecht (§ 345) eingelegte Revisionsbegründung „die den Mangel enthaltenden Tatsachen angeben", § 344 Abs. 2. Es genügt die Behauptung, der Zeuge sei ohne seine Einwilligung von einem Sachverständigen auf seine Glaubwürdigkeit untersucht und die Ergebnisse dieser Untersuchung seien im Urteil verwertet worden. Stellt das Revisionsgericht fest, daß die behaupteten Tatsachen zutreffen und auf ihnen das angefochtene Urteil beruht, § 352, so hat es das Urteil aufzuheben und zur anderweitigen Verhandlung und Entscheidung zurückzuverweisen, § 354 Abs. 2. In der Tatsacheninstanz wird regelmäßig der Zeuge neu zu vernehmen sein, und wenn man dann ohne eine sachverständige Glaubwürdigkeitsuntersuchung nicht auskommen zu können glaubt, ist die Einwilligungsfrage zu klären. Erteilt er die Einwilligung, so darf er untersucht werden; verweigert er sie, so bleiben nur die Begutachtungsmöglichkeiten nach § 80[348].

---

[348] Vgl. oben S. 65 ff.

d) Das Beschwerderecht des Zeugen

Gegen die Anordnung der Glaubwürdigkeitsuntersuchung, die der Richter erläßt, ohne die Einwilligung des Zeugen vorher eingeholt zu haben, hat der betroffene Zeuge selbst die Möglichkeit, unmittelbar mit der Beschwerde vorzugehen, § 304 Abs. 1 und 2. Dieses Recht steht ihm als am Verfahren beteiligtem Dritten jederzeit, also auch unabhängig vom Urteil zu; das ist in § 305 ausdrücklich gesagt. Daß er durch die Anordnung beschwert ist, ist offensichtlich, da er über seine Zeugenpflichten hinaus von Gerichts wegen in Anspruch genommen wird.

Hilft der Richter, der die Anordnung erlassen hat, der Beschwerde nicht selbst ab, § 306 Abs. 2, 1. Halbsatz, so hat er sie sofort dem Beschwerdegericht vorzulegen, § 306 Abs. 2, 2. Halbsatz, das dann gehalten ist, die Anordnung aufzuheben, weil sie ohne die Einwilligung des Zeugen nicht ergehen durfte.

Der Zeuge ist also keineswegs einer Praxis, die sich über die Grenzen seiner Duldungs- und Mitwirkungspflichten im Strafverfahren mehr oder weniger oberflächlich hinwegsetzt, schutzlos ausgeliefert. Es liegt aber an ihm, sich seiner Rechtsstellung bewußt zu sein und sich gegen Übergriffe zu wehren.

6. Kapitel

Immanente Schranken des Strafprozeßrechts bei der freiwilligen Glaubwürdigkeitsuntersuchung

Stellt sich der Zeuge einer vom Richter, Staatsanwalt, Verteidiger oder Angeklagten für erforderlich gehaltenen Glaubwürdigkeitsuntersuchung freiwillig zur Verfügung, so wird dem Sachverständigen freie Hand gelassen, das Ziel der Untersuchung mit seinen fachgerechten Methoden zu erreichen.

Diese Methoden und ihren wissenschaftlichen Wert im einzelnen darzustellen und kritisch zu untersuchen, ist nicht Aufgabe dieser Arbeit, da dies angemessen nur vom Boden der psychologischen und psychiatrischen Wissenschaft her geschehen kann. Hier soll nur an Hand einiger Beispiele aus der Praxis, die stellvertretend für viele andere stehen, das tatsächliche Vorgehen der Sachverständigen festgehalten, seine Bedeutung für den Zeugen erörtert und seine Vereinbarkeit mit dem Strafverfahrensrecht geprüft werden. Die Hinsicht, unter der die Erörterung hier geschehen soll, ist also nicht die psychologisch-psychiatrische Fachgerechtigkeit, sondern die der Angemessenheit[349] und Zumutbarkeit nach geltendem Recht, wie es namentlich in § 136a niedergelegt ist.

Die Grundsätze und Normen der Strafprozeßordnung gelten soweit, wie sich das Verfahren und das heißt hier die Beweisaufnahme erstreckt. Es gibt keinen Bereich, in dem ein vom Richter oder Staatsanwalt beauftragter Sachverständiger und der Zeuge wie Private einander gegenüberstehen — wie Arzt und Patient etwa —, weil der Sachverständige die Untersuchung allein zum Prozeßzweck durchführt und verpflichtet ist, alles, was ihm vom Zeugen mitgeteilt wird, in seinem Gutachten zu verwerten. Darüber sollte sich der Zeuge klar sein, damit er die Situation nicht mißversteht und obendrein nicht durch Vertraulichkeit, die er bei Kenntnis der Sachlage nicht zeigen würde, den Sachverständigen in die mißliche Lage bringt, sich den Ruf eines „Doppelspielers"[350] zuzuziehen.

1. a) *Bloße Exploration*

In zwei mir bekannt gewordenen Verfahren[351] wurde zur Glaubwürdigkeit eines acht- und eines dreizehnjährigen Mädchens eine promo-

---

[349] Peters, Lehrbuch, S. 257.

[350] Vgl. F. Schwarz in der Festschrift für Pfenninger, Zürich 1956, „Strafprozeß und Rechtsstaat", S. 148.

[351] Vgl. Anhang A S. 112 ff. und S. 114 f.

vierte Jugendpsychologin gehört. Der Vater des einen und der Stiefvater des anderen Mädchens standen im Verdacht, sich an ihnen sittlich vergangen zu haben. Die Sachverständige beschränkte sich bei der Untersuchung der Kinder auf die bloße Exploration im strengen Sinne. Sie sprach mit ihnen über ihre kindlichen Interessen, ihre kindliche Welt, insbesondere ihr Zuhause. Da ihr die Rolle der Zeuginnen in den Verfahren aus den Akten bekannt war, konnte sie geschickt und ohne Bruch das Gespräch auf die fraglichen Vorgänge lenken, die Gegenstand der Anklage waren. Nachdem sie auf diese Weise Gelegenheit hatte, die Kinder etwa ein bis zwei Stunden lang zu beobachten, ergänzte sie in dem Fall des dreizehnjährigen Mädchens ihre Kenntnis vom häuslichen Milieu durch eine kurze Befragung der Mutter. Danach war sie in der Lage, eine Charakteristik der Kinder zu geben, in der sie ihre kennzeichnenden Wesensmerkmale auf dem Hintergrund altersentsprechender Entwicklung und Fähigkeiten hervorhob. Wegen der „bemerkenswerten Nüchternheit und Sachlichkeit", mit der die Dreizehnjährige von ihren Erlebnissen mit ihrem Vater erzählte, sowie wegen ihrer einem natürlichen Selbstgefühl entspringenden Offenheit und Bestimmtheit kam die Sachverständige in diesem Fall zur uneingeschränkten Bejahung der Glaubwürdigkeit. Bei der achtjährigen Karin dagegen meldete sie starke Vorbehalte an, weil das Kind sehr gehemmt, außerordentlich ängstlich und verschlossen und von „einer tiefsitzenden seelischen Beunruhigung" belastet sei. Die Ursache hierfür sah sie in dem unglücklichen häuslichen Milieu und groben Erziehungsfehlern, welche die geistig-seelische Entwicklung des Kindes gefährdeten.

b) Kritik vom Boden der Strafprozeßordnung her

Eine in dieser Weise durchgeführte Untersuchung und das an Hand psychologischer Kenntnisse gewonnene Urteil über die Glaubwürdigkeit von Zeugen unterscheidet sich nicht von den Möglichkeiten, die dem Richter und Staatsanwalt in der Vernehmung zur Verfügung stehen. Die Frage nach der Dauer des Vernehmungsgespräches kann keine Rolle spielen. Bedeutsamer ist vielleicht der Einwand, in der Atmosphäre des Gerichtszimmers und erst recht der Hauptverhandlung seien die äußeren Bedingungen ungünstiger[352]. Gerade bei Kindern mag dies in erheblichem Maße zutreffen. Es ist aber immer zu bedenken, daß sich der Richter und nicht der Sachverständige die Überzeugung von der Glaubwürdigkeit des Zeugen bilden muß, und zwar auf Grund der unmittelbaren Vernehmung (§§ 250, 261), soweit diese nicht aus rechtlichen oder tatsäch-

---

[352] BGHSt 7, 82 (Urt. v. 14. 12. 1959 — 5 StR 416/54 —): „Das Kind ist bei der Vernehmung gegenüber dem Sachverständigen in einer Lage, die der seines täglichen Lebens wesentlich näher ist als bei der Vernehmung vor Gericht. Es gibt sich natürlicher und entspannter. Deshalb ist sein Verhalten für die Beurteilung seiner Aussagetüchtigkeit ergiebiger."

lichen Gründen unmöglich ist. Da deshalb die richterliche Vernehmung auch kindlichen Zeugen oft nicht erspart werden kann, sollte — gerade auch im Interesse der Entwicklung und Beeinflussung des Kindes — eine mehrfache Ausforschung durch verschiedene Personen möglichst vermieden werden und der Richter seine eigenen Vernehmungsmöglichkeiten ausschöpfen.

2. a) *Spezielle Testverfahren, Verhaltens- und Ausdrucksdiagnostik, verbunden mit der Exploration der Persönlichkeit und des Sachverhalts*

Auf solche Testverfahren stützen sich die Ergebnisse von sechs Gutachten, die eine Diplom-Psychologin auf Ersuchen der Staatsanwaltschaft bzw. der Jugendschutzkammer beim Landgericht Hannover erstattete[353]. Die Untersuchung unterscheidet sich von den oben unter 1. a) geschilderten Beispielen durch die Einbeziehung psychologischer Testverfahren. Nun geht aus dem Bericht über den „psychischen Befund" der einzelnen Zeuginnen wohl hervor, daß spezielle Tests angewandt wurden. Man vermißt jedoch die genaue Angabe, welcher Verfahren die Sachverständige sich bedient hat und wie sie hierbei vorgegangen ist. Ausführlich wird dagegen das Gesamtergebnis der Persönlichkeitserforschung geschildert. Herkunft und altersentsprechende Entwicklung, Selbstbewußtsein und Leistungsvermögen, vor allem intellektuelle Begabung, sprachliche Ausdrucksfähigkeit, Aufmerksamkeit, Phantasietätigkeit und Suggestibilität werden bei jeder Zeugin geprüft und aus dem positiven oder negativen Befund auf die allgemeine Zeugentüchtigkeit geschlossen. In der sich anschließenden Würdigung der Sachverhaltsexploration erfährt man, daß die im Alter von sieben bis dreizehn Jahren stehenden Mädchen nur ungern von ihren Erlebnissen mit den Angeklagten berichten. Die Sachverständige selbst bezeichnet die Exploration als Belastung für die Kinder und hält sie zum Beispiel bei der siebenjährigen Brigitte R.[354] für eine ihrer Entwicklung sicherlich nicht förderliche Überforderung. Die fast zwölfjährige Karin F. brach während des Gesprächs über das Tatgeschehen mehrmals in intensives Weinen aus[355], während die ebenfalls zwölfjährigen Mädchen Sigrid und Eva-Maria den Eindruck erweckten, eher Unangenehmes zu verschweigen[356], als den Angeklagten übermäßig zu belasten.

Man liest dann weiter, daß die Sachverständige durch „absichtlich verwirrende Suggestionsfragen" Heide B. zum Beispiel nicht beeinflussen konnte, Erinnerungslücken willkürlich auszufüllen. Auch Brigitte R. fiel auf „Zwischenfragen mit stark suggestivem und verwirrendem Charakter nicht herein", und Karin F. konnte mit der Drohung, der Psychologe habe

---

[353] Vgl. Anhang A S. 116ff. und S. 125ff.
[354] Vgl. Anhang A S. 119
[355] Vgl. Anhang A S. 122
[356] Vgl. Anhang A S. 127 und S. 129

einen speziellen „Lügentest“, nur veranlaßt werden, ihre Aussagen noch knapper und sachlicher zu wiederholen.

Festgehalten zu werden verdient schließlich noch die Beobachtung, daß in allen sechs Fällen die von der Sachverständigen vorgenommene Exploration zum Sachverhalt keine zusätzlichen, belastenden oder entlastenden Tatsachen zum Vorschein brachte, vielmehr das bestätigt wurde, was in den vorausgegangenen Vernehmungen der weiblichen Kriminalpolizei bereits ermittelt worden war.

b) Kritische Überprüfung auf Vereinbarkeit mit § 136 a

So bedeutsam diese zuletzt beschriebene Beobachtung für die eventuelle Verwertbarkeit der Zeugenaussagen bei der Urteilsfindung ist und deshalb etwaige Beanstandungen der Sachverständigentätigkeit in den hier erwähnten sechs Fällen im Ergebnis unerheblich erscheinen mögen, so wichtig ist es dennoch, auf die Gefahrenpunkte der geschilderten Gutachten hinzuweisen, da es nicht auszuschließen ist, daß bei ähnlich angelegten Untersuchungen zum Sachverhalt neue Tatsachen bekannt werden können. Ihre Verwertbarkeit wäre aber zumindest zweifelhaft, wenn die Gefahr bestünde, sie könnten mit Hilfe einer gem. §§ 136 a, 69 verbotenen Täuschung oder Beeinträchtigung des Erinnerungsvermögens ermittelt worden sein.

Solange der Sachverständige bemüht ist, lediglich die Glaubwürdigkeit des Zeugen im allgemeinen zu erkennen, kann gegen die Anwendung beispielsweise eines Tests, mit dessen Hilfe der Grad der Suggestibilität festgestellt werden soll, nichts eingewendet werden. Es handelt sich insoweit um die Kontrolle des Beweiswertes[357] der Aussage mit diagnostischen Methoden, in die der Zeuge eingewilligt hat. Sobald aber der Sachverständige sich in die Exploration zum Sachverhalt einläßt, unterscheidet ihn lediglich seine auf die Glaubwürdigkeitsfeststellung beschränkte Absicht von dem Ziel, das der Richter bei der Vernehmung des Zeugen verfolgt, nämlich festzustellen, was der Zeuge zur Sache bekunden kann und ob seine Aussagen glaubhaft sind. Das äußere Verhalten von Sachverständigem und Richter ist in diesem Stadium der Beweisaufnahme aber ununterscheidbar. Entscheidend für die Frage, ob die Methoden des Sachverständigen durch das Verbot der §§ 136 a, 69 Abs. 3 beschränkt werden, ist der Umstand, daß mit der Exploration zum Sachverhalt die Möglichkeit, ja die Wahrscheinlichkeit begründet wird, daß der Sachverständige eine neue oder modifizierte Aussage des Zeugen herbeiführt[358]. Jede im Auftrage oder auch nur gelegentlich eines Auftrages der Staatsanwaltschaft oder des Gerichts ermittelte Aussage darf aber nicht in der

---

[357] Schwenck, S. 68/69.

[358] Schwenck, S. 50; Schönke, DRZ 49, 203: „Jeder Sachverständige, der über den Rahmen der ihm gestellten Aufgabe hinausgeht, macht sich damit zum Hilfsbeamten der Staatsanwaltschaft.“

durch § 136a verbotenen Form zustande kommen[359]. Dem Sachverständigen kann nicht erlaubt sein, was seinem Auftraggeber verboten ist. Anderenfalls könnte das Verbot des § 136a leicht umgangen werden, wenn auf dem Umwege über den Sachverständigenbeweis schließlich Ergebnisse in das Verfahren eingeführt würden, die mit Mitteln erreicht worden sind, die anzuwenden dem Richter oder Staatsanwalt wie auch der Polizei untersagt ist. Der Gesetzgeber hatte keine Veranlassung die Vorschrift des § 136a ausdrücklich auch auf die Tätigkeit des Sachverständigen zu beziehen, denn von Gesetzes wegen kann ein Sachverständiger gar nicht selbständig vernehmen. Unternimmt er es aber, auf der Grundlage der Freiwilligkeit des Zeugen diesen zum Sachverhalt zu explorieren, so wird er zur Wahrheitsermittlung im Strafverfahren tätig und ist damit denselben Schranken unterworfen, die für Richter und Staatsanwalt bei der Vernehmung des Zeugen ausdrücklich aufgerichtet sind, §§ 136a, 69 Abs. 3[360]. Der Bundesgerichtshof hat die Verbindlichkeit des § 136a für den Sachverständigen bestätigt. In einer Entscheidung aus dem Jahre 1958[361] erklärt er ausdrücklich, daß auch der Sachverständige, der den Angeklagten auf seine Zurechnungsfähigkeit untersucht, die Freiheit der Willensentschließung und der Willensbetätigung nicht beeinträchtigen darf. Was gegenüber dem Angeklagten recht ist, muß dem Zeugen gegenüber billig sein. Der Sachverständige hat auch hier die in § 136a gezogenen Grenzen bei seiner Untersuchung einzuhalten. Die Einwilligung des Zeugen oder des Beschuldigten kann ihn von dieser Beschränkung nicht befreien, da eine freiwillige Preisgabe der Selbstverfügungsmöglichkeit von der Strafprozeßordnung nicht beachtet wird,

---

[359] Schwarz, § 136a Erl. 1a) A; Löwe-Rosenberg, § 136a Erl. 2 und 3; KMR, § 136a Erl. 7.

[360] Vgl. die im Ergebnis übereinstimmenden Ausführungen bei Hermes, S. 24: „Besonderer Untersuchung bedarf in diesem Zusammenhang die Stellung des Sachverständigen. Auch er hat unter Umständen das Recht, die Beteiligten des Prozesses zu vernehmen (§ 80). Hier hat der Gesetzgeber indessen einen ausdrücklichen Hinweis auf die Vorschrift des § 136a unterlassen. Gleichwohl darf hier nichts anderes gelten als bei der richterlichen, staatsanwaltlichen und polizeilichen Vernehmung. Die Tätigkeit des Sachverständigen ist lediglich eine unterstützende. Sie dient nur dazu, dem Richter, der Staatsanwaltschaft oder der Polizei die Arbeit zu erleichtern. Daher kann auch der Sachverständige nicht mehr Rechte haben als seine Auftraggeber." — Vgl. auch Peters, Lehrbuch, S. 259.

[361] BGHSt 11, 211 = NJW 58, 679 (Urt. v. 4. 3. 1958 — 5 StR 7/58 —): „Was dem Richter verwehrt ist, das ist auch dem Richtergehilfen verboten (vgl. Siegert, DRiZ 53, 98/99). Das Verbot des § 136a Abs. 1 Satz 1 StPO ist auch nicht auf das Hauptverfahren beschränkt. Es besteht in jeder Verfahrenslage, also auch im Ermittlungsverfahren. Nach Abs. 3 Satz 1 der Vorschrift gilt das Verbot ohne Rücksicht auf die Einwilligung des Beschuldigten."

Vgl. auch die Anm. von Fränkel zu diesem Urteil in LM Nr. 6 zu § 1361. Zu der Bezeichnung des Sachverständigen als „Richtergehilfen" s. Seite 24ff. dieser Arbeit.

§ 136a Abs. 3 Satz 1. Die Vorschrift des § 136a i. V. m. § 69 Abs. 3 schützt die Freiheit der Willensentschließung und der Willensbetätigung wie das Erinnerungsvermögen und die Einsichtsfähigkeit des Zeugen bei der Vernehmung und also auch bei der sie ergänzenden Exploration zum Sachverhalt.

In den oben angeführten Beispielen berichtet die Sachverständige, daß sie an die sieben- bis dreizehnjährigen Zeuginnen absichtlich verwirrende Suggestionsfragen gerichtet hat. Es fragt sich, ob sie hierdurch etwa das Erinnerungsvermögen der Kinder beeinträchtigt hat. Die Ansicht, Suggestivfragen seien in unserem Strafverfahren schlechthin unzulässig, ist noch nirgendwo eingehend begründet worden[362]. Seibert[363] bemerkt zutreffend, daß doch wohl nur sachfremde Fragen dieser Art gemeint sein können[364]. Mit Hellwig[365] und Kleinknecht-Müller[366] ist vielmehr zu unterscheiden zwischen bewußten Fangfragen und Erwartungsfragen. Fangfragen werden gestellt, „um die Wirkung auf den Zeugen und damit seine Glaubwürdigkeit zu prüfen"[367], sie gefährden aber die Aussage selbst nicht.

Durch Erwartungsfragen wird die Aussage des sich nur unklar und unvollständig erinnernden Zeugen schon eher in eine falsche Richtung gelenkt. Aber eine Beeinträchtigung des Erinnerungsvermögens selbst kann durch die bloße Anregung, die in solchen Fragen liegt, nur in Ausnahmefällen, nämlich bei solchen Zeugen eintreten, die über so wenig Eigengewicht und Selbstkritik verfügen, daß sie die Gegenstände ihrer tatsächlichen Erinnerung von jenen in der Erwartungsfrage nahegelegten Gegenständen nicht mehr zu unterscheiden vermögen.

Die von der Sachverständigen gestellten Fragen waren zwar — nach ihren eigenen Worten — geeignet, die Kinder zu verwirren, sie hatten aber gerade das Ziel, die Beeinflußbarkeit bzw. die Unumstößlichkeit ihrer Aussagen zu ergründen, nicht aber den Inhalt der Aussagen zu verändern. Diese Prüffunktion macht sie mit § 136a vereinbar[368].

Die Tatsache, daß die Exploration zum Sachverhalt als solche für die Kinder eine Belastung darstellte, die sich in einem Fall sogar in heftigem Weinen äußerte, legt noch nicht den Gedanken an Quälerei[369] im Sinne von § 136a Abs. 1 Satz 1 nahe. Nicht die Art und Weise, wie die Sachverständige die Mädchen auf ihre Erlebnisse ansprach, war nämlich schmerzhaft für sie, sondern die Erinnerung als solche an jene ihnen peinlichen und unangenehmen Situationen, denen sie ihrer Entwicklung

[362] Auch nicht bei Eb. Schmidt, § 241 Erl. 8, bei Löwe-Rosenberg (20), § 241 Erl. 6b und bei Peters, Lehrbuch, S. 183.

[363] NJW 57, 780.

[364] Vgl. auch BGHSt 2, 284 (288 f.) (Urt. v. 22. 4. 1952 — 1 StR 96/52 —).

[365] Psychologie und Vernehmungstechnik, S. 267.

[366] KMR, § 69 Erl. 3 k.

[367] KMR, a. a. O.

[368] Ebenso Hellwig, S. 274 ff.

[369] Hierzu Hermes, S. 49; Schwenck, S. 57.

nach noch nicht gewachsen waren, bereitete ihnen Qual. Hiervor konnte sie aber die Sachverständige ebensowenig wie der Richter bewahren. Diese Belastung gehört vielmehr zu den Nachwirkungen der Tat, deren Aufhellung Gegenstand der Beweisaufnahme ist.

Kritischer ist dagegen die Drohung mit dem „Lügentest" zu betrachten. Zwar handelt es sich hierbei nicht um eine „Drohung mit einer nach den Vorschriften des Strafverfahrensrechts unzulässigen Maßnahme" i. S. des § 136a Abs. 1 Satz 3. Der „Lügentest" ist nicht mit dem „Polygraphen" zu verwechseln, dessen Anwendung sicherlich die Freiheit der Willensentschließung und Willensbetätigung des Zeugen verletzt und deshalb im Strafverfahren unzulässig ist[370].

Man kann aber in diesem Verhalten der Sachverständigen eine Täuschung des Kindes sehen, die geeignet ist, das Wie seiner Aussagefreiheit zu beeinträchtigen.

Während dem Beschuldigten vollständige Freiheit eingeräumt ist, ob und wie[371] er sich äußern will (§ 136 Abs. 1 Satz 2), kann der Zeuge mit den gesetzlich vorgesehenen Mitteln der Ordnungsstrafe und Beugehaft (§ 70) zur Aussage gezwungen werden. Er kann aber auch nur mit diesen Maßnahmen dazu angehalten werden, überhaupt etwas zu bekunden. Wie er dagegen seine Aussage macht, wahrhaftig oder sogar wahrheitsgemäß, unwahr oder sogar unwahrhaftig, das steht dem Zeugen völlig frei, und diese Freiheit kann und darf durch keinerlei Zwang oder Druck beeinträchtigt werden.

Die Drohung mit dem „Lügentest" erzeugt aber einen psychischen Druck auf den Willen des Mädchens, weil es in seiner kindlichen Vorstellung glauben muß, der Psychologe könne im Einzelfall, und zwar gerade bei dieser seiner Aussage über die Erlebnisse mit dem Angeklagten mit Sicherheit feststellen, ob sie lüge oder nicht. Dabei erliegt es jedoch einer Täuschung; denn ein psychologischer Test kann immer nur die Neigung eines Menschen zur Lüge oder zur Wahrheit erhellen[372]. Zwischen dieser Charakterdiagnose[373] und dem Urteil im Einzelfall bleibt aber immer ein Rest an Ungewißheit, den ein Erwachsener als Entscheidungsspielraum für die Wahrheit gebrauchen, aber auch als Entscheidungsspielraum für die Unwahrheit mißbrauchen kann. Ein Kind aber, das diese Zusammenhänge nicht kennt, verliert infolge der Täuschung die Freiheit, die Wahrheit oder die Unwahrheit zu sagen, weil es sich irrtümlich für durchschaubar hält.

---

[370] Seit BGHSt 5, 332 (Urt. v. 16. 2. 1954 — GS 1 StR 578/53 —) endgültig entschieden; ebenso Eb. Schmidt, § 136a Erl. 9; KMR, Vorb. 1 h) II vor § 48; Löwe-Rosenberg, § 136a Erl. 9 d); Schwarz, § 136 Erl. 1 c; dagegen halten Schwenck, S. 40 ff., und Less, DRZ 1950, 322 den „Lügendetektor" für zulässig, weil er „lediglich den Eindruck objektiviere, den die Reaktion des Zeugen bei seinen Befragern mache".

[371] Eb. Schmidt, § 136 Erl. 9.

[372] Vgl. die Stellungnahme des Generalstaatsanwalts in Celle, oben S. 71 f.

[373] Pauli-Arnold, S. 216 ff., 301; Meili, S. 142 ff.

Nun hat man bei der Begriffsbestimmung der Täuschung in § 136a Abs. 1 mancherlei Vorbehalte gemacht, in der Sorge, die Strafverfolgung könne auf die Anwendung von Listen und Tricks nicht verzichten[374]. Laux[375] will den Begriff für § 136a gegenüber seiner Bedeutung in § 263 StGB einschränken, indem er in der Unterdrückung von Tatsachen keine Täuschung der Vernehmungsorgane sieht, weil nicht diese, sondern der Zeuge oder Beschuldigte die erforderlichen Tatsachen vorzubringen hat[376]. Diese Auffassung ist vertretbar, soweit sie den Vernehmenden nicht verpflichtet, etwas zu tun, um den Zeugen oder Beschuldigten aufzuklären, der sich ohne ihr Zutun in einem der Wahrheitsfindung dienlichen Irrtum oder in einer der Sache nützlichen Unwissenheit befindet. Das Strafverfahren trägt im Verhältnis von Vernehmungsbehörde und Auskunftspersonen, in erster Linie dem Angeklagten, aber auch den Zeugen, unverkennbare Züge eines Kampfes. Die Vernehmungsmethoden müssen dem jeweiligen tatsächlichen Vertrauens- oder Mißtrauensverhältnis zwischen Vernehmenden und Vernommenen adäquat sein. Allerdings darf dabei die Grenze lauteren Verhaltens von Justiz und Kriminalpolizei nie unterschritten werden, damit sie ihre sittliche Überlegenheit nicht einbüßen[377]. Es genügt nicht, aus § 136a nur die Richtlinie herauszulesen, „der vernehmende Beamte dürfe den Beschuldigten nicht durch grobes Anlügen erschüttern"[378]. Der Grundsatz lautet vielmehr: Keine Täuschung ist erlaubt, die den Zeugen oder Beschuldigten in der Freiheit, seine Aussage nach Belieben zu gestalten, beeinträchtigt; der Vernehmende ist lediglich nicht verpflichtet, zu einer der Wahrheitsfindung ungünstigeren Vernehmungssituation durch Aufklärung beizutragen.

Die Sachverständige in unserem Fall hat aber von sich aus etwas getan, wodurch die Zeugin getäuscht worden ist. Da das Mädchen infolge der Täuschung unfrei gemacht worden ist, muß das Vorgehen der Sachverständigen als mit § 136a Abs. 1 unvereinbar bezeichnet werden. Etwaige in dieser Unfreiheit geäußerte Bekundungen der Zeugin dürfen gem. § 136a Abs. 3 nicht verwertet werden. Die Exploration zur Sache im Fall der Zeugin Karin F. ist damit für das Verfahren und die Urteilsfindung wertlos geblieben. Dies wäre aber erst deutlich in Erscheinung getreten, wenn Karin bei der Sachverständigen weitere Tatsachen be-

---

[374] Eb. Schmidt, § 136a Erl. 13: „Man ist sich darüber einig (Erbs, NJW 51, 388; Dallinger, SJZ 50, Sp. 734; Pauli, DRZ 50, 462/3; Peters, S. 261/2), daß nur eine ‚vorsichtig einschränkende Auslegung' hier Ergebnisse vermeidet, die die Ermittlungstätigkeit der Strafverfolgungsbehörde lahmlegen."

[375] SchlHA 1951, 39.

[376] Diese Ansicht haben sich KMR, § 69 Erl. B f, Schwenck, S. 64 und Hermes, S. 53 ebenfalls zu eigen gemacht.

[377] Vgl. hierzu Radbruch in Sauer-Festschrift, 1949, S. 124ff., der zum Beispiel Lockspitzel und Aushorschen durch einen angeblichen Zellengenossen für unvertretbar hält. Anderer Ansicht Laux, a. a. O. und KMR, § 69 Erl. 3 f.

[378] Eb. Schmidt, § 136a Erl. 13, will sich auf diese Richtlinie beschränken.

kundet hätte als in den voraufgegangenen polizeilichen Vernehmungen oder in der späteren Hauptverhandlung.

Unabhängig hiervon ist der Fall bezeichnend dafür, wie genau das Verhalten der Sachverständigen während der Exploration vom Gericht zu prüfen ist, um etwaige bewußt oder unbewußt geschehene Verstöße gegen die Schranken des § 136a rechtzeitig zu beanstanden und eine Verwertung der auf unzulässigem Wege zustande gekommenen Ergebnisse zu vermeiden.

Damit das Gericht oder auch schon der Staatsanwalt diese Aufgabe erfüllen kann, ist es erforderlich, daß die Sachverständigen nicht nur die Auswertung ihrer Untersuchung in ihrem Gutachten vorlegen oder vortragen, vielmehr ist eine genaue Wiedergabe der Art und Weise der Untersuchungsmethoden selbst zu verlangen. Es genügt nicht, daß sie sich wie bei den hier in Frage stehenden sechs Gutachten lediglich auf die Mitteilung beschränken, dies oder jenes sei auf Grund spezieller Testverfahren ermittelt worden. Eine solche bloße Andeutung irgendeiner Methode versetzt den Auftraggeber nicht in die Lage, zu überprüfen, ob die Explorationstechnik im Rahmen des rechtlich Zulässigen geblieben und deshalb die Ergebnisse ohne Einschränkung verwertet werden dürfen.

3. a) Nervenfachärztliche Gutachten nach tiefenpsychologischen Gesichtspunkten

Eine Fachärztin für Nervenkrankheiten erstattete in drei Fällen[379] Gutachten über kindliche Zeugen, die nach ihren Aussagen Opfer von Sittlichkeitsdelikten geworden waren. Ihre Untersuchung bestand in einer mehrstündigen Beobachtung der Kinder bei freiem Spiel, in einem sich daran anschließenden Gespräch über dieses Spiel und über ihre Erlebnisse mit den Angeklagten sowie in der Durchführung eines Spiel-Tests (Sceno-Test)[380] und dessen Auswertung nach tiefenpsychologischen Gesichtspunkten. Die Kenntnisse von der körperlichen und psychischen Entwicklung der Kinder, den häuslichen Verhältnissen und etwaigen persönlichen Auffälligkeiten verschaffte sich die Sachverständige durch eingehende Aussprachen mit den Müttern und im Fall des vierzehnjährigen Heinrich R. außerdem durch eine Unterhaltung mit dem in der Familie lebenden „Verlobten" der Mutter, die Kriegerwitwe war.

Im Gegensatz zu den früher erörterten Beispielen berichtet die Sachverständige im ersten Teil ihres Gutachtens ausführlich und im einzelnen, was sie mit den Kindern gesprochen und getan hat[381]. Sie gibt die Äußerungen der Kinder während des allgemeinen Gesprächs wieder, in dem sie festzustellen versuchte, wie weit die Kinder über geschlechtliche Vorgänge Bescheid wußten, woher sie ihr etwaiges Wissen hatten und inwie-

---

[379] Vgl. Anhang A S. 129 ff. und S. 136 ff.

[380] V. Staabs, S. 9 ff.

[381] Vgl. Anhang A S. 132 ff. und S. 137 ff.

weit die zu ihrer Aufklärung berufenen Eltern und Erzieher es ihnen aus Angst oder Unvermögen selbst überlassen hatten, ihre Neugierde zu befriedigen. Sie beschreibt alsdann genau, wie die Kinder bei ihrem Spiel mit dem Sceno-Baukasten[382] vorgegangen sind, welche Personen, Tiere oder Gegenstände sie in die Hand genommen und in welcher Weise sie schließlich mit dem zur Verfügung stehenden Material eine Scene aufgebaut haben. Die fertige Scene hält die Sachverständige außerdem noch in einem Photo fest. Auch die Erklärungen, die die Kinder auf ihre Aufforderung hin zu ihrem aufgebauten Spiel geben, führt sie wörtlich an.

Dieselbe Genauigkeit zeichnet die Wiedergabe der Exploration zum Tatgeschehen aus. Sie befragt die Kinder, ohne irgendeinen Einfluß auf ihren Willen zur Aussage zu nehmen. Ihre Fragestellung ist unvoreingenommen, sachlich und geeignet, den Kindern zu helfen, ihr Erlebnis so genau wie möglich zu beschreiben. Die elfeinhalbjährige Margrit W. und der vierzehnjährige Heinrich R. sind dieser Vernehmungsweise schon zugänglich und einigermaßen gewachsen. Dagegen gelingt es nicht, der achtjährigen Helga W. in solcher sachlich-nüchternen Art auch nur das geringste zu entlocken. Auf die Frage, warum sie denn eigentlich zur Untersuchung gekommen sei, gibt sie keine Antwort und verstummt vollkommen.

Der zweite Teil des Gutachtens enthält die Beurteilung der Kinder im Hinblick auf ihre sexuelle Aufgeklärtheit und ihre Glaubwürdigkeit in Fragen, die geschlechtliche Vorgänge oder Beobachtungen betreffen. Die Auswertung der Exploration, insbesondere des Sceno-Tests, geschieht nach tiefenpsychologischen Gesichtspunkten[383], deren Überzeugungskraft für denjenigen, der sich in diesen wissenschaftlichen Bemühungen nicht auskennt, zweifelhaft erscheinen kann. Die Sachverständige versucht zwar, ihre Ansichten allgemeinverständlich zu machen, aber ihr Mißtrauen gegenüber der Zuverlässigkeit der kindlichen Aussagen erweckt den Eindruck, trotz aller äußeren Sachlichkeit die Bedeutung geschlechtlicher Neugierde und Antriebe für die Aussagetreue kindlicher Zeugen zu überschätzen. Sexuelle Phantasie beherrscht Kinder nur selten in solchem Maße, daß sie wirkliche und nur vorgestellte Erlebnisse nicht mehr unterscheiden können. Die Tatsache, daß die tiefenpsychologische, d. h. hier die sexual-psychologische Auswertung die Sachverständige bei allen drei Kindern zur Verneinung der Glaubwürdigkeit führte, legt die Vermutung nahe, daß die Beurteilung der Gesamtpersönlichkeit der Zeugen von ihrem Wissen um sexuelle Dinge abhängig gemacht worden ist.

b) Kritische Überprüfung auf Vereinbarkeit mit § 136 a

Wenn sich die Exploration zur Sache in diesen Beispielen kaum von einer dem Richter oder Staatsanwalt erlaubten und auch tatsächlich

---

[382] Vgl. Staabs, S. 15 ff.

[383] V. Staabs, S. 31 ff.

durchführbaren Vernehmung unterscheidet, so ist doch zu beachten, daß die gesamte Untersuchung so einheitlich angelegt und ausgerichtet ist, daß die Erforschung der allgemeinen Persönlichkeit und Glaubwürdigkeit sich kaum von der speziellen Erforschung des Tatgeschehens trennen läßt. Nicht die klaren und mit ihren früheren Aussagen übereinstimmenden Darstellungen der Zeugen von der Tat bestimmen die Sachverständige, Heinrich R. wie Margrit W. für unglaubwürdig zu halten, sondern die mit Hilfe des Sceno-Tests erlangte Kenntnis davon, wie die Kinder unbewußt zu ihrer eigenen Sexualität stehen.

Der Sceno-Test gehört zu jenen projektiven Verfahren[384], bei denen der Untersuchte eigene Wünsche, Konflikte und Ängste in dem von ihm aufgebauten Spiel unbewußt darstellt oder darstellen kann. Er ist von G. von Staabs entworfen worden, um mit seiner Hilfe Neurosen, d. h. verdrängte seelische Konflikte, bei Kindern zu erkennen und heilen zu können. Der Test mündet in die Spieltherapie[385] ein. „Das Material besteht ... aus kleinen Puppen, Tieren, Bäumen und anderen kleinen Spielzeugen, und die Versuchsperson ist ganz frei, damit zu machen, was sie will, bzw. sie wird aufgefordert, etwas damit aufzubauen. ... Die Versuchsperson handelt frei und spielt daher in gewissem Maße in symbolischer Weise gewisse Rollen und baut sich eine ‚Welt', die irgendwie ihren inneren Tendenzen entspricht"[386].

Diese Charakterisierung des tiefenpsychologischen Tests macht deutlich, in welchem Maße er auf die Auswertung und Deutung durch den Psychologen angewiesen ist. Aber nicht so sehr diese Tatsache interessiert für die Zulässigkeit im Rahmen des Sachverständigenbeweises, sondern mehr die Frage, ob durch seine Anwendung bei der Untersuchung des Zeugen auf seine Glaubwürdigkeit etwa die Aussagefreiheit in einer mit § 136a unvereinbaren Weise angetastet wird. Denn es ist immer im Auge zu behalten, daß die im Auftrage des Gerichts oder der Staatsanwaltschaft durchgeführte Untersuchung im Rahmen und zum Zwecke eines rechtlichen Verfahrens geschieht und scharf zu unterscheiden ist von jedem diagnostischen oder therapeutischen Zweck, zu dem in seinem privaten und persönlichen Bereich sich jeder stellen mag, wie er es für richtig hält. Wenn § 136a eine Reihe von Möglichkeiten aufzählt, die geeignet sind, die Willensfreiheit und Erinnerungsfähigkeit zu beeinträchtigen, so kann der Grundgedanke, der hinter dem Verbot steht, nicht da enden, wo die Aufzählung der Maßnahmen abbricht[387]. Das Prinzip, das der Vorschrift

---

384 Vgl. oben Anm. 289.

385 Vgl. v. Staabs, S. 9ff.

386 Meili, S. 204.

387 Baader, JZ 51, 123, kritisiert die Fassung der Vorschrift: „Es hätte genügt, das Prinzip anzuerkennen, indem man die Freiheit der Willensentschließung und der Willensbetätigung des Beschuldigten gesetzlich garantierte und prozeßrechtlich unzulässigen Zwang ausschloß (Abs. 1 S. 2). Der im ersten Satz eingefügte Katalog der verbotenen Mittel war überflüssig."

Vgl. auch Erbs, NJW 51, 386ff. KMR, § 136 Erl. 1a (4) halten eine Aus-

des § 136 a zugrunde liegt, ist der Schutz der Personenwürde (Art. 1 GG), deren verletzlicher Kern die Willens- und Entscheidungsfreiheit ist; zugleich wird in dieser Bestimmung aber auch das Ethos des rechtsstaatlichen Verfahrens gewahrt. Bei der Untersuchung durch den Sachverständigen so wenig wie bei der Vernehmung durch den Richter darf daher weder mit noch ohne den Willen des Zeugen seine Aussagefreiheit beeinträchtigt werden.

Der Sceno-Test ist ein, wenn auch verhältnismäßig oberflächliches Mittel zur tiefenpsychologischen Analyse[388]. Die Psychoanalyse, wie sie von Freud[389] zu Heilzwecken sowohl praktisch angewandt als auch wissenschaftlich zu begründen versucht und von seinen Schülern Adler[390] und Jung[391] entwickelt wurde, läßt zwar dem Patienten die äußere freie Bestimmung seiner Ausdrucksmittel, sie entzieht ihm aber die Kontrolle über den Inhalt seiner Äußerungen. Der Psychoanalytiker will nämlich an unbewußt und ungewollt gemachten Äußerungen erkennen, wie der psychische Zustand seines Patienten beschaffen ist[392/393]. Der Vorgang kann etwa mit einer Röntgenuntersuchung verglichen werden. Der Kranke stellt sich freiwillig vor die Apparatur, aber er hat es nicht mehr in der Hand, darüber zu entscheiden, wie weit das Auge des Röntgenologen in seinen Knochenbau hineindringen darf oder nicht. Ähnlich verhält es sich mit dem Zeugen, der mit einem tiefenpsychologischen Test einverstanden ist. Er begibt sich jeglicher weiteren willentlichen Kontrolle über seine Äußerungen, er öffnet dem Tiefenpsychologen einen unbeschränkten Zugang zu seinem Intimbereich. Diese Tatsache wird heute kaum mehr als so bedeutsam empfunden, wie man wohl erwarten könnte. Vielleicht hat sich die Neugierde nach den Ergebnissen der neuen psychologischen Wissenschaft — und das nicht nur bei den Zeugen, sondern bei allen Prozeßbeteiligten— so gesteigert, daß der Umschlag in den seelischen Exhibitionismus[394] als solcher gar nicht mehr wahrgenommen wird.

---

dehnung der Vorschrift auf andere gleich unangemessene Maßnahmen für möglich.

[388] Vgl. v. Staabs, S. 31.

[389] S. Freud, Über Psychoanalyse, Wien, Deuticke 1910; Fünf Vorlesungen über Psychoanalyse, 10. Aufl., 1947.

[390] A. Adler, Praxis und Theorie der Individualpsychologie, München 1912; Über den nervösen Charakter, Wiesbaden 1912.

[391] C. J. Jung, Versuch einer Darstellung der psychoanalytischen Theorie, Zürich 1912.

[392] „Da der Sceno-Test Rückschlüsse auf die unbewußte Problematik einer Versuchsperson zuläßt, ist er indiziert, wenn neben bewußten Strukturbestandteilen Einblicke speziell in die unbewußten Haltungen, Strebungen und Konflikte gewonnen werden sollen." So v. Staabs, S. 32.

[393] Kritisch und richtungweisend zum allgemeinen Verhältnis von Psychoanalyse und Strafrecht: Lange, S. 64 ff.

[394] Karl Korn in der FAZ vom 16. 5. 1961 „Seelischer Exhibitionismus als Signatur unserer Zeit". Kranz, S. 35, gebraucht den Ausdruck im Zusammenhang mit der Warnung vor der Narkoanalyse.

Mag im ärztlichen und privaten Bereich das Vertrauen, das der Patient dem Psychotherapeuten oder Tiefenpsychologen entgegenbringt, angebracht und vielleicht unentbehrlich sein; ist doch auch der Psychologe oder Psychiater in Ehrfurcht vor dem verletzlichen menschlichen Wesen rechtlich durch die Wahrung der ärztlichen Schweigepflicht zur Wahrung der Intimsphäre verpflichtet. Der Sachverständigenbeweis aber wird zum Zwecke der Wahrheitsermittlung in einem prozessualen Verfahren erhoben, in dem die vollständige Verfügungsfreiheit des Zeugen auch über den Inhalt seiner Aussage im einzelnen vorausgesetzt wird; jedenfalls darf während der Beweisaufnahme nichts unternommen werden, was diese Aussagefreiheit ausschließt oder auch nur vermindert. Daran kann auch eine Einwilligung des Zeugen nichts ändern, weil das Beweisverbot des § 136 a unabhängig von Wille und Einverständnis der Beteiligten besteht, § 136 a Abs. 3 Satz 1. Hinzu kommt, daß der Bereich des Strafprozesses ein öffentlicher ist und die geheimste und intimste Psychoanalyse durch den Sachverständigen damit rechnen muß, in die Öffentlichkeit der Hauptverhandlung hineingezogen zu werden. Hier würde schließlich für jeden Beobachter zu erkennen sein, wie das tiefenpsychologische Verfahren, in dem der Zeuge unbewußt und ungewollt die intimsten Regungen seiner Person preisgibt, in unerträglicher Weise in die Aussagefreiheit eingreift. Die tiefenpsychologische Analyse ist daher in einem rechtsstaatlichen Verfahren, das die Aussagefreiheit unabdingbar voraussetzt, bei der Exploration des Zeugen nicht zu vertreten.

Für die Erforschungsmethode der Narkoanalyse ist man sich seit den Auseinandersetzungen anläßlich des Karlsruher Falles (Fall Dehm) im Jahre 1949 darüber einig geworden, daß ihre Anwendung unzulässig ist[395]. Da aber die Narkoanalyse „nichts anderes ist als eine abgekürzte, mit chemischen Mitteln künstlich durchgeführte Psychoanalyse"[396], müssen die Ergebnisse beider Methoden gleich behandelt werden.

Ist der Sceno-Test nur ein kleiner, bescheidener Schritt auf dem Wege zur Psychoanalyse[397] im vollen Sinne, so ist er doch als tiefenpsychologisches Verfahren geeignet, in den Intimbereich des Zeugen einzudringen, ohne daß dieser sich dagegen wehren kann. Die Ausnutzung dieser Wehrlosigkeit zum Zwecke der Wahrheitsfindung im Prozeß verstößt gegen die einem rechtlichen Verfahren immanenten Schranken, weil mit der Beeinträchtigung der Selbstverfügbarkeit der Person ihre Freiheit verletzt wird[398]. Die mit Hilfe des Sceno-Tests gewonnenen tiefen-

---

[395] Eb. Schmidt — K. Schneider in SJZ 49, 449; Schönke, DRZ 49, 203; 50, 145; Peters, JR 50, 47; Niese, ZStrW 63, 199; OLG Hamm, DRZ 50, 212. Selbst Less, DRZ 50, 322, hält die Narkoanalyse gegen den Willen des Zeugen für unzulässig; er meint allerdings, mit Zustimmung des Zeugen sei sie anwendbar, übersieht aber dabei offensichtlich, daß in einem rechtsstaatlichen Verfahren die frei Selbstverfügung der Person unverzichtbar ist.

[396] Kranz, S. 10; vgl. auch Niese, ZStrW 63, 199 ff.

[397] Vgl. Kranz, a. a. O.

[398] Niese, a. a. O., S. 213: „Es war die große Errungenschaft des reformierten

psychologischen Untersuchungsergebnisse dürfen daher zur Urteilsfindung nicht verwertet werden.

4. a) Psychiatrisch-psychologische Untersuchung und stationäre klinische Beobachtung

Als viertes und letztes Beispiel soll ein nervenfachärztliches Gutachten eines Jugendpsychiaters erwähnt werden, das auf Grund psychiatrisch-psychologischer Untersuchung und mehrwöchiger klinischer Beobachtung erstattet wurde[399].

Der siebzehnjährige Oberschüler Hartmut K. begab sich mit dem Einverständnis seiner Eltern in die Klinik und in die Hände des Arztes. Er sollte als einziger Belastungszeuge in einem Verfahren wegen § 175 StGB gegen einen angesehenen Diplom-Volkswirt und Familienvater auf seine Glaubwürdigkeit hin untersucht werden.

Der Sachverständige geht im wesentlichen in der von Kretschmer[400] empfohlenen und bewährten Art und Weise vor. Er trennt scharf zwischen dem Bericht über die Ermittlung der Untersuchungsergebnisse und der eigentlich sachverständigen Würdigung der Befunde.

In einem eingehenden Gespräch mit der Mutter des Zeugen und einem weiteren Gespräch mit seinem Lateinlehrer unterrichtet sich der Sachverständige über das familiäre und schulische Milieu, in dem der Junge lebt; er fragt nach seiner Kindheit, nach seiner charakterlichen Entwicklung, nach besonders auffallenden Eigenarten und hervorstechenden Fähigkeiten. Er erfährt auch, was die Mutter und der Lehrer über seine Beziehungen zu dem Angeklagten wissen und wie es dazu kam, daß Hartmut schließlich seiner Mutter von seinen Erlebnissen erzählte. Nachdem der Sachverständige sich ein Bild davon machen kann, wie der Zeuge von seiner nächsten täglichen Umgebung gesehen und beurteilt wird, beginnt er mit der Untersuchung des Jungen selbst. Er läßt ihn zuerst seinen Lebenslauf schreiben — und zwar so, wie Hartmut es für richtig hält, ohne ihn in irgendeiner Richtung zu beeinflussen. Es schließt sich eine gründliche körperliche Untersuchung (internistisch, neurologisch, Blut und Urin sowie Chediakuntersuchung[401]) an. Dann beginnt er mit der Erhebung des psychischen Befundes. Er führt den Intelligenztest nach Binet-Bobertag-Norden[402] durch, indem er dem Jungen eine Reihe er-

Strafprozesses, das Kulturinteresse an der Freiheit und Würde der Persönlichkeit in die Prozeßidee selbst einbezogen zu haben, indem sie nicht mehr lautete: Feststellung der Wahrheit um jeden Preis, sondern: Feststellung der Wahrheit unter Wahrung der persönlichen Freiheit und Würde des Beschuldigten im Strafprozeß." — Was aber dem Beschuldigten recht ist, das ist für den Zeugen billig!

399 Vgl. Anhang A S. 145 ff.

400 Medizinische Psychologie, S. 241 ff.

401 Chediakuntersuchung ist eine Untersuchung auf Syphilis.

402 I. Norden, „Das Binetarium", Stuttgart 1953; Meili, S. 64 ff.; Pauli-Arnold, S. 137 ff.; Kretschmer, S. 248 ff.

probter Fragen und kleinere Denkaufgaben aufgibt, die es ermöglichen, seinen Wissensstand und die Fähigkeit, mit seinen Kenntnissen zu arbeiten, zu beurteilen. Mit Hilfe des Wechsler-Intelligenztests[403] wurde seine Gedächtnistreue geprüft. Bilder, die dem Zeugen zum erstenmal zu Gesicht kommen, stellt er richtig zusammen. Nach zwei Tagen wird er über den Inhalt der Bilder befragt und seine Darstellung aus der Erinnerung schriftlich festgehalten. Die Aufgabe des Wartegg-Erzähltests[404], aus drei Anfängen von Erzählungen einen auszuwählen und diesen zu einer abgerundeten Darstellung auszugestalten, greift der Zeuge gerne auf, während ihm der Wartegg-Zeichentest[405] nicht liegt. Es bereitete ihm Schwierigkeiten, aus den gegebenen acht Bruchstücken von Zeichnungen — Punkten, Strichen, Linien — etwas zu machen. Hartmut wird weiter aufgefordert, aus einem Bücherkatalog diejenigen Titel auszuwählen, die ihn besonders interessieren.

Das Hauptstück der psychologisch-psychiatrischen Untersuchung besteht in den Hauptaussprachen oder Explorationen, die an mehreren Tagen durchgeführt werden. Hauptthema dieser Gespräche ist das Verhältnis des Jungen zu dem Angeklagten, wobei denn auch Einzelheiten des Tatgeschehens zur Sprache kommen. Der Sachverständige gibt den Inhalt dieser Gespräche bald in direkter, bald in indirekter Rede wieder, so daß Staatsanwalt und Richter genau erfahren, was der Junge dem Arzt anvertraut hat. Man hört allerdings nichts davon, in welcher Form der Sachverständige seinerseits den Jungen zum Reden gebracht hat.

Die eigentliche sachverständige Beurteilung des Zeugen, seines Charakters und seiner Glaubwürdigkeit schließt sich in kurzen, knappen Worten an die Darstellung von Untersuchung und Befunden an. Die Feststellung, daß der zwar leicht bestimmbare Junge keinerlei Neigung zu geltungssüchtiger Prahlerei und Lügnerei habe, vielmehr durch nüchterne und sachliche Art auffalle und glaubwürdig sei, wird später unvermutet durch ein uneingeschränktes Geständnis des Angeklagten in der Hauptverhandlung bestätigt.

b) Kritische Überprüfung auf Vereinbarkeit mit § 136 a und dem Unmittelbarkeits- und Öffentlichkeitsprinzip

Es ist anzuerkennen, wie genau der Sachverständige über seine Untersuchungsmaßnahmen und Ergebnisse berichtet. Seine Untersuchungsweise, insbesondere die verbale Exploration und die psychologischen Intelligenz- und Gedächtnistests, liegt durchaus im Rahmen dessen, was in einem rechtlichen Verfahren zulässig erscheint. Auch mit dem Erzähl-Test dringt der Sachverständige in keiner dem Zeugen unerkennbaren Weise in dessen Persönlichkeitsbereich ein. Bei solchen psychologischen Tests handelt es

---

[403] A. Weidner, „Methoden zur Intelligenzprüfung nach Wechsler", in E. Stern, Die Tests in der klinischen Psychologie, Bd. I, 1954; Meili, S. 83 ff.

[404] Pauli-Arnold, S. 211.

[405] Pauli-Arnold, S. 257 ff.; vgl. auch Anm. 238 dieser Arbeit.

sich lediglich um die Prüfung von Leistungsfähigkeiten intellektueller Art, wie sie etwa vom Lehrer auch an seinen Schülern vorgenommen werden kann.

Fraglich ist, ob der Wartegg-Zeichentest sich auf diese Funktion beschränkt. Er zählt nämlich zu den sogenannten projektiven Verfahren, die zu Persönlichkeitsuntersuchungen dienen. Er hat den Sinn, „aus den zeichnerischen Gestaltungssymptomen und den mit ihnen verbundenen Sinnerfülltheiten“[406] Charakterzüge zu enthüllen. Aus der Druckfestigkeit, der Form und der Sorgfältigkeit der Linienführung will der geschulte Psychologe, ähnlich wie der Graphologe aus den Schriftzeichen, Charaktermerkmale der Versuchsperson erkennen können. So schwierig es sein mag, über Sicherheit und Wert der Test-Ergebnisse ein Urteil zu fällen, da an der Kunst des Sachverständigen, die Zeichnungen auszuwerten und zu deuten, vieles, wenn nicht alles gelegen ist, so klar liegt es doch auf der Hand, daß der Zeuge dem Sachverständigen Einblick in Persönlichkeit und Charakter gewährt, ohne hierüber eine genaue Kontrolle zu haben. Geht man davon aus, daß in der zeichnerischen Darstellung Gestaltungskräfte zum Ausdruck gelangen, „die charakterologische Qualitäten“ erkennen lassen[407], so begibt sich die Versuchsperson während der Durchführung des Tests der Fähigkeit, über ihre Ausdrucksinhalte frei zu verfügen. Sie weiß wohl, was sie zeichnet und darstellt, es ist ihr aber verborgen, wie weit sie ihren Charakter dem Sachverständigen enthüllt. Dieser tiefenpsychologische Einschlag des Wartegg-Zeichentests bringt es daher mit sich, daß für seine Anwendung im Rahmen des Sachverständigenbeweises dasselbe gilt, was oben S. 162 ff. für den Sceno-Test festgestellt wurde. Ein rechtliches Verfahren, zu dessen Grundlagen die Aussagefreiheit gehört, kann nicht auf Ermittlungen aufbauen, bei denen dem Zeugen die Selbstkontrolle seiner Äußerungen fehlt. Ein solches Vorgehen zum Zweck der Wahrheitsermittlung im Prozeß bedroht und verletzt gerade das, worauf der Richter seine Überzeugung von der Wahrheit der Zeugenaussage stützen will, den Kern und tragenden Grund der Glaubwürdigkeit, die Verantwortlichkeit des Zeugen für seine frei gemachte Aussage[408]. Es ist zwar richtig, daß selbst in der Narkoanalyse oder Hypnose der unveräußerliche Personcharakter nicht gänzlich verloren werden kann; es trifft auch zu, daß der Psychotherapeut um der Heilung willen tiefer in die Persönlichkeit des Patienten dringen darf, als dieser es je zuvor vielleicht selbst getan hat[409]. Es ist aber nicht angängig, daß der Richter oder Staatsanwalt

---

[406] Pauli-Arnold, S. 257 ff. (260).

[407] Pauli-Arnold, S. 257.

[408] Lange, S. 68: „Das Bonner Grundgesetz, das für uns alle verbindlich ist und an dem sich ... auch das Strafrecht orientieren muß, geht von der Würde des Menschen aus. Sein Menschenbild ist der Freie, damit aber auch der Verantwortliche.“

[409] Vgl. hierzu M. Buber, „Schuld und Schuldgefühle“, in Merkur Nr. 119 (August 1957), S. 705 ff.; S. 713: „Soll ein Mensch, der berufen ist, in einer

die Glaubwürdigkeit des Zeugen mit Hilfe von tiefenpsychologischen Tests prüfen läßt, bei denen gerade die Freiheit, die Aussage auch inhaltlich zu gestalten und zu bestimmen, überspielt wird[410]. Will man die Rolle, die dem Zeugen im Prozeß zukommt, nicht verfälschen, so darf der Beitrag, den er zur Wahrheitsfindung zu leisten vermag, nicht dadurch angetastet werden, daß an die Stelle des Vertrauens zur sittlichen Leistung[411] des Zeugen die tiefenpsychologische Untersuchung tritt, deren Anwendung im Beweisverfahren eines Strafprozesses als Irrweg bezeichnet werden muß. Dies gilt um so mehr, als unsere Prozeßordnung die Öffentlichkeit des Verfahrens zum Prinzip gemacht hat, § 169 GVG, dem auch der Sachverständigenbeweis unterworfen ist.

Noch an einen anderen Gefahrenpunkt zu denken, legt das Gutachten des Jugendpsychiaters nahe. Die Gespräche, die der Arzt mit der Mutter und dem Lehrer des Zeugen geführt hat, waren eine wichtige Kenntnisquelle zur Beurteilung des Jugendlichen. Er verwertet diese Mitteilungen auch in seiner Begutachtung. Nun hat die Strafkammer zwar Mutter und Lehrer in der später folgenden Hauptverhandlung als Zeugen vernommen. Es liegt aber nahe, daß sie sich durch ihre ersten Bekundungen vor dem Sachverständigen bereits festgelegt fühlten. Die eigentlich wichtige

---

spezifischen Weise anderen zu helfen, lediglich die Hilfe leisten, um die er angerufen wird, oder auch die andere Hilfe, deren dieser Mensch, wie er — der Arzt — erkannt hat, objektiv bedarf? Was bedeutet das jedoch hier: die Hilfe, deren einer objektiv bedarf? Offenbar dies, daß sein Wesen anderen Gesetzen folgt als sein Bewußtsein. Aber erst recht anderen als sein ‚Unbewußtes' ... Wesen, damit meine ich das in einer Person eigentümlich Angelegte, das, was zu werden sie bestimmt ist ... Soll nun der Helfer, kann er, darf er sich gleichsam mit dem Wesen des ihn Anrufenden über dessen bewußten und unbewußten Willen hinweg verbünden, vorausgesetzt, daß er das Bedürfnis des Wesens wirklich zuverlässig erkannt hat? ... Ein bedeutender Psychologe und Arzt unserer Zeit, Viktor von Weizsäcker, hat hier eine in sehr präziser Sprache gehaltene Warnungstafel aufgestellt. Da wird die ‚Behandlung des Wesentlichen im Menschen' vom Bereich der Psychotherapie schlechtweg ausgeschlossen. ‚Gerade die letzte Bestimmung eines Menschen', heißt es (Ärztliche Fragen, 1934), ‚kann nie Gegenstand der Therapie sein'. Und meine Laienansicht muß dieser Deklaration beipflichten. Aber sie muß hinzufügen: wo der Blick des Arztes, der wahrnehmende Blick, der ihn zum Arzt macht und zu dem sich alle Methoden dienend verhalten, in die Sphäre des Existentiellen reicht, wo er Existentialverfehlung und Existentialnot wahrnimmt, da muß es ihm zwar versagt bleiben, ‚das Wesentliche' seines Patienten zu behandeln, aber er darf und soll ihn dahin leiten, wo eine bisher weder gewollte noch geahnte Wesenshilfe des Selbst einsetzen kann."

[410] Wenn Blau, GA 59, 302, zwar zugibt, daß die analytische Methode des Psychologen den Probanden in gewisser Weise ‚versachlicht' und zum ‚Wahrheitserforschungsmaterial' degradiert, aber dann der Ansicht ist, daß dies bei den täglichen richterlichen Glaubwürdigkeitsuntersuchungen ebenso der Fall sei, so übersieht er das entscheidende Kriterium tiefenpsychologischer Tests: die vom Probanden selbst nicht beherrschbare Offenbarung eigenpsychischer Inhalte.

[411] Peters, Lehrbuch, S. 253, 258; JR 50, 47.

Aussage wurde vor dem Sachverständigen gemacht und vor dem Gericht nur mehr oder weniger wiederholt[412]. In diesem Vorgehen kann zwar noch keine Verletzung des Unmittelbarkeitsprinzips (§ 250) gesehen werden, denn immerhin enthält das Urteil keine Grundlagen, die nicht in der mündlichen Verhandlung zur Sprache gekommen sind. Es ist aber zumindest ein Schönheitsfehler des Verfahrens, wenn die Originalvernehmung vom Staatsanwalt oder Richter zum Sachverständigen verschoben wird. Mag der Sachverständige vielleicht besser in der Lage sein, ein allgemein informierendes Gespräch mit den späteren Zeugen zu führen, die rechtlichen Gesichtspunkte, die den Richter oder Staatsanwalt im Rahmen des jeweiligen Verfahrens interessieren, wird er nur selten gebührend beachten.

Die Beispiele psychologischer Glaubwürdigkeitsuntersuchungen haben gezeigt, daß der Sachverständige selbst bei Einwilligung des Zeugen nicht unbeschränkt in der Anwendung wissenschaftlicher Forschungsmethoden ist. Er hat die dem Ethos des rechtsstaatlichen Strafverfahrens immanenten Schranken zu achten, wie sie in Art. 1 GG grundgelegt und in der Vorschrift des § 136a formuliert sind. Verstößt er gegen sie, so sind die Ergebnisse seiner Untersuchungen unverwertbar (§ 136a Abs. 3), und seine wissenschaftliche Mühe stellt sich als überflüssig und wertlos heraus.

---

[412] Hierzu Peters, Lehrbuch, S. 180; Bockelmann, GA 55, 321 ff. (333).

SCHLUSSBETRACHTUNG

Ist es möglich und zweckmäßig, de lege ferenda den Zeugen einer sachverständigen Glaubwürdigkeitsuntersuchung zu unterwerfen?

Es bleibt noch die Frage zu erörtern, ob es möglich und zweckmäßig erscheint, in Zukunft den Zeugen einer sachverständigen Glaubwürdigkeitsuntersuchung zu unterwerfen, indem man de lege ferenda etwa eine dem § 81 entsprechende Vorschrift für den Zeugen schafft.

Eine Rechtsordnung, in der die Wahrheitserforschung als oberstes und absolutes Gebot des Strafverfahrens gilt und folglich keine Rücksicht auf individuelle Interessen genommen zu werden braucht, könnte einen generellen Eingriff in die Persönlichkeitssphäre derjenigen, die im Rahmen ihrer staatsbürgerlichen Pflicht als Zeuge tätig werden müssen, für zulässig erachten. Die allgemeine Unterwerfung des Zeugen unter eine psychologisch-psychiatrische Glaubwürdigkeitsuntersuchung könnte dann als Aufopferung im Dienste einer gerechten und möglichst wahrheitsgemäßen Rechtspflege begründet werden.

Es fragt sich aber, ob der Zwang zur Offenlegung persönlichster Fähigkeiten und Unfähigkeiten, ob der aufdringliche Blick des Sachverständigen in Entwicklung und Eigenheit des Charakters mit der Institution des Zeugenbeweises, wie er in unserer Rechtsordnung verstanden wird, vereinbar ist. Wenn der Zeuge dazu beitragen soll, die Wahrheit über Tat und Täter zu finden, so tut er dies doch gerade kraft seiner menschlich-sittlichen Qualität als selbstverantwortliches Individuum. Daß er falsch aussagen und falsch schwören kann und damit sich schuldig und strafbar macht (§§ 153, 154 StGB), ist ein Beweis dafür, daß die freie, selbstverantwortliche Mitwirkung des Zeugen im Prozeß erwartet wird. Daß er sich irren kann, daraus wird man ihm, soweit er es an der erforderlichen Gewissensanspannung[413] nicht hat fehlen lassen, keinen Vorwurf machen dürfen, da auch die Rechtsordnung hier mit dem Vorwurf der Fahrlässigkeit innehält[414]. Eine zwangsweise psychologisch-psychiatrische Untersuchung nimmt dem Zeugen den Eigenwert seiner Aussage als sittlicher Leistung und stellt ihn auf eine Stufe mit Beobachtungs- und Wahrnehmungsapparaturen, deren Funktionsfähigkeit überprüft werden kann[415].

---

[413] BGH 2, 194 (201 f.) (Beschl. des Gr. S. v. 18. 3. 1952 — GS St 2/51 —).

[414] Ein unvermeidbarer Irrtum fällt nicht unter den fahrlässigen Falscheid (§ 163 StGB).

[415] Bockelmann, GA 55, 334: „Jede psychologische Exploration stempelt den, der ihr unterworfen ist, bis zum gewissen Grad zum Objekt des Verfahrens.

Daraus, daß die Strafprozeßordnung eine zwangsweise Beobachtung des Beschuldigten auf seinen Geisteszustand (§ 81) zuläßt[416], kann nicht der Schluß gezogen werden, eine solche Maßnahme könne grundsätzlich auch dem Zeugen gegenüber angewandt werden. Der Beschuldigte wird untersucht, weil es zweifelhaft ist, ob er zurechnungsfähig und deshalb für sein Verhalten strafrechtlich verantwortlich ist. Der Zeuge aber wird im Prozeß vernommen, damit er Tatsachen bekunde, auf die der Richter sein Urteil gründen kann. Der Zeuge soll als verantwortliches Glied der Rechtsgemeinschaft zur Wahrheitsfindung beitragen. Der Beschuldigte und spätere Angeklagte unterliegt der Strafgewalt des Staates nur, wenn und soweit er für sein Tun und Lassen die Verantwortung trägt. Hierüber notfalls durch Beobachtung seines Geisteszustandes Klarheit zu schaffen, liegt daher sowohl im Interesse des Beschuldigten als auch in dem des Gerichts. Eine zwangsweise Untersuchung des Zeugen könnte nur einseitig dem Richter oder Staatsanwalt die Ermittlungstätigkeit erleichtern, für den Zeugen selbst bedeutete sie einen Einbruch in seine Intimsphäre, für den er nichts Gleichwertiges eintauscht, sondern der für ihn in der Regel nur Nachteile mit sich bringt.

Sinn und Ziel der praktischen Psychologie ist es, dem einzelnen zur Erkenntnis seiner Fähigkeiten, charakterlichen Vorzüge und Schwächen zu verhelfen, damit er aus dieser Selbsterkenntnis heraus richtig wählt bei den Entscheidungen, die im Leben von ihm verlangt werden. Ebenso dient die Psychotherapie dem einzelnen und der Wiederherstellung seines geistig-seelischen Gleichgewichts, seiner seelischen Gesundheit. Der Strafprozeß aber ist ein Vorgang, der die Allgemeinheit angeht. Ob Unrecht geschehen ist oder nicht, wird in öffentlichem Urteilsspruch festgestellt. Untersuchungsmethoden, die geschaffen sind, dem einzelnen in persönlichen Konflikts- und Notlagen zu helfen, drohen ihren Sinn zu verlieren und ihren Zweck zu verfehlen, wenn sie zwangsweise im öffentlichen Interesse angewandt werden.

Das gilt auch für die Aussagepsychologie im speziellen Sinne; denn sobald sie die im Rahmen einer Vernehmung liegenden Überprüfungsmöglichkeiten (§ 80) überschreitet, greift sie auf Maßnahmen zurück, welche die allgemeine Psychologie zur Persönlichkeitserhellung benutzt.

So wenig es dem Zeugenbeweis und seiner Funktion im Strafprozeß entspricht, psychologisch-psychiatrische Untersuchungsmethoden „de lege ferenda" zwangsweise anzuwenden, so sehr ist auch gegenüber den Ergebnissen dieser Methoden eine gewisse Skepsis angebracht; denn letzten Endes entzieht sich die menschliche Aussage jeder eindeutigen Feststellbarkeit. Jede Methode muß hier versagen. Denn mag sich auch die Motiv-

---

Sie versachlicht ihn zum Ding, zum Wahrheitserforschungsmaterial, auch dann, wenn die angewandte Methode, wie sicherlich überall selbstverständlich ist, die schonendste und würdevollste ist."

[416] Über den einschneidenden Charakter dieser doppelfunktionellen Maßnahme vgl. E. Schmidt, § 81 Erl. 4/5.

lage, der eine Aussage entspringt, weithin noch erforschen lassen, so bleibt doch unerreichbar die innere Freiheit des Zeugen, die Wahrheit oder Unwahrheit zu sagen. In diesem Grenzbereich, der zugleich der Bereich der unantastbaren Würde des Menschen ist, stehen der Richter und der Staatsanwalt wie der Sachverständige dem Zeugen nur wie ein Mensch dem anderen Menschen gegenüber, und es bleibt also nichts anderes übrig, als daran zu zweifeln oder schließlich darauf zu vertrauen, daß der Zeuge glaubwürdig und seine Aussage glaubhaft ist.

ANHANG

A. Gutachten

Psychologisches Gutachten

in der Sache — 13 KLs 13/52 — (LG Stade)
über die Glaubwürdigkeit der Zeugin Karin H.
erstattet am 3. 11. 1952.

Der Schachtmeister Willy K. wird beschuldigt, in der Nacht vom 9. zum 10. 6. 1952 seine Stieftochter Karin H. während der Abwesenheit seiner Ehefrau, die sich zu der Zeit im Krankenhaus befand, unsittlich berührt zu haben. Der Stiefvater legte sich in angetrunkenem Zustand zu dem Kind in das Bett und faßte angeblich mit seiner Hand an den Geschlechtsteil des Mädchens. Der Angeklagte bestreitet die Aussagen seiner Stieftochter. Er gibt lediglich zu, in der besagten Nacht zu dem Kind sich ins Bett gelegt zu haben.

Karin H. ist ein für ihr Alter zart entwickeltes Mädchen von einem ansprechenden Äußeren. Während der ganzen Zeit unseres Zusammenseins war sie sehr verschüchtert, und nur mit großer Mühe gelang es, sie zum Sprechen zusammenhängender Sätze zu bringen. Obgleich es sich meines Erachtens hier um ein durchschnittlich begabtes und charakterlich normal veranlagtes Kind handelt, spürt man deutlich, daß Karin belastenden und nicht altersentsprechenden Eindrücken und Erlebnissen im Elternhaus ausgesetzt war. Die Scheidung der Eltern und das oftmals zügellose Verhalten des jetzigen Stiefvaters haben das Kind einerseits beunruhigt und andererseits seinem Wesen tiefgehende Hemmungen eingeprägt. Als Symptom dieser seelischen Belastung bis Schädigung, verursacht durch das ungeordnete häusliche Milieu, ist Karins nächtliches Bettnässen zu werten. Da Karin während ihres Aufenthaltes in Dänemark zu Besuch bei ihrer Großmutter nicht ein einziges Mal einnäßte, wird es um so wahrscheinlicher, daß dieses pathologische Verhalten mit Konfliktsituationen im Elternhaus begründet werden muß. Es ist bezeichnend für bettnässende Kinder, daß das Einnässen unterbleibt, sowie sie aus dem sie belastenden Milieu herausgenommen werden. Dennoch war der Aufenthalt in Dänemark zu kurz, um auch Karins seelische Unausgeglichenheit zu lösen. Wie schon erwähnt, sind Karins charakteristische Wesensmerkmale:

1. eine starke Gehemmtheit, die sie Fremden gegenüber außerordentlich ängstlich und verschlossen sein läßt,
2. eine tiefsitzende seelische Beunruhigung.

Wenn auch beide Merkmale als milieubedingt angesehen werden müssen, so bestimmen sie doch Karins Charakter und Verhalten so sehr, daß zu ihren eigentlichen Wesensgegebenheiten zur Zeit der Untersuchung kaum vorzudringen war.

Leider ist in dem Aktenprotokoll nicht eine einzige wörtliche Angabe aufgezeichnet, die Karin während der polizeilichen Vernehmung gemacht hat. Da Karin auch in Dänemark selbst auf Befragung hin ihrer Großmutter gegenüber mit keinem Wort von der angeblichen Tat des Stiefvaters sprach, erfuhr ich erst am 1. 11. 52 in B. von Frau Ö., daß Karin am Morgen des 10. 6. 52 im Hause Sch. zu ihr wörtlich gesagt haben soll: „Denk mal an, Oma, der Kerl hat die ganze Nacht bei mir geschlafen. Er hat mir mit seiner großen Hand immer zwischen meine Beine gefaßt." Die ärztliche Bescheinigung bestätigt kleine Kratzwunden im Bereich der Genitale. In einem anderen Fall wären diese ärztlich festgestellten Kratzwunden sicherlich ein Beweis für des Stiefvaters unsittliche Berührungen. Da es sich hier aber um ein bettnässendes Kind handelt, muß immerhin mit der Möglichkeit gerechnet werden, daß sich Karin diese kleinen Kratzwunden selbst zugefügt hat, um den von trockenen Harnresten verursachten Juckreizen zu begegnen.

Als ich während der Untersuchung auf den hier fraglichen Vorgang zu sprechen kam, begann das Kind sofort zu weinen. Endlich zum Sprechen gebracht, sagte sie wörtlich: „Ich war noch wach, als Onkel Willy nach Hause kam; dann hat er geschimpft, weil ich das Paket aufgemacht hatte. Das durfte ich nicht. Onkel Willy ist zu mir ins Bett gekommen. Oma war zu W. mit Peter gegangen. Er hat die Tür mit einem Haken aufgerissen. Ich bin in Muttis Bett gegangen. Onkel hat da auch drin geschlafen."

Auf meine Frage: „Wie oft hat er bei Dir geschlafen?": „Nur einmal. Konnte ja nicht schlafen, weil er immer neben mir lag, eingeschlafen bin ich erst spät. Onkel Willy hat aber geschlafen."

Meine Frage: „Was hat er getan, bevor er einschlief?" Karin: „Da hat er nichts gemacht. Morgens mußte ich aufstehen und Rita anziehen. Da hat er weitergeschlafen. Bei Sch. dann Oma getroffen."

Meine Frage: „Hat er mit seiner Hand zwischen Deine Beine gefaßt?"

Karin: „Das weiß ich nicht mehr."

Meine Frage: „Warum hast Du Angst, daß Onkel Willy zu Hause sein könnte?"

Karin: „Weil ich das damals bei der Polizei gesagt habe."

Da in der Akte kein Protokoll über Karins Aussagen vorliegt, habe ich bedauerlicherweise für Karins Aussagen mir gegenüber keine Vergleichsmöglichkeit.

Nach den oben gemachten Ausführungen handelt es sich hier um ein Kind, dessen allgemeine Glaubwürdigkeit infrage gestellt werden muß, da man auf Grund der konfliktbeladenen frühen Kindheit damit rechnen muß, daß es zu objektiven Beobachtungen, vornehmlich das sexuelle Gebiet betreffend, gegenwärtig nicht fähig ist.

Zur Frage von Karins Glaubwürdigkeit in vorliegender Sache ergeben sich die in folgendem aufgeführten Punkte, die sowohl für als auch gegen die Wahrheit ihrer Aussagen sprechen:

1. Karin fürchtet sicherlich berechtigt, wenn sie die gegenüber Frau Ö. gemachten Angaben wiederholt, von ihrem Stiefvater gestraft zu werden.
2. Karin lehnt unbewußt eine Wiederholung der damals gemachten Aussage ab, weil sie mit diesem für sie schreckhaften Erlebnis nichts mehr zu tun haben will.
3. Karin projiziert gesehene bzw. gehörte Vorgänge zwischen ihrer Mutter und dem Stiefvater unbewußt auf sich selbst. Der Satz: „Denk mal an, Oma, der Kerl hat die ganze Nacht bei mir geschlafen" klingt im Vergleich

zu Karins sonstiger Redeweise so unkindlich, daß hier an ein Nachreden aufgefangener Worte ihrer verärgerten Mutter gedacht werden muß.

4. Karin hat die gestörte Nacht unbewußt zum Anlaß genommen, um sich in Abwesenheit ihrer Mutter von ihrem Ärger gegen den Stiefvater affektiv zu befreien.

Ich komme zu folgendem Ergebnis:

Die oben beschriebenen seelischen Belastungen, bedingt durch grobe Erziehungsfehler, sind nicht nur Gefährdungen für die seelisch-geistige Entwicklung K.'s, sondern sie beeinflussen auch die Glaubwürdigkeit der Zeugin in vorliegender Sache.

Nur die Abwesenheit der Ehefrau, der Zustand der Trunkenheit des Beschuldigten und die unter 1. und 2. gemachten Ausführungen bestimmen mich, die Glaubwürdigkeit der Zeugin noch gerade bedingt zu bejahen.

Psychologisches Gutachten

in der Sache — 4 KLs 1/52 (LG Stade)
über die Glaubwürdigkeit der Zeugin Erika H., 13 Jahre.

Vorgeschichte

Der Heizer Bernhard H. soll im Herbst 1947 und 1951 während der Abwesenheit seiner Ehefrau an seiner Tochter Erika H. mehrere Male unzüchtige Handlungen vorgenommen haben. Die Zeugin gibt an, daß es zu einem regulären Geschlechtsverkehr gekommen sei. Die amtsärztliche Untersuchung hat ergeben, daß das Hymen des Kindes sehr stark gedehnt ist und totale Einkerbungen zeigt. Der Amtsarzt hält wiederholte sexuelle Eingriffe für sehr wahrscheinlich.

Der so beschuldigte Bernhard H. bestreitet, an seiner Tochter unsittliche Handlungen vorgenommen zu haben. Ich erhielt den Auftrag, die jugendliche Zeugin Erika H. auf ihre Glaubwürdigkeit hin zu untersuchen. Es ist ein schriftliches Gutachten zu erstatten.

E. H. ist ein ziemlich kleines, aber stabil-gesund wirkendes Mädchen. Ihre braunen glänzenden Augen blicken mit fröhlicher Unbefangenheit in die Welt. Die ein wenig aufgeworfenen Lippen können ebenfalls als Ausdrucksmerkmal einer lebhaften Umweltzugewandtheit gewertet werden. Die breite und dicke Nase weist auf eine wenig differenzierte Seelenhaltung hin. Nach einer anfänglichen Ängstlichkeit, die immer zu beobachten ist, wenn die Kinder vorher ärztlich untersucht worden sind, ist E. aber bald sehr zutraulich. Sie ist mit fröhlicher Lebendigkeit bereit, Fragen zu beantworten und die ihr gestellten kleinen Aufgaben zu erledigen. Munter blickende Augen sind mit wacher Aufmerksamkeit auf alles gerichtet, was ihr über den Weg läuft. Erika beobachtet gut, was um sie herum vorgeht. Diese eben erwähnte fröhliche Unbekümmertheit ist Erikas eigenstes Wesensmerkmal. Charakterlich veranlagte fröhliche Primitivität und altersentsprechende Auffassungs- und Verhaltensweise verstärken sich hier gegenseitig. Ihre charakterliche Entwicklung ist altersgemäß. Reale Betrachtungsweise der Umwelt gegenüber herrscht vor. Mit bemerkenswerter Nüchternheit und Sachlichkeit erzählt sie im Verlauf der Untersuchung von ihren Erlebnissen mit ihrem Vater. Diese realistische Betrachtungsweise, bezeichnend für Kinder in der Entwicklung vor der Vorreifezeit, ist auch Erika eigen. Unbekannte Gegenstände nimmt sie neugierig wahr. Auch fremde Geschichten vermag sie nach längerer Zeit richtig und klar wiederzugeben. Phantasie-Zutaten konnten nicht beobachtet werden. Überhaupt besitzt Erika die Eigenschaft, das Wesentliche aus einer Fülle von Einzelheiten herauszusehen. Treue des Gedächtnisses ist bei diesem Kinde hervorzuheben. Dies mag ein wenig verwunderlich erscheinen, da Erikas schulische Intelligenz unter dem Durchschnitt ihrer Altersstufe liegt. Das Versagen auf schulischem Gebiet betrifft aber nur das abstrakte und theoretische Denkvermögen. Inhalte, die ihr in bildhafter und anschaulicher Weise entgegengebracht werden, erfaßt sie sehr schnell und bestimmt. Auf anschauliche Art gewonnene Eindrücke werden klar im Gedächtnis behalten. Altersgemäß wenig lebhaft sind die Kräfte der Phantasie.

Diese sichere wesentliche Auffassungsweise basiert auf einem sehr natürlichen Selbstgefühl. Mit offenherziger Selbstverständlichkeit wendet sie sich anderen Menschen zu. Aus einer kindlich-fröhlichen Gutmütigkeit heraus bereitet es ihr Freude, mit kleineren Kindern zu spielen. Ihr dem Frohsinn hingegebenes Gemüt läßt sie leicht mit anderen Menschen Kontakt gewinnen.

Erikas willentliche Veranlagung kann man kurz als vital-antriebsbewegt bezeichnen. Es fällt ihr nicht leicht, lange stillsitzen zu müssen, und wie sie selbst erzählt, fällt es ihr auch schwer, den Mund zu halten. So kommt es wiederholt vor, daß sie wegen „Schwatzens in der Schulstunde" nachsitzen muß. Aber mit fröhlicher Miene setzt sie hinzu: „Dann habe ich es auch verdient." Ich glaube, daß Erika im späteren Leben sich mit sicherer Energie wird durchsetzen können. Ihre Bedürfnisse werden alltäglich sein, aber mit energischer, sinnenfroher Art wird sie verstehen, sie sich zu verschaffen.

Zusammenfassung

Es handelt sich bei E. H. um ein Mädchen, dessen charakterlicher Entwicklungsstand als altersgemäß zu bezeichnen ist. E. zeigt noch keine Merkmale der Pubertät. Ihr Wesen ist von einer fröhlichen Unbekümmertheit bestimmt, die in einem natürlich-sicheren Selbstgefühl wiederkehrt. Nur auf dem Gebiet des Abstrakten und Theoretischen ist ihr Denkvermögen unterdurchschnittlich. Durch ihre lebenspraktische, instinktsichere und bewegliche Art ist sie besonders auf anschaulichem Gebiete zu klaren Beobachtungen fähig. Hier ist sie durchaus selbständig orientiert und weiß Eindrücke zuverlässig, erinnerungstreu und genügend kritisch wiederzugeben. Anzeichen besonderer Suggestionsempfänglichkeit oder aus Geltungssucht entspringende Phantasieregungen liegen nicht vor.

Erikas Bericht von den Erlebnissen mit ihrem Vater mir gegenüber ist gleichlautend mit dem in der Akte aufgezeichneten. Mit natürlicher Offenheit und Bestimmtheit erzählt sie detailliert die hier fraglichen Vorgänge. Ich halte es für ausgeschlossen, daß ein Kind in diesem Alter in solch realer Weise von sexuellen Vorgängen zu berichten versteht, wenn es sie nicht wirklich erlebt hätte. Hinzu kommt, daß diese Erlebnisse auf Erika gar keinen wirklichen Eindruck gemacht haben. Wohl waren ihr die Forderungen des Vaters irgendwie unheimlich, noch mehr aber waren sie ihr einfach lästig. Auf meine Frage: „Möchtest Du denn, daß Dein Vater bald wieder zu euch zurückkommt?" antwortet sie: „Ach ja, dann schenkt er mir sicher noch die Umhängetasche; und wenn er es wieder mit mir macht, dann sage ich es meiner Mama."

Dieses Kind ist sich auf Grund seines Alters und auch auf Grund seiner unbekümmerten Wesensart durchaus nicht der Tragweite der Geschehnisse bewußt. E. berichtet davon in ihrer realen, unbekümmerten Art, weil sie eben danach gefragt wird.

Die Möglichkeit, daß E. mit anderen Männern oder Jungen ähnliche Erlebnisse hatte und sie nun etwa auf den Vater überträgt, halte ich auf Grund der eingehenden Exploration für unwahrscheinlich. Weiterhin erklärt auch Frau H., die Mutter des Kindes, auf wiederholte Befragung hin in sehr nachdrücklicher Weise — „denn so dumm wäre sie ja auch nicht" —, daß Erika niemals beim Verkehr der Eltern anwesend war.

Die Glaubwürdigkeit der Zeugin Erika H. ist voll zu bejahen.

Psychologische Gutachten

Auf Ersuchen der Staatsanwaltschaft beim LG Hannover werden in der Strafsache gegen den Versicherungsoberinspektor P. — Az 16 Ls 17/57 — die nachfolgenden Gutachten über die Zeuginnen

I. Heide B., wohnh. Hannover,
II. Brigitte R., wohnh. Hannover,
III. Karin F., wohnh. Hannover,
IV. Angelika L., wohnh. Hannover

erstattet. Die Gutachten stützen sich auf Untersuchungen mit speziellen Testverfahren, Verhaltens- und Ausdrucksdiagnostik, sowie einer Exploration der Persönlichkeit und des Sachverhaltes in Abwesenheit der Eltern.
Untersuchungstage: Donnerstag, 17. Oktober 1957
Sonnabend, 19. Oktober 1957
im psychologischen Stützpunkt des Arbeitsamtes Hannover.

I. Heide B.

a) Psychischer Befund

Die 8,5jährige Heide B. wächst als Einzelkind in gesichertem sozialen Milieu auf und besucht z. Zt. die 2. Klasse der Friesenschule in Hannover. Sie macht einen gepflegten und ordentlichen Eindruck. Körperlich kräftig und gut entwickelt, wirkt sie in ihrem Verhalten altersentsprechend kindlich, mit Freude am Bewegen und Spielen.

Heides intellektuelle Begabung erweist sich bei einem Intelligenzquotienten von 94 als durchschnittlich (90—109 durchschnittliche Intelligenz). Sie ist geistig rege, schnell ansprechbar und interessiert und innerhalb der kindlich-altersentsprechenden Interessen und Beschäftigungen normal aufmerksam und konzentriert. Dabei ist ihre verbale Ausdrucksfähigkeit gut ausgebildet, sie vermag auch sprachlich genügend und sicher zu differenzieren; ihre Formulierungen weisen darauf hin, daß sie nicht nur global-ganzheitlich, sondern vielmehr akzentuiert und detailliert auffaßt. Die besondere Art ihrer intellektuellen Befähigung wirkt sich dahin aus, daß sie maximale Leistungsmöglichkeiten im Bereich des Lernens hat, d. h. Heide kann Fähigkeiten und Wissensstoff durch aufmerksame Beobachtung des Dargebotenen und Wiederholung sicher erwerben. Darüber reproduziert sie einmal Erlebtes und Gelerntes exakt und getreu in der Art rezeptiver Wiederholung ohne signifikante Abwandlungen durch eigene Phantasietätigkeit. So ist ihre intellektuelle Begabung überhaupt eine mehr nachschaffende und auf das Konkrete und Praktische gerichtete als eine dynamisch-produktive. Überall dort, wo eigene geistige Produktivität verlangt wird, kann Heide altersspezifische Leistungen nur eben erreichen. Sie versucht dann immer wieder, sich an Bekanntem auszurichten und am Konkreten zu orientieren.

Heides intellektuelle Veranlagung befähigt sie also in befriedigendem Maß, Dinge ihres Erlebnis- und Wahrnehmungsbereiches exakt wiederzugeben, wobei sie kritisch gliedern kann und Wesentliches von Nebensächlichem trennt. Sie ist befähigter, sich mit konkreten Dingen denkend und auch handelnd auseinanderzusetzen, als von der Anschauung losgelöste Denkprozesse zu vollziehen.

So begegnet Heide ihrer Umwelt mit wachem Interesse und Aufmerksamkeit. Sie reagiert natürlich und ungezwungen, ist durch ihr bewußtes Leistungsvermögen sowie gute und gelockerte Geborgenheit in der Familie in sich ausgewogen und frei von affektiven Spannungen und Hemmungen. Kennzeichnend ist weiterhin ihre gute Selbstbehauptung und Kontaktbereitschaft, die nicht durch soziale Gefühle des Unter- und Überlegenseins und -wollens beeinflußt werden. Auch bei starkem Druck von außen ist ihre soziale Einstellung und Umweltsbindung eine echte und dem eigentlichen Wesen angepaßte; sie ist nicht bereit, um des Ansehens und der Anerkennung willen eine ihr gemäße Haltung aufzugeben oder anderes zu sagen, wenn sie nicht davon überzeugt ist. Die Einstellungen werden nur bei sachlich-vernünftiger Einsicht revidiert.

Darüber hinaus ist zu Heides Suggestibilität, die in einem speziellen Testverfahren und in der Exploration geprüft wurde, zu sagen, daß sie normalen und auch stärkeren Suggestionen nicht unterliegt und durch sie eher zum Schweigen und Infragestellen („ich weiß nicht mehr genau"), („wahrscheinlich...") als zu produktiver Phantasietätigkeit verleitet wird, auch wenn sie befürchten muß, daß ihr Ansehen dadurch geschmälert wird.

Auf Grund des vorangegangenen Persönlichkeitsgutachtens wird zur allgemeinen Zeugentüchtigkeit von Heide B. wie folgt Stellung genommen:

Heide B. ist bei durchschnittlicher intellektueller Leistungsfähigkeit und guter Merkfähigkeit vollauf zeugentüchtig, und zwar aus folgenden Gründen:

1. Ihre Sicherheit und Präzision der Situationserfassung und die Möglichkeit, Sachverhalte differenzierend zu erfassen und frei von suggestiver Beeinflußbarkeit darzulegen.
2. Ihre geringe produktive Phantasietätigkeit und Eigenart des rezeptiven Denkens.
3. Ihre geringe soziale Beeinflußbarkeit und das geringe Bestreben, sich gegenüber Gespielinnen „wichtig zu machen".
4. Ihre gute Beobachtungsgabe.

b) Zur Glaubwürdigkeit der speziellen, den Sachverhalt betreffenden Aussagen

In der Sachverhaltsexploration zeigt sich, daß Heide sich noch an die Vorgänge als solche genau und sicher erinnern kann, wenngleich sie nicht mehr im einzelnen ihre Aussagen vor der Kriminalpolizei im Gedächtnis hat. Sie macht ihre Angaben exakt, klar und sachlich, ist indes sehr befangen und sichtlich erleichtert, als die Befragung abgeschlossen ist; ausschlaggebend dafür wird die Tatsache sein, daß die ganze Angelegenheit in starkem Maß für sie komplexbehaftet ist, wie sich in einem speziellen Test ergab, wobei allerdings auch mitsprechen mag, daß sie unter psychologischer Untersuchung etwas anderes verstand.

Es entspricht ihrer persönlichen Entwicklung und Haltung, daß sie die Vorgänge flüssig wiedergibt — wenngleich distanziert, weil sie ihrer kindlichen Welt nicht entsprechen. So ist es auch verständlich, daß sie als einzige Zeugin diese „verblüffende Neuigkeit" sofort ihrer Mutter erzählt, zu der sie einen festen und intensiven Kontakt hat. Sie ist bei mehrmaligen Befragungen und absichtlich verwirrenden Suggestionsfragen nicht dahin zu beeinflussen, daß sie Erinnerungslücken — das Erlebnis liegt ein Jahr zurück — durch willkürliche Assoziationen zu kompensieren sucht oder die Angaben umstößt. Schließlich muß bei der Beurteilung, ob es sich um Erzählungen und anderweitige Aufklärungsberichte oder um eigenes Erleben handelt, noch mitberücksichtigt werden, daß Heide die anatomischen Verhältnisse des Mannes genau detailliert zu schildern weiß, aber in der Deutung völlig danebengreift; ein Umstand mehr, der eine Aufklärung durch Dritte verneinen läßt.

Die Sachverhaltsexploration stützte sich im wesentlichen auf folgende Punkte:

1. War von Brigitte R. schon vorher etwas derartiges erzählt?
2. Wie ist Heide bei der 2. Coca-Cola-Besorgung in die Wohnung gekommen?
3. Hat P. geschlafen?
4. Was hat P. mit ihr gemacht?
5. Wann und warum hat Heide P. angefaßt?

Dabei hat sich ergeben, daß Heide ihre vor der Kriminalpolizei gemachten Angaben inhaltlich voll wiederholt und auch bei affektiver Belastung nicht irrezuführen ist. Die verschiedenen Fragen werden dahingehend zusammenfassend geklärt:

Zu 1. Brigitte R. ist von Frau B. in deren Küche beim Spielen gefragt worden und hat global geantwortet; der Sachverhalt bei Brigitte war im übrigen ein anderer.

Zu 2. P. hat die Tür geöffnet und nicht geschlafen.

Zu 3. Er hat Zeitung gelesen.

Zu 4. Entsprechend dem Bericht bei der Kriminalpolizei.

Zu 5. Auf dringende Veranlassung seitens P. — „aus Angst", „es war so schrecklich".

Zusammenfassend sind die bei der Kriminalpolizei am 8. 12. 56 und bei der erstinstanzlichen Verhandlung gemachten Aussagen der Heide B. als glaubwürdig in allen Punkten anzusehen. Ihre spezielle Zeugentüchtigkeit ist gesichert.

II. Brigitte R.

a) Psychischer Befund

Brigitte R., 7,1 Jahr alt, Schülerin der 1. Klasse der Friesenschule, Hannover, wächst als 2. von 4 Geschwistern auf und ist die Älteste aus der jetzigen Ehe ihrer Mutter; der Vater ist in gesicherter Position, die wirtschaftlichen und sozialen Verhältnisse der Familie sind offensichtlich geregelt.

Brigitte wirkt altersentsprechend kräftig und entwickelt; vom Typus her neigt sie mehr zu Verhaltenheit und stetiger Anspannung als zu expansivdurchsetzungskräftiger Vitalität.

Ihre geistige Begabung entspricht mit einem Gesamtintelligenzquotienten von 105 dem Durchschnitt gleichaltriger Kinder (90—109). Brigittes Stärke liegt im logischen und analysierenden Denken, wo sie Leistungen von etwa 8jährigen erreicht. Die Gedankengänge sind in besonderem Maß auf das Visuelle bezogen, es entspricht ihrem Alter noch nicht, schon ungegenständlich und begriffsbildend zu denken. Innerhalb dieses anschaulichen und lebensnahen

Bereiches aber überrascht die Logik der Denkprozesse, die Erfassung des Wesentlichen und der Beziehungen, so daß auf gute intellektuelle Entwicklungsmöglichkeiten bei Brigitte geschlossen werden kann.

Die sprachliche Ausdrucksfähigkeit ist gut und läßt erkennen, daß B. sich genau und sicher orientieren kann und durch differenzierendes, zielgerichtetes Denken Klarheit verschafft. Ihre Merkfähigkeit ist gut.

Die Voraussetzungen für produktive Phantasiefähigkeit wären an sich gegeben, wenn ihre geistigen Antriebe durchsetzungskräftiger und ihre Impulse spontaner wären. So ist aber das Denken mehr auf Verfolgung gegebener Anregungen gerichtet und auf Verwertung der Erfahrungen im praktischen Leben, so daß Brigitte eher intelligent „handelt" als produktiv-eigenständig denken kann.

Ihre Vorstellungswelt ist eine völlig kindliche, auf das Materielle, auf Spiel und mädchenhafte Interessen gerichtete, ohne daß sie sich von ihrem Erlebnisbereich lösen könnte.

Darüber hinaus erfährt der geistig-intellektuelle Bereich hinsichtlich der produktiven Leistungen eine Einengung dadurch, daß Brigitte durch Anforderungen noch schnell zu überfordern ist. So neigt sie aus Situationsunsicherheit dazu, sich nicht zu äußern; sie muß eine Situation, einen Sachverhalt erst bis ins Detail erfaßt und erkannt haben, ehe sie zu eigenen und kritischen Stellungnahmen kommen kann. Es handelt sich hier um eine affektive Denkhemmung, deren Ursprung nicht in den Denkfunktionen, sondern im Emotionalen liegt. Von daher muß auch ihre geringe Aussagebereitschaft verstanden werden; durch den strittigen Fragenkomplex wird Brigitte seelisch „überfordert" und so stark in eine ihr unbekannte und unverständliche Sphäre gelenkt, daß sie nicht mehr folgen kann und völlig „schweigt".

Brigittes Interessen, Wünsche und Ziele sind kindliche und dem Alter adäquate. Im Kontakt mit Gleichaltrigen und Spielkameraden ist sie frei von Unsicherheit und aufgeschlossen. Hier zeigt sich wie beim Lernen ihre große Anstrengungsbereitschaft und Zuwendung. Genauigkeit, Präzision und Ordnung charakterisieren sie im gesamten Einsatz, im Denken und Handeln. Sie reagiert, urteilt, spricht erst dann, wenn sie gründlich durchdacht und aufmerksam überlegt hat. Bei Versagenssituationen — auch wenn sie als wertmindernd anzusehen sind — vertuscht und beschönigt sie nichts, kompensiert nicht mit vielen Worten oder Gebärden und beschränkt sich auf das, was sie weiß oder kann.

Ihre Suggestibilität ist dann sehr gering; ihre Auffassung wird sachlich vertreten und nur das vertretbare und fundierte Wissen geäußert, so daß sie sich weder durch Druck von außen noch durch Zwischenfragen beirren läßt. Ihre Ausdauer im Willensbereich macht es ihr möglich, zu festen, inneren Einstellungen, Haltungen und Wertschätzungen zu kommen.

Auf Grund des psychischen Befundes muß zusammenfassend festgestellt werden:

1. Brigitte ist bei durchschnittlicher geistiger Begabung in der Lage, komplexe Tatbestände analysierend zu erfassen, in Details exakt über einen Zeitraum hinweg zu merken und in verständlicher und klarer Form zu verbalisieren.
2. Ihre besondere Sicherheit im visuellen Denken und Erfassen.
3. Ihre Fähigkeit, erlebnisecht zu reagieren und aufrichtig, ehrlich und gewissenhaft die an sie gestellten Fragen über ihr Erleben und Verhalten zu beantworten.

4. Ihre geringe Suggestibilität in Verbindung mit geringer assoziativer Phantasietätigkeit.

Brigitte R's allgemeine Zeugentüchtigkeit ist gewährleistet.

b) Zur Glaubwürdigkeit der speziellen, den Sachverhalt betreffenden Aussagen

War schon die psychologische Untersuchung als solche für Brigitte R. eine Belastung und konnte sie erst nach und nach zu ihrem eigentlichen Wesen — kontaktfreudig, eifrig, bemüht und vertrauensvoll, aufgeschlossen — zurückfinden, so stellt die Sachverhaltsexploration erst recht eine im Hinblick auf ihre Entwicklung sicherlich nicht förderliche Überforderung dar.

Brigitte macht ihre Aussagen sichtlich ungern und nur zögernd-schrittweise, nie spontan und von sich aus. Sie ist ungern an die Dinge und Vorfälle, an alles, was damit zusammenhängt, erinnert, weil sie ihrer kindlichen Art nicht entsprechen. Dennoch macht sie ihre Angaben exakt bis ins Detail und läßt sich in dem (wenigen), was sie sagt, nicht beirren oder irritieren. Auch auf Suggestivfragen und Zwischenfragen mit stark suggestiven und verwirrendem Charakter fällt sie nicht herein; das „Bild“ hält Angriffen — auch unter erheblicher Belastung“ — stand.

Ihr Bericht bei der Sachverhaltsexploration entspricht vollinhaltlich der Mitteilung, die sie ihrer Mutter machte und durch die ihre eigenen Aussagen bei der Kriminalpolizei ergänzt wurden.

Die allgemeine und spezielle, den Sachverhalt betreffende Glaubwürdigkeit von Brigitte R. ist gesichert.

III. Karin F.

a) Psychischer Befund

Die 10,11jährige Karin F. ist einziges Kind ihrer unverheirateten Mutter. Sie ist — durch deren Berufstätigkeit — viel auf sich allein angewiesen und schon früh zu Selbständigkeit den Belangen des Alltags gegenüber angehalten. Außerhalb der Schulzeit wird sie im Kindergarten betreut, wohin sie auch morgens allein geht und abends von sich aus wieder heimkommt. Sie ist ein „Schlüsselkind“.

Karin wirkt noch nicht wie eine fast 11jährige. Sie ist für ihr Alter klein und zeigt noch ausgesprochen kindliche Züge in Habitus und Haltung, wie sie auch ihren eigenen Kräften skeptisch gegenübersteht und die für das Alter entsprechende kraftvolle Expansion und kräftige Durchsetzung nicht kennt. — Sie tritt den Gegebenheiten der Umwelt zunächst abwartend und verhalten gegenüber.

Durch diese körperliche Unterlegenheit Gleichaltrigen gegenüber wird auch ihre Einstellung zur Umwelt geprägt. Wenn sie schon kräftemäßig einer Konkurrenz nicht gerecht werden kann, dann will sie es wenigstens in anderer Weise. So wird ihre Ausrichtung charakterisiert durch hohe Anpassungsbereitschaft und Aufmerksamkeit. Sie möchte „bestehen“ können, im Ansehen gewinnen und versucht dies durch besonders intensive Zuwendung und Einordnungsbereitschaft. Dabei sind ihre Impulse nicht stark genug, um wirklich dominieren zu können, und es kann sich immer nur um ein „Mitmachen“, nicht aber um ein „Überzeugen“ und „Führen“ handeln.

Neben diesen anlagemäßig vorgezeichneten Haltungen kommen auch noch exogene Einflüsse zur Wirkung. Das Erleben der vaterlosen Familie, das Auf-sich-allein-angewiesen-sein. Es zeigt sich bei der psychologischen Untersuchung, daß die Problematik der Mutter — zu der Karin eine gute und feste Bindung hat — durchaus für sie komplexbehaftet ist, daß diese Problematik aber andererseits auch durchaus kindlichnaiv-unverarbeitet als solche besteht und zu keiner tiefgreifenden Beunruhigung (oder „sexuellen Frühreife") geführt hat.

Karins Interessen entsprechen dem Alter völlig, sie sind mädchenhaft-gefühlsbestimmt und noch ohne Züge der Vorpubertät oder Pubertät. So begegnet Karin ihrer Umwelt mit großer Bereitschaft und hohem Anpassungsvermögen; Wille zur Leistung ist bezeichnend. Auf diese Weise wird die intellektuelle Begabung gut ausgenutzt und altersentsprechendes Niveau kann gehalten werden.

Karins geistige Begabung entspricht dem Durchschnitt Gleichaltriger (Gesamtintelligenzquotient 98; Durchschnitt = 90—109). Dabei zeigt sich, daß sie in erster Linie auf das Konkrete und Anschauliche, praktisch Verwertbare ausgerichtet ist; sie verschafft sich über neue Situationen und Sachverhalte leicht einen Überblick, während sie von der Anschauung losgelöste Denkprozesse nur langsam und ungenau vollziehen kann. Insbesondere ist sie noch nicht in der Lage, im begriffsbildenden und analysierenden Denken den Altersdurchschnitt zu erreichen.

Zusammenfassend muß daher Karins intellektuelle Begabung beurteilt werden: durch rezeptives, am Konkreten ausgerichtetes Denken kann sie sich die vorgegebenen Dinge und Daten gut klarmachen, ohne daß sie aber von sich aus zu produktiven Schlüssen kommen könnte. In ihrem Erfahrungs- und Wahrnehmungsbereich ist sie durchaus zu kritischer und differenzierender Stellungnahme befähigt, aber die besondere Art ihrer intellektuellen Veranlagung macht es ihr nicht möglich, durch produktive Phantasietätigkeit gegebene Anregungen von sich aus weiter auszubauen oder flüssig zu kombinieren. Ihre Intelligenz ist eine „statische", am Konkreten orientierte, ohne nennenswerte assoziative Beweglichkeit und ohne signifikante geistige Antriebe. Karins Denken richtet sich auf die alltägliche Lebensbewältigung, wobei ihr gutes Gedächtnis, hohe und stabile Merkfähigkeit und intensive Aufgabenbezogenheit zugute kommen.

Innerhalb dieses Wissens- und Erfahrungsbereichs ist Karin sicher und frei von suggestiver Beeinflußbarkeit und Täuschung. Sie kann jederzeit in zeitlich sicherer und geordneter Weise reproduzieren, ihr Gedächtnis ist auch im Einzelnen genau. Dabei ist auch auffallend, daß sie dann, bei an sich einfacherem Sprachschatz, Redewendungen und Nuancen exakt reproduzieren kann, Akzentverschiebungen schnell erkennt und kritische Ansätze findet. Auch bei starken Belastungssituationen ist ihre Suggestibilität gering.

Karins allgemeine Zeugentüchtigkeit ist aus folgenden Gründen gewährleistet:

1. Sie ist im Denken ganz auf das Bildhafte und Konkrete bezogen;
2. sie verfügt über gute Merkfähigkeit und gutes Gedächtnis; sie ist nicht in der Lage, Fehlendes durch assoziative Phantasieleistungen auszugleichen;
3. ihre Situationserfassung und differenzierte Stellungnahme bei Konkretem ist gut;
4. sie hat ehrliches Bestreben, nur das zu sagen, was sie wirklich weiß, wobei es sich um eine persönlichkeitstypische Haltung — unabhängig von der Untersuchungssituation — handelt.

b) Zur Glaubwürdigkeit der speziellen, den Sachverhalt betreffenden Aussagen

Die den Sachverhalt betreffende, längere Exploration stellte für Karin eine erhebliche affektive Belastung dar. Sie brach mehrfach in intensives Weinen aus, schämte sich dann dieses Gefühlsausbruchs wieder und war auch bei Höchstbelastung bemüht, exakt und genau zu antworten, zu formulieren und der Reihe nach zu berichten. Auch bei absichtlich verwirrenden Zwischenfragen verlor sie den Überblick nicht und ihre Darstellung stimmte mit den Angaben bei der Kriminalpolizei überein.

Karins Umweltanpassung und Kontaktbereitschaft wurde dazu ausgenutzt, die Spannung zwischen Ich und Außenwelt zu erhöhen, um zu einer Prüfung der sozialen Beeinflußbarkeit um des Ansehens willen zu kommen. Aber auch da zeigte sich eindeutig, daß Karin in erster Linie die sachlichen Gesichtspunkte beachtet und Erinnerungslücken — die strittigen Vorfälle dürften z. T. über ein Jahr zurückliegen — nicht durch konfabulierende, produktive Phantasietätigkeit kompensiert.

Darüber hinaus wurde Karin gesagt, der Psychologe habe einen speziellen „Lügentest“, sie habe jetzt noch einmal Gelegenheit, ihre Aussagen zu revidieren (auf die Tragweite der Lüge brauchte sie nicht besonders hingewiesen zu werden, weil sich hinsichtlich der Entwicklung ihrer ethisch-moralischen Wertmaßstäbe der Einfluß des kirchlichen Kindergartens positiv auswirkt, wie im Verlauf der Untersuchung mehrfach zutage trat).

Dadurch wurde erreicht, daß sie ihre Angaben noch knapper, sachlicher machte, und es ergab sich ein widerspruchsfreies Bild, das mit den bisherigen Ermittlungsergebnissen übereinstimmt. Sie neigt eher dazu, in Frage zu stellen, wenn sie sich nicht mehr genau erinnert, als daß sie sich zu anderen Angaben verleiten ließe. Ihre Aussagen erfolgen geordnet, logisch bis ins Detail und differenziert. Bei der Eigenart von Karins Intelligenzstruktur wäre das nicht möglich, wenn es sich um von der Anschauung losgelöste Denkprozesse handelte.

Neben den wesentlichen, zur Diskussion stehenden Punkten wurde in der Exploration eingegangen auf folgende Fragen:

1. Wußtest Du von solchen Dingen schon etwas?
2. Woher kennst Du den Namen, die Ausdrücke?
3. Was war mit Ilse-Marie G.?
4. Was hast Du mit Angelika L. über P. gesprochen?

Karin hat zu den wesentlichen Punkten (Erlebnisse im Auto, morgens in der Wohnung) ihre Angaben klar und sachlich gemacht, ihre bisherigen Aussagen weder ergänzt noch widerrufen; die bei der Kriminalpolizei gemachten Aussagen sind in den wesentlichen Punkten als glaubhaft anzusehen.

Zu den speziellen Fragen ergab sich zusammenfassend folgende Klärung:

Zu 1. Wußte nichts.

Zu 2. Von den Jungen; von der Kriminalpolizei; „Die Frau sagte, ich darf so sagen“.

Zu 3. Ilse-Marie G. sprach von Heide und meinte Heide B., Karin F. dagegen dachte, es handelte sich um Heide G., Ilse-Maries größere Schwester.

Zu 4. Mit Angelika „mal“ von der Kriminalpolizei und jetzt von der Untersuchung vorgestern (1. Untersuchungstag) gesprochen. Auf Zwischenfragen verlegen; „Weiß nicht mehr genau“. — Schläge angedroht? — „Nein, bestimmt nicht.“

Die im ersten Sachverhaltsbericht gemachten Aussagen sind in den wesentlichen Punkten als glaubwürdig zu bezeichnen; sie tragen den Charakter eindeutiger Erlebniserinnerungen. Dagegen ist nicht zu sichern die Angabe, daß Karin die „neugierige" Angelika L. nicht unterrichtet hat.

Aus allen dargelegten Gründen ist die spezielle, den Sachverhalt betreffende Glaubwürdigkeit der Karin F. als gesichert anzusehen.

IV. Angelika L.

a) Psychischer Befund

Die 7,1jährige Angelika L., z. Zt. Schülerin der 1. Klasse der Friesenschule in Hannover — wächst als Einzelkind auf. Die Eltern waren zwischenzeitlich geschieden und sind seit etwa einem Jahr — nachdem der Vater aus der Fremdenlegion zurückkam — wieder miteinander verheiratet. Beide Eltern sind berufstätig; die Betreuung des Kindes obliegt der Großmutter, in deren Haushalt auch die Familie L. mit 2 Tanten lebt.

Körperlich macht Angelika einen über das Alter hinaus kräftigen Eindruck. Es zeigt sich bei der psyochologischen Untersuchung jedoch, daß sie im seelisch-geistigen Bereich nicht unerheblich retardiert ist, so daß auf Grund dieser Entwicklungsstörung auch schulische Schwierigkeiten zu erwarten sind. Dabei handelt es sich um eine soziale Unangepaßtheit, die insbesondere für den zur Diskussion stehenden Fragenkomplex wesentlich ist; auf sie wird noch zurückzukommen sein.

Angelikas intellektuelle Begabung ist eine dem Alter entsprechend durchschnittliche (Intelligenzquotient 94; 90—109 mittlere Intelligenz), die sich jedoch durch besonders fluktuierende Aufmerksamkeit und geringe Sachzuwendung nicht in leistungsmäßiger Hinsicht konkretisieren kann. Betrachtet man die geistige Beweglichkeit isoliert und frei von charakterologischen Nebenwirkungen, so ist sie als gut anzusprechen, aber: Diese Beweglichkeit ist nicht auf das Sachliche und am Sachlichen orientiert, sondern sie entspringt nur frühkindlichen, ungerichteten Impulsen und Anregungen, wobei die sachlichen Gesichtspunkte willkürlich außer acht gelassen werden. Sobald es sich um „Amüsantes" und Reizvolles handelt, kann Angelika über kurze Zeit „dabei sein", aber es geschieht leicht, daß sie unmotiviert ist und plötzlich gar keine Beziehung zu den Dingen findet. So ist ihre Aufmerksamkeit fluktuierend, unstabil, ohne eigentlichen Bezug zu den Dingen.

Die Erklärung ihrer speziellen Leistungseigenart ist nicht in der intellektuellen Struktur zu suchen, sondern im affektiven Bereich. — Es kann dahingestellt bleiben, wie das familiäre Milieu im einzelnen gestaltet war (bis zur Rückkehr des Vaters als „Vater"); ausschlaggebend ist Angelikas Reaktion auf familiäre Einflüsse, ihre geringe Geborgenheit im Familiären schlechthin und ihre trotzdem sehr starke Abhängigkeit vom häuslichen Milieu.

Ihre emotionalen Strebungen werden vereitelt, und so resultiert eine Haltung, die sich aus Regression (kleinkindhafte Einstellung mit dem Anspruch, be-„muttert" werden zu müssen) und Überkompensation zusammensetzt. Kennzeichnend für Angelika ist eine übertriebene Anpassungsbereitschaft und Labilität im Kontakt, in dem Bemühen, keine Reibungsflächen bieten zu wollen. Während der ganzen Untersuchung war sie nur bemüht, „angenehm" zu wirken, sie reagierte verspielt — uneigenständig — passiv und war dauernd „auf der Hut". — Das wirkt sich dahingehend aus, daß sie Einflüssen willkürlich und ohne kritische Distanz ausgeliefert ist, weil ihr das eigene Ansehen und die Anerkennung über alles gehen.

Dieser Niederschlag trägt im leistungsmäßigen intellektuellen Bereich den Charakter geringer Kritik, bequemes Denken auf der einen und *konfabulierender Phantasietätigkeit* auf der anderen Seite. Mit ihrem Selbstbild ist es nicht in Einklang zu bringen, daß sie Fehler zugibt, und infolgedessen versucht sie um der sozialen Anerkennung willen, *Fehlendes mit weiteren Assoziationen aufzufüllen*, die sie in „altkluger" Form (ohne tieferes Wortverständnis) formuliert.

Darüber hinaus ist Angelika selten von sich aus motiviert zur Arbeit und Konzentration, sie fühlt sich nicht unmittelbar angesprochen und aufgefordert zu handeln, denkend eine Lösung zu erarbeiten, eine Situation zu bewältigen. Sie kann in ihren Gedanken auch eine Gesamtsituation nicht voll erfassen, weil sie nicht differenzieren und kombinieren kann, und es ist ein Leichtes, ihr Meinungen zu suggerieren. Auch bei konkreten, überschaubaren Wahrnehmungsinhalten ist sie sofort und spontan bereit, sich zu korrigieren, weil sie sich nicht exponieren will und kann. So kommt sie gar nicht dazu, ihre Erfahrungen und ihr Wissen auszuwerten und durch analysierendes Denken zu altersentsprechenden Leistungen zu kommen. Diese Schwäche wird dann immer wieder durch eine erkennbare Tendenz zum Beschönigen und *Vertuschen* zu verdecken gesucht.

Die besondere Art ihrer Veranlagung befähigt Angelika zu *konfabulatorischer Phantasietätigkeit*, die als Mittel zu sozialer Anerkennung zum Ausdruck kommt. Sie wirbt um Achtung bei Gleichaltrigen durch Darstellung phantasierter Erlebnisse oder phantasievoller Auslegung, wobei sie sich je nach der Situation ein günstiges, gewünschtes Bild gibt. Es fehlt ihr allerdings dann das Gedächtnis und die geistige Beweglichkeit, um Widersprüche zu vermeiden, und sie reagiert dann völlig kleinkindhaft (um Verantwortung von sich abzuschieben). Es bleibt bei allem eine unvollständige, fehler- und lückenhafte Nachahmung von Wahrgenommenem.

Zusammenfassend ist zur Zeugentüchtigkeit der Angelika L. Stellung zu nehmen:

Bei mittlerer Intelligenz ist Angelika nicht in der Lage, einen Sachverhalt und eine Gesamtsituation von sich aus differenzierend zu erfassen und detaillierte Angaben über Dinge ihres Wahrnehmungs- und Erlebnisbereiches zu machen. Angelikas *allgemeine Zeugentüchtigkeit ist nicht gewährleistet*, weil sie

1. sich in ihrem Denken und Handeln nur nach der jeweiligen Situation und dem jeweiligen Gegenüber ausrichtet und ihre Meinung nur global-gefühlshaft-affektiv und nicht verstandesmäßig äußern kann.
2. in erhöhtem Maß beeinflußbar ist und auch ohne Spannungen zwischen Ich und Außenwelt Suggestionen unterliegt, ohne dabei genügend Kritik und Kontrolle aufzubringen.
3. nicht nur im reproduzierenden Denken, sondern auch im vorausgehenden Erfassen global-ungenau vorgeht unter Außerachtlassung wesentlicher Merkmale.
4. immer versucht, um des Ansehens willen Fehlendes und unexakt Wahrgenommenes durch assoziative Phantasietätigkeit zu kompensieren.
5. nur über geringe Auffassungsgabe — durch Hemmung im persönlichen Bereich — und geringe Merkfähigkeit verfügt.

Angelikas allgemeine Zeugentüchtigkeit ist nicht gewährleistet.

b) Zur Glaubwürdigkeit der speziellen, den Sachverhalt betreffenden Aussagen

Bei der speziellen Sachverhaltsexploration zeigt sich, daß Angelika durch diese Fragen in keiner Weise, weder angenehm noch peinlich „berührt" wird; sie faßt alles als ein interessantes Spiel auf, das den Psychologen darüber hinaus dazu veranlaßt, sich nur intensiv mit ihr zu beschäftigen. Ihr Verhalten ist dann auch nur darauf gerichtet, weiterhin „Mittelpunkt" zu sein, ernste Ermahnungen werden sachlich gar nicht richtig erfaßt, weil sie die Situation verkennt.

Dabei hat sich herausgestellt, daß sie gar nichts mehr im einzelnen weiß, was sie jemals wo gesagt hat; Erzähltes mischt sich in ungeordneter und unverarbeiteter Weise mit Märchen und Schulerlebnissen, die Eindrücke sind diffusungestaltet und uneindringlich. Es spielt indes eine Rolle, daß sie dieselbe Auffassung wie ihre Mutter vertreten möchte und zu eigenen, kritischen Denkleistungen nicht kommt. Sie unterliegt den Suggestionen wahllos, schweift spielerisch ab und ist weder unter Druck noch beim Spiel in der Lage, gedanklich zu differenzieren. — Die Befragung hinsichtlich der speziellen strittigen Punkte mußte abgebrochen werden, weil sie bei Angelikas Entwicklungsniveau eine Überforderung darstellte. Es war nicht zu klären, ob Angelika bei der Kriminalpolizei — um dort „mitmachen" zu können— oder später bei Mutter und Großmutter — um ihnen zu „gefallen" und weiterhin „geliebt" zu werden, ihre Aussagen wahrheitsgetreu oder phantasiert machte.

Zum Zeitpunkt der psychologischen Untersuchung waren alle Eindrücke (Gespräche zu Hause, auf der Straße ...) verwischt.

Durch die geringe Differenziertheit von Ich und Außenwelt, die kleinkindhafte Denkweise und intentionale Hemmung können Gefühle und Wünsche, Träume und Strebungen noch nicht von wirklichen Gegebenheiten unterschieden werden. Die spezielle Glaubwürdigkeit der Angelika L. ist nicht gegeben.

Psychologisches Gutachten

in der Sache — 15 KLs 14/58 — (LG Hannover)

Auf Ersuchen des Landgerichts Hannover — Jugendschutzkammer — werden in der Strafsache gegen den Kraftfahrer Z. die nachfolgenden Gutachten über die Zeugentüchtigkeit der Schülerinnen

I. Sigrid H.
II. Eva-Maria A.

erstattet. Die Gutachten stützen sich auf Untersuchungen mit speziellen Testverfahren, Verhaltens- und Ausdrucksdiagnostik, sowie auf eine Exploration der Persönlichkeit.

Untersuchungstermin: Mittwoch, den 6. August 1958
Verhandlungstermin: Dienstag, den 12. August 1958

I. Sigrid H.

Psychischer Befund

Die 12jährige Sigrid wächst als Älteste von zwei Geschwistern im Elternhaus auf. Ihr Vater verstarb vor einem Jahr und sie wird jetzt nur von der

Mutter betreut. Die Erziehung scheint mit Einsicht und Verständnis geführt zu werden. Sigrid und ihr jüngerer Bruder werden psychisch und physisch sorgfältig und individuell betreut. — Wie die Mutter in einer Aussprache berichtet, könne man sich Sigrids Verhalten und ihre Verschlossenheit, nämlich das Verschweigen der zur Verhandlung stehenden Vorfälle im Elternhaus nicht erklären; sie — die Mutter — habe Sigrid eigentlich immer betreut und sorgfältig beaufsichtigt; allerdings sei sie in der Zeit, in der die Vorkommnisse geschehen sein sollen, durch den Verlust ihres Mannes nervlich besonders belastet und für die Kinder vielleicht nicht immer aufgeschlossen genug gewesen.

Sigrid ist ein körperlich gut entwickeltes, kräftiges und belastbares Mädchen, das ausgewogen im Selbstbewußtsein und Vertrauen auf ihre Kräfte reagiert und sich infolgedessen sicher behauptet. In ihrer seelisch-geistigen Entwicklung ist sie altersentsprechend fortgeschritten und gefestigt. Sie befindet sich in einer ausgesprochen realistisch-sachlichen Phase und die sachlich-nüchternen Erwägungen stehen bei ihren Entscheidungen im Vordergrund. Obwohl sie gefühlsmäßig durchaus ansprechbar und kontaktfähig ist, überwacht sie sich doch in besonderem Maß und geht erst nach Eingewöhnung spontaner und impulsiver aus sich heraus. Dennoch sind Natürlichkeit und Zugänglichkeit im Auftreten charakteristisch für Sigrid; sie kennt keinen Zwang, macht keinen Hehl aus ihrer Meinung und äußert diese unbekümmert. Im Kontakt mit Gleichaltrigen dominieren kindlich-mädchenhafte Interessen neben Spiel und Wunsch, die Aktivität voll entfalten zu können. Die für die Pubertät typische Form des Kontaktes, nämlich Schwärmen, gemeinsames Besprechen von realitätsfernen Wunschvorstellungen etc. ist noch nicht zu erkennen; nüchterne Überlegungen und das Verfolgen realisierbarer Ideen ist beherrschend.

In Verfolg dieser sachlich-aufmerksamen Einstellung beobachtet Sigrid wach und kritisch, kann auch differenzierte Zusammenhänge gut erkennen und übersehen, sowie ihre Meinung dazu klar und durchdacht äußern. Dabei zeigt sich, daß sie nicht voreilig urteilt und schon vernünftig abzuwägen weiß. Überhaupt bemüht sie sich, die zugrundeliegenden Zusammenhänge zu erfassen, sie gibt sich nicht mit oberflächlichen Erklärungen und Erläuterungen zufrieden. Wenn sie auch noch mehr Zeit braucht als andere, um sich eine Meinung zu bilden, etwas zu formulieren und zu äußern, so macht sich doch bemerkbar, daß sie Gleichaltrigen in dieser Hinsicht voraus ist, eben weil sie sich um sachliche Erkenntnis und wirklichkeitsgetreue Erfassung bemüht. In selbständiger und sicherer Art gibt sie ihre Meinung von sich und läßt sich nicht dazu verleiten, angebotene Interpretationen und Deutungen zu übernehmen, wenn sie selbst noch nicht genügend zur Einsicht gekommen ist. Ihre Suggestibilität und die Neigung, suggestiven Beeinflussungen zu unterliegen, ist äußerst gering. Eher ist sie bereit, ein Nichtfassen, Nichtverstehen, oder Vergessen einzugestehen, als etwas Nichtverarbeitetes, Nichterkanntes oder Vergessenes durch angebotene Deutungen zu ergänzen. Ihre Meinung wird darüber hinaus nur bei Einsicht revidiert; um des guten Kontaktes willen, ist sie nicht bereit, Zugeständnisse oder Korrekturen zu machen. Diese Haltung wird auch von der Mutter bestätigt, indem diese äußert, Sigrid sei oft geradezu „dickköpfig"; es dürfte sich hierbei jedoch mehr um ein Festhalten an der einmal gewonnenen richtigen oder für richtig erachteten Auffassung handeln als um „stures" Beharren.

Diese Selbstsicherheit und Sachlichkeit im Vertreten der Meinung und im Äußern ist möglich, weil Sigrid tatsächlich dazu befähigt ist, Zusammenhänge und Situationen präzise und differenziert zu erfassen. Es kommt ihr in allen Lebenslagen das solide Fundament guter geistiger Begabung zugute, die den

Charakter lebenspraktischer Intelligenz und Vernunft trägt. So kann Sigrid ausgesprochen theoretischen Erwägungen oder realitätsfernen Überlegungen weniger Freude abgewinnen, während sie besonders sicher im kontaktzweckmäßigen und lebensnahen Denken ist. Es ist ihr ein Leichtes, sich durch kombinierendes und analysierendes Denken weiter zu helfen, sofern die Beziehung zum Anschauungsobjekt vorhanden war oder dieses als Ausgangspunkt dient. Auch wenn sie zu phantasierendem Erzählen und Ausschmücken ermuntert wird, kommt sie immer wieder auf anschauliches und konkretes Material zurück; märchenhaftes Ausschmücken des Wahrnehmungsmaterials, Ergänzen der sachlichen Daten durch phantasievolle oder phantasierte Erzählungen fällt ihr ausgesprochen schwer und sie vermeidet es nach Möglichkeit.

Es herrscht Sachlichkeit und Realitätsnähe auch im Denken vor; es handelt sich bei der Art und Strukturierung von Sigrids Intelligenz um eine „statische", nicht um eine „dynamisch-schöpferische". — Gute Merkfähigkeit ermöglicht es ihr, die Gegebenheiten, das Gedächtnismaterial auch über einen längeren Zeitraum exakt bis ins Detail zu reproduzieren, wobei ihr die logisch-ganzheitliche Art der Erfassung zugute kommt. Auch wenn Einzeldaten vom Gesamtzusammenhang gelöst werden, werden sie keineswegs anders interpretiert als auf dem Hintergrund des erstmals dargebotenen Sachverhalts oder „Anschauungsbildes".

Auf Grund des voranstehenden Persönlichkeitsgutachtens kann die allgemeine Zeugentüchtigkeit der Schülerin Sigrid H. durchaus bejaht werden. Die Glaubwürdigkeit ihrer Aussagen ist gesichert. Die Frage nach Störungseinheiten auf psychischer Basis darf weitestgehend ausgeschaltet werden. Bei gut durchschnittlicher Intelligenz ist Sigrid befähigt, Zusammenhänge bis ins Detail sicher und exakt zu erkennen und sich auch Einzeldaten über einen längeren Zeitraum in adäquater Weise zu merken. Die Bereitschaft, suggestiven Beeinflussungen zu unterliegen, ist durch die Art der Persönlichkeitsveranlagung außerordentlich gering. Zur Glaubwürdigkeit ihrer speziellen Aussagen, die das Strafverfahren gegen Z. ausmachen, hat sich ergeben, daß die Diskrepanz zwischen erster und zweiter Aussage bei der Kriminalpolizei auf Grund des Persönlichkeitsbildes nur zu verständlich ist. Sigrid neigt keineswegs dazu, etwas zu beschönigen oder zu entstellen. Es kann der Verdacht nicht von der Hand gewiesen werden, daß sie lieber weniger aussagt, um sich und ihre Freundin nicht in ein allzu schlechtes Licht zu setzen, als daß sie von vornherein ihr eigenes, von ihr auch als schuldhaft anerkanntes Verhalten zugibt. Dabei neigt sie jedoch nicht dazu, die Schuld um des eigenen Ansehens und um der eigenen Entschuldigung willen auf andere abzuschieben, sondern sie hat sich soweit „in der Hand", daß sie zunächst nur das zugibt, was sie ohne Gefahr eigener Diskriminierung äußern kann.

In einer speziellen Sachverhaltsexploration hat sich ergeben, daß die Aussagen von Sigrid denen entsprechen, die im 2. Protokoll der weiblichen Kriminalpolizei niedergelegt sind.

Die Glaubwürdigkeit der Zeugenaussagen von Sigrid H. im Strafverfahren gegen Z. darf als gesichert vorausgesetzt werden — wenn auch psychologischerseits die Möglichkeit nicht ausgeräumt werden kann, daß sich Sigrid scheut, gewisse Einzelheiten — die inzwischen als äußerst peinlich, bedrückend und affektbeladen erlebt werden — vor Außenstehenden zu äußern. Davon wird jedoch die dem Erlebnis entsprechende Aussage in ihrer Glaubwürdigkeit nicht betroffen.

II. Eva-Maria A.

Psychischer Befund

Die 12,1 Jahre alte Eva-Maria — als Jüngste von drei Geschwistern aufwachsend (zwei ältere Brüder im Alter von 20 und 23 Jahren) — ist ein lebhaftes, aufgeschlossenes und ansprechbares junges Mädchen, das sich frei und ungezwungen gibt und auch in fremder Umgebung schnell Anschluß und Kontakt gewinnt. In ihrer seelisch-geistigen Entwicklung entspricht sie dem Niveau des Lebensalters durchaus; ihr Entwicklungsstand ist einigermaßen „harmonisch" und sie reagiert deshalb noch frei und ausgewogen. Vielseitige Interessen, die noch vorwiegend mädchenhaft-kindlichen Charakter tragen, bestimmen sie oft zu etwas „nervös-unruhigem" Einsatz und es fällt ihr schwer, sich immer auf das Wesentliche zu konzentrieren und sich einem Erlebnis ganz zuzuwenden. Darüber hinaus ist ihre Aufmerksamkeit schnell wieder durch andere Erlebnisse zu fesseln, so daß auch mancherlei Eindrücke etwas oberflächlich verarbeitet werden.

Kennzeichnet Lebendigkeit und Ansprechbarkeit Eva-Marias Lebenseinstellung, so ist hierbei ein entscheidender Anteil der geistigen Beweglichkeit und Umstellfähigkeit zuzuschreiben. Sie ist aufnahmefähig und „spricht" geistig schnell an, kann gut kombinieren und auch komplexe Zusammenhänge von sich aus erfassen. Allerdings fehlt ihr auch hier gelegentlich noch die Motivation zu vollständigem Durchdenken und tiefgründigen Überlegungen, zumal bei sachlichen Fragen, die sie weniger interessieren. Bei reichem Vorstellungszustrom und erlebnisbestimmten Gedankengängen dominieren z. Zt. in erster Linie noch märchenhafte Vorstellungsinhalte, allerdings sind schon erste Anzeichen einer Umstrukturierung der Vorstellungswelt der Vorreifezeit entsprechend zu erkennen. So ist Eva-Maria — und das kommt ihrem gesamten Temperament entgegen — mehr gefühlsmäßig als logisch-kritisch bei der Sache, und sie neigt auch dazu, gefühlsmäßig zu urteilen und sich durch Gefühl und Empfindungen in der Erkenntnis und Auffassungsbreite etwas beeinflussen zu lassen. Hinsichtlich der Beurteilung der Glaubwürdigkeit ihrer Zeugenaussagen ist jedoch durch diese Gefühlsbeteiligung eine Einschränkung nicht geboten, weil Eva im entscheidenden Fall, wenn sie um die Ernsthaftigkeit einer Situation oder Aufgabe weiß, sich wirklich sicher konzentrieren kann, einer Materie intensiv zuwendet und exakt bis ins Detail merken kann. Diese Affizierbarkeit durch Gefühls- und Erlebnisinhalte wird sich in erster Linie im schulischen Bereich äußern, weil außerschulische Interessen und Anforderungen Evas Reaktionsneigungen weit mehr entsprechen.

Die Gedankengänge können sprachlich sicher und differenziert ausgedrückt werden; Eva ist durchaus in der Lage, auch differenzierten Überlegungen zu folgen und ihre Gedanken präzise zu formulieren. Dieses Wortverständnis und Erinnerungsvermögen für Worte und Formulierungen ist nicht unbeachtlich und befähigt sie in Verbindung mit guter Merkfähigkeit dazu, auch ganze Sätze sicher und exakt zu reproduzieren. Merkfähigkeit und Gedächtnis sind als gesichert anzusehen, nicht gesichert ist allerdings die Bereitschaft, etwas zu „behalten" und zu merken, was als unangenehm, wertmindernd angesehen werden könnte. Eva-Maria möchte diese Dinge vergessen, sich nicht erinnern können, um peinlichen Situationen aus dem Wege zu gehen; sie neigt dann allerdings nicht dazu, durch konfabulierte Erzählungen „abzubiegen" oder auszuweichen, sondern sie äußert sich einfach gar nicht. Infolgedessen ist auch bei Eva-Maria die Möglichkeit gegeben, daß sie gewisse Aussagen aus Scheu, vielleicht auch Angst vor Eltern, anderen Erziehungsberechtigten oder Außenstehenden nicht wiederholt, aufrechterhält oder „öffentlich" bekundet; sie ist dann eher bereit, ihr eigenes Ansehen reduziert zu wissen, als sich in unangenehmen Situationen behaupten zu müssen — obwohl sie es durchaus könnte und sich auch an Unangenehmes bildhaft genau erinnert.

Neben guter Merkfähigkeit und klarer Situationserfassung bietet die spannungs- und komplexfreie Art der Persönlichkeit die Basis, daß Eva Suggestionen sehr sicher und überzeugt standhalten kann. Ist sie vielleicht auch in anderen Situationen bereit, einmal nachzugeben, sich unterzuordnen, lenken zu lassen, so ist sie jedoch überall dort, wo es sich um Äußern der eigenen Meinung handelt, gefestigt gegen suggestive Beeinflussungen. Darüber hinaus ist auch die Entwicklung der eigenen Wertmaßstäbe im Vergleich mit anderen 12jährigen schon differenziert und gefestigt, so daß Eva-Maria durchaus in der Lage ist, objektiv und frei von persönlichen Gefühlen Recht und Unrecht, sowie eigenes schuldhaftes Verhalten zu erkennen und dafür einzustehen. Insofern sind die charakterlichen Voraussetzungen zu Bejahung der Frage nach Evas Zeugentüchtigkeit durchaus gegeben; obwohl sie spielerischen, unbeschwerten Neigungen und Interessen gern nachgibt, kann sie durchaus ermessen, wann mehr von ihr erwartet wird und wann Oberflächlichkeit fehl am Platze ist. Sie verhält sich dann in solchen Situationen adäquat, ernsthaft, sachlich und konzentriert.

Die allgemeine Zeugentüchtigkeit der Schülerin Eva-Maria und die Glaubwürdigkeit ihrer Aussagen, die im Strafverfahren gegen Z. zur Verhandlung stehen, dürfen als gesichert betrachtet werden.

In einer Exploration zum betr. Sachverhalt äußerte Eva-Maria A. wieder in derselben zeitlichen und inhaltlichen Abfolge die Einzelpunkte, die auch im Protokoll ihrer Vernehmung bei der weiblichen Kriminalpolizei niedergelegt sind. Sie konnte sich auch noch an Einzelheiten exakt erinnern und gab darüber hinaus spontan und freimütig zu, Sigrid H. — ihrer Freundin — die „Sache mit dem Affen vorgeflunkert" zu haben. Welche der beiden Schülerinnen die Initiative vor einzelnen Ereignissen, z. B. zum Schreiben des Briefes ergriffen hat, läßt sich nicht mehr klar abgrenzen, zumal Eva-Maria offensichtlich aus Angst vor ihren Eltern die eigene Schuld nicht immer voll zugibt. Hierdurch ist jedoch die spezielle Glaubwürdigkeit ihrer Aussagen nicht beeinträchtigt, es ist eher zu vermuten, daß sie etwas bagatellisiert oder beschönigt als daß sie etwas ausschmückt, jedoch ist die spezielle Glaubwürdigkeit ihrer Aussagen hiervon nicht betroffen."

Auf Ersuchen des Amtsgerichts Münder (Aktz. der StA Hannover 17 Ls 23/53) erstatte ich gemäß des Gerichtsbeschlusses vom 21. 10. 1953, ... über den Schüler Heinrich R. nachfolgendes

nervenfachärztliches Gutachten
mit tiefenpsychologischen Gesichtspunkten,

das sich auf eine zweimalige ambulante Untersuchung von Heinrich am 3. und 10. Dezember 1953 und auf eine eingehende Rücksprache in derselben Zeit mit der Mutter und deren Verlobten, Herrn D., stützt. Das Gutachten soll zu der Frage Stellung nehmen: Ob und inwieweit ein zur Zeit der Tat im 14. Lebensjahr stehender Junge mit Anzeichen einer abwegigen Phantasie, als Zeuge glaubhaft erscheint.

Bezüglich des zur Anklage stehenden und nach Angaben von H. an ihm verübten Sittlichkeitsverbrechens verweise ich auf den Akteninhalt. ...

Die Untersuchung wurde so durchgeführt, daß zunächst eine Rücksprache mit der Mutter erfolgte. Während dieser Zeit beschäftigte sich H. allein und fertigte mit Tusche ein Bild an, auf das später eingegangen wird. Die Mutter erwies sich als zeitlich und örtlich und zur eigenen Person orientiert. Sie machte einen zunehmend reservierten und gespannten Eindruck.

Bei Besprechung der Familiensituation war sie zunächst noch aufgeschlossener. Sie berichtete, daß ihr Ehemann seit dem 26. 6. 1944 vermißt sei. Er sei von Beruf Schlosser gewesen. Aus dieser Ehe stammen 6 Kinder. Heinrich sei das 3. Kind. Er habe zwei ältere Schwestern im Alter von 18 und 16 Jahren und drei jüngere Geschwister im Alter von 12 und ein 9jähriges Zwillingspaar. Zu diesen ehelichen Kindern sei am 15. 11. ein 7. Kind, zu dem der Verlobte Vater sei, geboren worden.

Sie habe mit den Kindern am 17. 11. 1945 ihre Heimat im Warthegau verlassen. Sie hätten keine besonderen Fluchterlebnisse gehabt, weil sie mit einem geordneten Transport abtransportiert worden seien. Nach einem vierwöchentlichen Lageraufenthalt sei schon die Einweisung in eine Privatwohnung erfolgt, und schon im März 1945 hätte sich die Familie in die Westzone nach E. begeben, wo sie noch heute wohnen. Sie beziehe eine Kriegsrente. Wirtschaftlich gehe es ihnen dadurch zufriedenstellend. Sie habe für die Familie drei Räume zur Verfügung. Davon habe die Mutter mit zwei Töchtern ein Schlafzimmer, die anderen Kinder schlafen mit der Schwiegermutter in einem Zimmer. Der Verlobte schlafe in der Küche. H. müsse von jeher das Bett mit seinem 12jährigen Bruder Dietrich teilen.

Sie habe in der Erziehung mit all ihren Kinder Glück gehabt. Die älteste Tochter arbeite in der Fabrik, die zweite stehe ihr im Haushalt zur Verfügung. Und die anderen gehen noch zur Schule. Alle entwickeln sich dort gut und haben angeblich gute Zeugnisse.

Die Geburten der Kinder seien alle leicht gewesen, auch die von Heinrich. Dieser sei immer ein ruhiges Kind gewesen. Sie habe auch, als er Säugling und Kleinkind gewesen sei, mit ihm keinerlei Mühe gehabt. Sie habe den ganzen Tag weggehen können, und er habe geschlafen. Sie habe ihn fast bis zum 1. Lebensjahr genährt. Er habe erst mit zwei Jahren laufen können, weil er etwas dick und schwer gewesen sei. Mit $1^1/_2$ Jahren habe er alles gesprochen. Sie habe ihn schon sehr früh an die Sauberkeit gewöhnt und habe ihn schon in der dritten bis vierten Lebenswoche auf den Topf gesetzt, so daß er schon mit einem halben Jahr ein Zeichen gegeben habe, wenn er aufs Töpfchen wollte. Er habe auch später angeblich nie eingenäßt oder eingekotet. Bei diesen Angaben machte die Mutter einen etwas unsicheren Eindruck. Sie habe ihn angeblich schon mit $1^1/_2$ Jahren in den Kindergarten gegeben, wo er im Sommer im Sandkasten gesessen und gespielt habe. Im 6. Lebensjahr sei er eingeschult worden und sei im 1. Schuljahr nicht versetzt worden, weil er etwas schwach im Rechnen gewesen sei. Sonst habe sie nie Schwierigkeiten mit dem Jungen gehabt. An dieser Stelle wird die Mutter mit ihrer Schilderung zunehmend affektiv. Sie äußert spontan: „Ich halte meine Kinder streng. Die müssen aufs Wort parieren. Ich strafe nicht mit Haue. Sie kriegen nichts zu essen, so lange, bis sie mir abbitten."

Auf die Frage, wie sie wohl die Fragen der Kinder im Hinblick auf Fortpflanzungsfragen geleitet habe, wird Frau R. sehr abweisend. Sie weist allein den Gedanken, daß ihre Kinder gefragt haben könnten, wo die Kinder herkommen, empört zurück: „Nein, das haben meine Kinder noch nicht gefragt. Meine Töchter von 18 Jahren schämen sich, mir etwas zu erzählen. Mir hat meine Mutter auch nichts davon erzählt. Ich habe meine erste Monatsblutung bekommen, da habe ich einen roten Kopf bekommen. Meinen Töchtern habe ich das auch nicht erzählt. Die Töchter haben das von der Schule gewußt, ich habe nichts gesagt. Wie meine älteste Tochter die Blutung bekam, hat sie nur gesagt, daß sie Geld für Binden möchte.

Sie steigert sich in einen starken Affekt und Rededrang hinein und äußert dann weiter: „Wissen Sie, wenn mein Mann lebte, der würde den Sch. so verhauen, daß er 14 Tage ins Krankenhaus kommen würde."

Sie berichtet dann auch, daß der Sch. einmal in ihre Wohnung gekommen sei und sie aufgefordert habe, die Kinder in der Kammer einzusperren, unter der Bemerkung: So können wir nichts machen. Das sei vor 3 bis 4 Jahren gewesen.

Der Sch. gehe überall hin und erzähle von seiner Frau, daß ihm das nicht gefalle. Als seine Frau im Krankenhaus war, sei er wie ein Verrückter von einem zum anderen gelaufen.

Frau R. wird hier in ihrem affektvollen Bericht unterbrochen und wird gebeten, zu dem Vorfall mit Heinrich Stellung zu nehmen und zu erzählen, was sie davon wisse. Sie berichtet dann auch etwas ruhiger, daß ihr Sohn bei Herrn D., der eine Geflügelzucht habe, die Enten hüte, und dafür sollte er am Jahresende eine Ente bekommen. Er sei dann eines Tages von Sch. beim Hüten der Enten angerufen worden. Dieser habe ihn mit den Worten gerufen: Bubi, komm, ich will Dir Blumenkohl zeigen. Der 9jährige Bruder Helmut, der mit Heinrich bei den Enten war, sei auf Veranlassung von Sch. fortgeschickt worden. Heinrich selber habe ihr nichts von den Vorgängen erzählt, weil er sich geschämt habe. Herr D. habe aber Heinrich und Sch. im Garten gesehen, und Heinrich habe ihm dann gesagt, daß er nun nicht mehr die Enten versehen wolle. Er möge nicht mehr wegen des Sch. auf die Enten aufpassen. Schließlich sei dann Herr D. in den Jungen gedrungen, und der Junge habe erzählt, daß der Sch. ihn hinter einen Busch gezogen habe und ihn aufgefordert habe, die Hose aufzuknöpfen, was Heinrich nicht getan habe. Dann habe Herr Sch. seine Hose aufgeknöpft und Heinrich habe an dem Glied reiben müssen. Dann sei Weißes herausgekommen und Sch. habe gesagt: Oh, wie schön, oh, wie schön. Herr D. habe dann diesen Bericht der Mutter überbracht, und der Verlobte sei mit dem Jungen nach S. zum Wachtmeister gefahren und habe Anzeige erstattet. Sie wisse nicht genau, wann sich der Vorfall abgespielt habe. Es sei wohl am 22. 7. oder 8. 1953 gewesen. Der Sch. habe dann später nachteilige Dinge über Heinrich erzählt, u. a. daß er ein Mädchen in den Tannen gehabt habe und diese gevögelt habe. An dieser Stelle kommt Frau R. wieder in ihren schon mehrfach beschriebenen Affekt hinein: „Meine Kinder schämen sich, so etwas überhaupt zu sagen. Manche Neunjährige weiß heute schon mehr als meine Kinder." Ich versuche, Frau R. klar zu machen, daß man den Kindern gewisse Fragen zur Fortpflanzung und Geschlechtlichkeit beantworten müsse, damit sie nicht diese ganze Seite des Lebens nur auf der Straße, in einer schmutzigen Darstellung, erleben. Darauf wird sie sehr aufgebracht und macht mir klar, daß vor dem 14. bis 16. Lebensjahr kein Kind etwas darüber zu wissen brauche.

Am 10. 12. 1953 erfolgte dann auch eine Rücksprache mit dem Verlobten Herrn D.

Er berichtet, daß ihm der ganze Vorgang durch Herrn D. geschildert worden sei, und daß er die Anzeige erstattet habe.

Herr D. machte in der kurzen Rücksprache, die ich mit ihm hatte, und in der ich versuchte, mir ein Bild über seine Stellung in der Familie zu verschaffen, einen recht hilflosen Eindruck. Ich äußerte ihm gegenüber, daß er sicher als 26jähriger eine sehr schwierige Rolle, besonders im Hinblick auf die Stellung den erwachsenen Töchtern gegenüber, einzunehmen habe und fragte ihn weiter, ob es ihm denn gelungen sei, eine kameradschaftliche Haltung Heinrich gegenüber zu bekommen. Auf diese Frage reagierte er mit hilflosen Bewegungen und einem peinlichen Gesichtsausdruck.

Er erzählte dann, daß die Töchter sehr selbständig seien. Wenn die Mutter den Töchtern irgendetwas sage, werde sie von ihnen angeranzt, wie ein kleines Mädchen. Frau R. hätte ihm jetzt Erziehungsvollmacht den Kindern gegenüber erteilt. Auf die Frage, ob er sich denn dem gewachsen fühle und was er für Erziehungsmaßnahmen ergreife, ist er wieder sehr hilflos und erzählt dann, daß er die Kinder nicht schlage, aber, wenn die Töchter frech gewesen seien, lasse er sie nicht ins Kino gehen.

Ich sage ihm dann, daß ich der Meinung wäre, daß ein Vierzehnjähriger auch in Fortpflanzungsfragen und geschlechtlichen Fragen eine Unterrichtung haben müsse, damit er nicht im Leben gefährdet sei und sage ihm, daß ich mich darüber wundere, daß Heinrich dem Sch. gegenüber so gefügig gewesen sei. Darauf meint er, daß der Sch. ihn an der Hand festgehalten habe, und das sei solch ein robuster Kerl, daß man sich gegen ihn nicht erwehren könne.

Im übrigen meint auch Herr D., daß man doch keinesfalls mit einem Vierzehnjährigen über geschlechtliche Fragen sprechen könne, höchstens könne man das im Alter von 16 Jahren anschneiden. Ich sage ihm, daß Heinrich mir gesagt habe, daß der Pfarrer den Kindern schon eine Aufklärung übermittelt habe. Darauf ist Herr D. sehr empört und meint, daß das den Pfarrer gar nichts anginge. Der habe nach seiner Ansicht nur das Wort Gottes zu vertreten, und sonst gehe ihn das alles nichts an. Da es auch hier aussichtslos erscheint, zumindest bei dem noch nicht erledigten Prozeß, mit einer Beratung anzukommen, wird die Unterredung nicht weiter fortgeführt.

Untersuchungsbefund

Die Untersuchung von Heinrich ergab, daß er seinem Alter entsprechend entwickelt ist. Im Gespräch zeigte er eine deutliche Kontaktsperre. Besonders bei der Untersuchung machte er einen recht verschlossenen und zurückhaltenden Eindruck. Seinen Lebenslauf legte er nach Aufforderung schriftlich nieder.

Irgendwelche Angaben über das Familienmilieu und die Beziehung zur Mutter und den Geschwistern oder zu dem Verlobten der Mutter konnte man nicht bekommen. Auf Fragen gab er die stereotype Antwort, daß alles gut sei.

Den Bericht über den Vorfall mit Sch. gab er fließend und ohne die eben beschriebene Zurückhaltung. Er glaubt, daß es sich um den 12. 7. 1953 gehandelt habe. An diesem Tage habe er mit seinem Bruder Helmut die Enten gehütet. Da sei Sch. angekommen und habe ihn aufgefordert, Helmut wegzuschicken und habe bemerkt, daß er ihm etwas zeigen wolle. Er sei mit ihm dann in die Ecke, an einen hohlen Weidenbaum gegangen und habe gesagt, daß er den rausholen solle. Er gibt zu, daß er gewußt habe, um was es sich handele, habe das aber nicht getan. In der Schilderung fährt er folgendermaßen fort: „Er hat dann seinen rausgeholt. Er hat die Hand genommen, und dann mußte ich hin und her reiben. Dann fing er an zu jappen. Dann bin ich weggelaufen. Und dann hat er mir 20 Pfennig geschenkt und hat gesagt, ich solle es keinem sagen.“ Für die 20 Pfennig habe er sich zwei Stück Kuchen gekauft. Er selber habe seine

Hose nicht aufgemacht, sondern habe die Hand vor die Hose gehalten. Er berichtet dann auch noch weiter, daß bei Sch. solch gelbe Flüssigkeit herausgekommen sei. Ich frage ihn, wo denn die rausgekommen sei. Darauf meint er: „Aus dem Pimmel." Auf Befragen gibt er an, daß bei ihm selber noch kein Samenerguß vorgekommen sei. Ich sage ihm, daß er eigentlich über die Vorgänge am Geschlechtsteil Bescheid wissen müsse und frage ihn, ob seine Mutter oder irgendjemand ihm davon wohl erzählt habe. Darauf äußert er: „Der Pastor hat einmal erzählt, wie die Menschen sich vermehren", aber das habe er alles vergessen. Ich sage ihm noch, daß es für ihn sicherlich gut sei, wenn er den Pastor noch einmal aufsuchen würde und sich mehr darüber erzählen ließe, denn er müsse wissen, daß man auch zu geschlechtlichen Spielereien verführt werden könne und daß er in seinem Alter Schritt für Schritt eine Festigkeit bekommen müsse, und selber wissen müsse, was man tut und was man nicht tut. Man könne sich auch und müsse sich sogar gegen solche Anträge erwehren.

Bei diesem Hinweis guckt er mich erstaunt an. Man hat den Eindruck, daß er wohl das Bedürfnis hat, mehr darüber zu erfahren. Er wird aber nach kurzer Zeit verschlossen. Ich gebe ihm daraufhin den Scenobaukasten, einen Kasten, der ... ein großteil Testmaterial enthält, das eigentlich von 14jährigen normalerweise zunächst zurückgewiesen wird, weil sie meinen, daß es sich dabei um Kinderspielzeug handelt. Er sieht den Kasten aber interessiert an und fängt sofort an zu bauen.

Verlauf des Testes

Er baut zuerst links hinten den Kuhstall und stellt die Kuh in die Mitte, daneben rechts die Hundehütte, und dann stellt er rechts die Bäume auf. Vor die Hundehütte stellte er einen Jungen. Dann wendet er sich wieder zu dem Kuhstall und stellt neben die Kuh ein Schwein. Daraufhin nimmt er den Storch aus dem Kasten, stellt ihn rechts auf, und neben den Storch setzt er Blumenbeete, fragt mich, ob das Pilze seien. Dann beschäftigt er sich wieder mit dem Stall, unterteilt ihn und sperrt links das Schwein ab und rechts die Kuh. Dann baut er in den Vordergrund des Testes eine kleine Scheune und stellt davor die Eisenbahn, nimmt dann die Bananen aus dem Kasten und stellt an mich die Frage, ob das ein Vogel sei. Dann zäunt er die Bananen ein. — Schließlich stellt er rechts der Szene, wo schon der Storch steht, den Hahn hin und in die Mitte eine Gans. Dann greift er zu dem Fuchs und zu dem Affen. Er versucht längere Zeit, den Affen an einem Baum festzumachen, stellt ihn schließlich neben den Baum und den Fuchs in den Hintergrund. Dann stellt er den Zwerg in die Szene und greift zu einer Mutterfigur, die er links vor dem Kuhstall aufbaut und stellt das rote Auto in die Mitte der Szene. Schließlich lenkt sich sein Interesse wieder auf den Kuhstall. Er versetzt hier noch einmal die Wände, stellt dann einen Stuhl in die Mitte und legt neben den Stuhl das Fell. Dann ergreift er das Klo und stellt es neben den Storch. Dann nimmt er noch einmal den Zwerg hoch, der rechts vor den Bäumen steht, und stellt die zweite Mutterfigur auf dem Liegestuhl rechts in die Szene und stellt unter den Stuhl der Mutter ein Blumenbeet. Dann nimmt er noch einmal die Bananen hoch und ergreift dann die gelben Rollen aus dem Kasten, die er auf einem Güterzug verlädt. Dann wendet er sich wieder dem Kuhstall zu und stellt einen Tisch vor den Stuhl, setzt dann ein Schulkind, das an einer Schiefertafel arbeitet, daran. Dann meint er, daß es fertig sei.

Er sagt zu dem Test aus: Die Frau links soll waschen, das Mädchen macht

Schularbeiten, das Schwein und die Kuh im Stall werden gefüttert, der Junge streichelt den Hund. Er zeigt auf die Szene rechts mit den Bäumen und sagt: „Das ist das Holz und der Blumengarten, das ist Gras und Sumpf und der Storch. Der Fuchs schleicht sich hin und will die Gans fressen. Die Frau liegt im Liegestuhl, und das Auto soll über den Bahnübergang fahren. Der Affe klettert auf die Bäume. Der Storch sollte eigentlich weiter hinten stehen und das Klo hier vorn."

Bei der zweiten Untersuchung wurde noch eine Intelligenzprüfung und ein Warteggtest durchgeführt. Ferner schrieb Heinrich an diesem Tage seinen Lebenslauf.

Bei der Intelligenzprüfung zeigte sich, daß Fragen, die die praktische Lebenserfahrung seiner Umwelt betreffen, ohne Schwierigkeiten beantwortet werden konnten. Er konnte auch Additions-, Multiplikations- und Subtraktionsaufgaben lösen. — Unterschiedsfragen: Teich — Bach, Irrtum — Lüge wurden auch präzise beantwortet. Dagegen zeigten sich in der Stellungnahme zu Sprichwörtern Schwierigkeiten. Das Abstrahieren gelang ihm z. B. bei dem Sprichwort :„Der Apfel fällt nicht weit vom Stamm" auch nicht mit Nachhilfe.

Beurteilung

Heinrich R. ist körperlich seinem Alter entsprechend entwickelt. Bei den beiden Begegnungen mit ihm machte er bei dem Versuch, einen Kontakt in Gesprächsform aufzunehmen, einen verschlossenen und abwartenden Eindruck. Diese Haltung war das erste Mal betonter und war sicherlich sehr stark durch die von der Mutter ausstrahlende gereizte und gestrenge Atmosphäre diktiert. Darauf ist es auch sicherlich zurückzuführen, daß Heinrich selber nicht zu einer Schilderung des häuslichen Milieus und zu seiner Beziehung zu den Personen der Familie zu bewegen war.

Ehe ich weiter auf Heinrich eingehe, will ich die Hilflosigkeit der Mutter in Erziehungsangelegenheiten darstellen. Sie bot bei uns das Bild einer sehr affektiven, fordernden Mutter, die als geeignete Erziehungsmethode den Nahrungsentzug wählte, bis die Kinder ihr Abbitte leisteten. Wir konnten bei dem Affekt und Rededrang, den sie bei Schilderung der häuslichen Atmosphäre entwickelte, mit Recht vermuten, daß das nicht alles reibungslos und gut — wie sie sagte — abläuft. Diese Vermutung wurde durch die Angaben des Verlobten bestätigt, der aussagte, daß die Töchter die Mutter anranzen wie ein kleines Mädchen. Diese Schilderung bestätigt unseren Eindruck. Wir würden sagen, daß es sich bei Frau R. um eine ausgesprochen *infantile Mutter* handelt, die man auch heute kaum noch in Erziehungsfragen beraten kann. Sie hat auch sicherlich gar nicht das Bedürfnis danach. Ein vorsichtiger Versuch, sie auf ihre Irrtümer im Hinblick auf die Notwendigkeit einer Führung der Kinder in Fortpflanzungsfragen hinzuweisen, wurde von ihr, ohne über das Angebotene nachzudenken, mit Entrüstung zurückgewiesen. Sie selber sieht dieses Gebiet auch nur unter dem Gesichtswinkel des Unanständigen und hat auch nur eine vulgäre Ausdrucksweise zu diesem Thema zur Verfügung.

Man hätte Frau R. gewünscht, daß ihr nach dem Tode des Familienvaters ein umsichtiger Mann in der Erziehung ihrer Kinderschar zur Seite gestanden hätte. Ihr 26jähriger Verlobter machte bei uns einen gleich hilflosen Eindruck wie Frau R. Auch bei ihm glitt man ab, als man ihm die Notwendigkeit einer Erziehungshilfe nahe legte. Seine Einstellung zu den erzieherischen Bemühungen des Pfarrers ist geradezu töricht. Er ist nicht dazu in der Lage, in dieser Familie als Ersatz-Vater einzuspringen, und er kann auch nicht den reiferen Kameraden, den man dem 14jährigen H. wünschte, darstellen.

Dieses Elternpaar gibt H. nicht die Möglichkeit, daß er sich in geeigneter Form über die biologischen Fragen orientiert. Er hat auch an der Seite dieser Eltern nicht die Gelegenheit, sich mit der Problematik auseinanderzusetzen, die für ihn durch die neue Partnerschaft seiner Mutter entstanden ist, einer Problematik, die ja besonders schwierig zu verarbeiten ist, weil es sich um einen wesentlich jüngeren Mann und um eine nicht legitimierte Verbindung handelt.

Der von uns angewandte tiefenpsychologische Test, der sog. Scenotest, der auf der Erkenntnis beruht, daß die Kinder und auch Erwachsenen in diesem Test ihre Stellung zu ihren Beziehungspersonen darstellen, enthält keine Vaterfigur. Es spielt sich alles im mütterlichen Bereich ab. Heinrich hat also die Auseinandersetzung mit dem männlichen, väterlichen Prinzip, die bei ihm in der Pubertät aktuell sein müßte, völlig verdrängt.

Aus diesem Test erkennt auch schon der psychologisch nicht Geschulte, daß rechts im Hintergrunde ganz kindliche Fragen zur Problematik der Fortpflanzung angeschnitten werden. Es steht dort der Storch, bei dem Heinrich sich den Kopf zerbricht, ob er ihn vor oder hinter das Klo setzt, das auf der Photographie durch Bäume verdeckt ist. — Der tiefenpsychologisch Geschulte versteht, daß Heinrich sich bei diesen Bemühungen in der Auseinandersetzung mit kindlichen Sexualtheorien befindet, die etwa lauten: Wo kommt das Kind her? Wo kommt es heraus? Nimmt es den gleichen Weg wie der Kot?

Diese Ecke des Testes läßt durch das Arrangement der Tierfiguren noch viele andere Fragen zu diesem Thema anklingen, die ich hier nicht anschneiden will. Die Figur des Fuchses, des Listigen, und der Affe lassen den Schluß zu, daß er zu diesen Fragen viel mehr weiß. Er muß aber bei der abweisenden Haltung der Mutter zu diesen Problemen, die ja auch im Test vor dieser Szene sitzt, und zwar im Liegestuhl, auf „dumm" schalten. In einer seelischen Behandlung stoßen wir bei derartigen Fällen und bei einer derartigen Anordnung des Tests auf ein diffuses Gemisch von kindlichen und vulgären Sexualvorstellungen.

Ich will bezüglich des Tests nur noch auf die strenge, abgegrenzte Szene links hinten verweisen, die im Ablauf des Testes mehrmals verändert wird und in der schließlich zwischen die streng abgegrenzte Kuh rechts und das ebenso abgegrenzte Schwein links ein braves, mit Schularbeiten beschäftigtes Schulkind gesetzt wird. Die Kuh wird in diesem Test als mütterliches Symbol verwandt. Mit dem Schwein wird die Anfrage nach sauber, unsauber, schweinisch gestellt. Die hohe Mauer zeigt, daß diese Fragen stark verdrängt werden mußten. Ein braves Kind wagt diese kritischen Fragen an die Haltung seiner Mutter nicht zu stellen. Sollte diese Szene wohl die Aussagen des Lehrers, daß das Kind im häuslichen Milieu mehr erlebt als ihm gut tut, bestätigen?

Im 14. Lebensjahr müßten für Heinrich die Fragen nach der Funktion des männlichen Genitales gestellt werden. Auch diese Fragen greift der Test auf. Heinrich clownt aber auch diesbezüglich herum. Er fragt mich im Ablauf des Tests, als er die Banane hinlegt, die als eindeutig männliches Sexualsymbol verwandt wird, ob das ein Vogel sei. Er hat sich in dieser Anfrage des vulgären Ausdrucks für den Penis bedient. Diese Haltung zeigt, daß er bezüglich des Wortschatzes mit seiner Mutter gleichgeschaltet ist.

In diesen Entwicklungsjahren muß auch für Heinrich die Frage nach dem Samenerguß aktuell sein. Und daß sie es ist, hat er auf der Zeichnung, die ebenfalls eine Produktion des Unbewußten darstellt, bewiesen. Dort wird an jedem der beiden Berge rechts eine weiße Auflage herangeklebt, von der vordergründig ausgesagt wird, daß es sich um Schnee handelt. Der Tiefenpsychologe weiß, daß das kollektive Unbewußte den Berg als phallisches, als männliches Symbol herausstellt, und er kann erkennen, daß der Junge mit diesem Bild die aktuelle Problematik seines Entwicklungsalters anschneidet, die hier gleichzeitig in die Prozeßproblematik übergeht, denn dort tritt die Frage nach einem Samenerguß ebenfalls auf.

Wir dürfen bei Beleuchtung der aktuellen Sexualproblematik eines 14jährigen die Tatsache nicht unberücksichtigt sein lassen, daß sowohl Mädchen als Jungen im Alter von 11 bis 14 Jahren eine physiologische homoerotische Phase durchmachen, d. h. daß die seelischen Beziehungen in dieser Zeit auf das gleiche Geschlecht gerichtet sind und daß diese Jahre eben durch gelegentlich auftretende Neigung zu homosexuellen Spielereien gefährdet sind. Vernünftige Erzieher würden aus diesem Grunde z. B. einen 12- und einen 14jährigen Jungen nicht in einem Bett zusammen schlafen lassen, wie es bei Heinrich und seinem Bruder geschieht. Aber sicherlich darf hier auch nicht unberücksichtigt bleiben, daß diese Familie wohl auch nicht die sozialen Voraussetzungen dafür hat, daß jeder sein eigenes Bett haben könnte.

Unser Scenotest bietet einen Anhalt dafür, daß Heinrich zu seinen sexuellen Antrieben bejahend eingestellt ist. Er sagt: „Der Junge streichelt den Hund", den er in der Szene rechts hinten mit aufgestellt hat. Der Hund hat den Symbolwert der männlichen Triebhaftigkeit. Jungen, die in einer derartigen gefügigen Abhängigkeit von ihren Eltern stehen — und ich erwähnte schon, daß hier durch Nahrungsentzug eine hochgradige Gefügigkeit erzielt worden ist, sind natürlich in der eben von mir besprochenen Entwicklungsphase durch homosexuelle Verführungen von Männern besonders gefährdet und diese Gefügigkeit, die in der Schilderung Sch. gegenüber zum Ausdruck kommt, und die anschließende angebliche Belohnung, die Heinrich angenommen hat, lassen im Hinblick auf einen evtl. realen Vorfall der Begegnung Sch.—Heinrich aufhorchen.

Zu dieser Gefügigkeit kommt noch für Heinrich bezüglich eines Gelingens eines Verführungsversuches erschwerend hinzu, daß sein Intelligenzgrad an der unteren Grenze der Norm gelegen ist, wobei offenbleiben muß, ob es sich dabei um einen angeborenen Intelligenzmangel handelt, was wir, besonders auch nach dem Ergebnis eines zweiten Tests, des sog. Wartegg-Tests, anzweifeln möchten. Wir haben vielmehr den Eindruck, daß ihm auf Grund seiner Entwicklungshemmung bisher seine Intelligenz nicht in vollem Umfange zur Verfügung steht.

Nach diesen Ausführungen kann ich zu der an mich gestellten Frage bezüglich der Glaubwürdigkeit der Aussagen von Heinrich in der zur Verhandlung stehenden sexuellen Problematik aussagen, daß bei Heinrich im Hinblick auf Fortpflanzungsfragen und sexuelle Problematik größte Unklarheit und Verwaschenheit besteht, die ihn kaum als glaubwürdigen Zeugen erscheinen lassen können. Zu dieser Unklarheit kommt noch hinzu, daß er in einer ängstlichen Gefügigkeit zu seiner Mutter steht, so daß zur Zeit ein freies Gespräch mit Heinrich nicht möglich ist."

Auf Ersuchen des Landgerichts Hildesheim erstatte ich gemäß des Gerichtsbeschlusses vom 14. 2. 1953 (Aktz. der StA Hildesheim 8 KLs 6/52) nachfolgendes

nervenfachärztliches Gutachten

nach tiefenpsychologischen Gesichtspunkten über
Margit W., 11½ Jahre, und Helga W., 8 Jahre.

In den Ausführungen des Gutachtens soll zu der Glaubwürdigkeit der beiden genannten Kinder Stellung genommen werden. Das Gutachten stützt sich auf das Aktenstudium und auf eine eingehende Untersuchung der Kinder am 17. 3. 1953 in unserem Institut und auf eine Rücksprache mit der Mutter am gleichen Tage.

Der Akteninhalt wird als bekannt vorausgesetzt. Die Untersuchung wurde so durchgeführt, daß zunächst mit den Kindern der Kontakt aufgenommen und zum Schluß mit der Mutter ein ärztliches Gespräch geführt wurde.

Beide Kinder wurden in unser Spielzimmer geführt und es wurden ihnen die vorhandenen Spielsachen zur Verfügung gestellt. Sie entschieden sich zunächst beide für das Malen. Während Margrit dabei blieb, beschäftigte sich Helga dann später sehr eingehend mit Knetgummi.

Nachdem Margrit ein Bild mit 3 Osterhasen gezeichnet hatte, wurde sie zu mir gebeten, und wir nahmen an Hand dieses Bildes den Kontakt auf. Sie erzählte, daß der eine Osterhase Ball spiele und der andere Roller fahre. Ich stellte die Frage, was die Osterhasen denn noch, z. B. zu Ostern tun. „Die Eier anmalen." Auf die Frage, ob sie das wirklich tun, „ich wußte es schon immer vorher, meine Mutter durfte es gar nicht wissen, sie malen die Eier nicht an". Auf die Frage, seit wann sie das wisse, daß die Osterhasen die Eier nicht anmalen, gibt sie an, daß ihr wohl die Wahrheit seit dem 8. Lebensjahr bekannt sei, aber die Mutter habe es nicht wissen dürfen. „Nachher sagt sie, so Du weißt das schon." Ich bemerke, daß man den Kindern zum Beispiel auch erzählt, daß es einen Weihnachtsmann gäbe. Darauf äußert sie, „da habe ich auch nicht lange dran geglaubt". Sie meint, daß sie wohl bis zum 9. oder 10. Lebensjahr an den Weihnachtsmann geglaubt habe. Ich erwähne darauf, daß es ja auch noch andere Märchen gäbe, zum Beispiel das vom Storch. Sie wird dabei etwas verlegen und antwortet zunächst nicht mehr. Ich sage darauf, daß man ja vom Storch den Kindern erzählt, daß er die Kinder bringe und frage sie, ob sie denn ihre Mutter einmal nach der Wirklichkeit gefragt habe. Darauf schüttelt sie mit dem Kopf und erzählt: „Meine Freundin hat mir das erzählt, die hat das von der höheren Schule gewahrgekriegt." Sie sei wohl bei dieser Erzählung 10 Jahre alt gewesen. Auf die Frage, was die Freundin ihr erzählt hätte, „daß man operiert wird unter dem Herzen, daß es erst ein kleines Körnchen ist und wie ein Gespenst aussieht und hinterher wird es ein Kind". Auf die Frage, ob das alles sei, was die Freundin erzählt hätte, „nein, mehr weiß ich nicht". Ich sage ihr darauf, daß ich meine, daß sie eigentlich wohl in ihrem Alter etwas mehr davon wissen müsse und sage ihr weiter, daß es ja unter den Tieren immer zwei gäbe, ein Huhn, und sie antwortete „dazu ein Hahn". Ich bestätige, daß das richtig sei und wähle ein anderes Beispiel und sage, eine Kuh. Darauf wird sie wieder verlegen. Ich sage, na, die Kuh hat doch auch einen Mann. Sie wird weiterhin sehr verschämt.

Ich frage dann, wie denn wohl die Kinder von den Kühen heißen. Auch dabei hat sie ein rotes Köpfchen. Ich helfe ihr und sage, daß man die Kälbchen nennt. Darauf äußert sie, „das habe ich noch nie gewußt". Dann sage ich ihr, daß das männliche Tier unter den Kühen Stier oder Bulle heiße. Darauf legt sie wieder ein sehr verschämtes Gebaren an den Tag und sagt gar nichts. Ich frage sie dann, wie man denn die kleinen Kinder von den Menschen nennt. Sie antwortet, „na, Kind". Ich sage darauf, daß man sie meistens als Baby bezeichnet. Dann frage ich sie, wie man denn das weibliche und männliche Tier bei den Pferden nennt. „Pferd, anders weiß ich nicht." Ich sage ihr, daß man das weibliche Tier Stute nennt. „Das habe ich noch nie gehört." Sie hat auch noch nie das Wort Hengst gehört. Sie weiß aber, daß die kleinen Pferde Fohlen heißen.

Ich erzähle ihr dann, daß sie davon eigentlich in der Zeitung hätte lesen können In Celle sei immer jedes Jahr eine Hengstparade. Darauf antwortet sie „ich lese die Zeitung gar nicht".

Wir nehmen dann von diesem Thema Abstand, und ich frage sie, warum sie hierher gekommen sei. „Wegen der Verhandlung von Herrn Sch." Auf die Frage, was da verhandelt werden soll, „weil der Schweinerei gemacht hat. Ich sollte bei ihm hinfassen, und er wollte bei mir hinfassen". Auf die Frage, wo denn, „am Pöter". Ich frage sie, wo das sei ,darauf zeigt sie vorn an die Geschlechtsgegend. Ich frage sie, ob man diese Gegend Pöter nenne. „Hinten ist das Gesäß und vorne ..." Da ihr Satz da abbricht, frage ich sie, was da vorne sei und wie man das nenne. Darauf meint sie noch einmal „den Pöter". Ich sage ihr, daß man in ihrem Alter schon wissen könne, daß man das zum Beispiel als Geschlechtsgegend bezeichnet und frage dann weiter, wo sie denn bei Herrn Sch. hinfassen sollte. „Vorne." Auf die Frage, was denn da vorne war, erschrickt sie zunächst und sagt dann „spitz war es und knöchelig, innen kleine Knochen". Ob sie das auch gesehen habe, „nein". Ich frage sie, ob sie denn das noch näher beschreiben könne, wie spitz und groß es denn etwa war. Daraufhin macht sie mit ihren beiden Händen eine Bewegung, indem sie etwa in der Luft einen Abstand von 25 cm Länge und 10 cm Breite beschreibt. Als ich sage, so groß war es, reduziert sie diese Angabe und beschreibt mit ihren Händen wieder in der Luft etwa ein 10 cm langes und 5 cm breites Gebilde. Ich frage, wie sich denn das angefühlt habe, „als wenn man lauter kleine Knochen in der Hand hat". Auf die Frage, was denn Herr Sch. gemacht habe, „er hat vorne gekitzelt". Auf die Frage, wie oft der das gemacht habe, gibt sie die Antwort, „ich schlief bei Frau Sch. im Bett, das ging so runter, und da bin ich da reingefallen. Die anderen Male hat er mich reingezogen". Auf die Frage, ob sich das alles in einer Nacht abgespielt habe, äußert sie, „in 5 verschiedenen Nächten". Ich frage sie, wie sich denn eigentlich ein Junge von einem Mädchen unterscheide, „weil er anders angezogen ist und weil er eine andere Haarfrisur hat". Auf den Einwand, ob das alles sei, „und weil er einen anderen Pöter hat wie wir". Ich frage sie, ob sie einen kleinen Bruder hat oder ob sie vielleicht sonst schon einmal einen kleinen Jungen nackt gesehen habe, sie erzählt darauf, daß sie keinen Bruder habe, aber sie habe mal ihren Cousin beim Baden gesehen und fügt sofort hinzu, „ich habe ihn gar nicht gesehen unten und habe auch gar nicht unten hingeguckt". Auf die Frage, warum sie denn da nicht hingeguckt habe, „weil es eine Sünde ist. Wo ich zur Kommunion kam, hat es der Pastor gesagt, es ist unschamhaft".

Nach diesem Gespräch gab ich ihr den Scenokasten und erzählte ihr, daß in diesem Kasten allerlei Spielsachen seien, Tiere und Menschen und Bäume. Sie könne sich alles ansehen und könne, wenn sie Lust habe, damit etwas bauen.

Sie beschäftigt sich mit dem Aufbau dieses Testes (siehe Fotos) etwa $1^1/_4$ Stunde. Dabei macht sie einen außerordentlich angespannten Eindruck, und es fällt eine ausgesprochene Ungeschicklichkeit auf. Sie stößt häufig das Aufgebaute wieder um, und ferner ist auffällig die Unschlüssigkeit. Erst nach langem Überlegen greift sie zu bestimmten Figuren, nachdem sie andere erst wieder aus der Hand gelegt hat, verändert auch mehrere Male die Situation im Test. Ferner zeigt sich ein fast zwangshafter Ordnungssinn. Sowie eine Kleinigkeit schief steht, ist sie sehr bemüht, das wieder in die richtige Lage zu bringen. Ihre Unsicherheit und affektive Erregung wird besonders auffällig vor dem Schrank, den sie in der rechten Seite des Bildes aufbaut und in den sie einen Ausklopfer und ein Fell verborgen hat. Sie stößt diesen Schrank mehrere Male ein.

Da sie kaum mit dem Aufbau wieder fertig wird, bin ich ihr dabei etwas behilflich. Sie stellt dann eine Frau vor den Schrank, die unbedingt das Tablett mit dem Obst tragen soll. Sie belastet aber das Tablett so stark, daß die Frau mehrere Male vornüber fällt und nimmt schließlich davon Abstand, auf das Tablett noch eine etwas größere Banane draufzulegen.

Nachdem sie die im Testdeckel dargestellte Szene aufgestellt hat, sage ich ihr, daß sie bescheid sagen könne, wenn sie meine, daß es fertig wäre. Sie steht dann lange unschlüssig herum, nimmt schließlich den Hahn und die Gans heraus und stellt diese außerhalb des Testdeckels auf den Rand des Tisches, dazu noch einige Bottiche und Blumen. Sie geht dann in starker affektiver Spannung an den Testkasten heran, in dem die anderen Gegenstände in Fächern geordnet liegen und fängt an, hier recht aufgeregt die Tiere anzufassen, den Affen, das Krokodil, das Schwein, legt alles wieder mit der oben beschriebenen Genauigkeit in den Testkasten, setzt aber keines der angerührten Tiere in den Test hinein. Zum Schluß nimmt sie den Großvater und setzt ihn ebenfalls außerhalb des Testdeckels an den Rand und sagt dann „nun ist es fertig". Ich frage sie daraufhin, was machen die denn nun alle? Sie zeigt daraufhin auf den Großvater außerhalb des Testes, den sie zuletzt hingestellt hat und sagt, „der Junge spielt draußen". Ich sage darauf, Junge, darauf sagt sie etwas aufgeregt, „oder ist es ein Mann?" Ich frage sie, was spielt er denn, „da sieht man nichts". Bei dieser Antwort greift sie erschrocken mit der Hand an ihren Mund und guckt dann erstaunt in den Testkasten.

Ich frage sie dann, was denn die anderen da machen. Darauf erzählt sie, „die Mutter hat das Baby auf dem Arm und läßt ihn aus der Nuckelflasche trinken, der Mann kommt mit dem Hund rein, die beiden Mädchen und der Junge trinken Kaffee, die anderen Kinder spielen mit der Eisenbahn". Sie zeigt dann auf den Mann am Tisch und sagt, „der macht Schularbeiten". Ich frage, wer das ist, „das ist ein Junge". Sie geht dann auf andere Szenen des Testes über und sagt, „der Doktor gibt der Frau Arznei, die hat Grippe. Die beiden Kinder liegen im Bett, die Oma liegt im Liegestuhl. Dann geht sie auf den Rand des Testes über und erzählt, „die beiden Küken trinken, die Ente und die Hühner laufen draußen rum, in der Fensterbank steht eine Blume, draußen sind viele Blumen, in der Kammer steht ein Schrank, ein Pelz und Klopfer, die Haushälterin bringt Birnen und Äpfel den Kranken oder der Oma, und hier ist die Toilette und weiter nichts".

Ich frage sie noch einmal, wie alt denn der Mann sei, der außerhalb des Testes steht. Darauf sagt sie, „21, das ist ja ein ganzer Herr". Ich sage ihr, wir haben ja davon gesprochen, daß immer zwei zusammengehören und frage sie, zu welcher Frau dieser wohl gehören könnte. Darauf zeigt sie auf die Großmutter und sagt „zu der alten Oma".

Wir legen eine einstündige Mittagspause ein, in der die Mutter mit den Kindern etwas essen will, und danach wird die Untersuchung von Helga begonnen.

Sie hat am Vormittag auch ein Bild mit Osterhasen gemalt, legt aber besonderen Wert auf das von ihr Modellierte. Sie hat in Knetgummi ihren Namen Helga dargestellt und auf einem anderen Brett hat sie eine Wiese modelliert.

Sie berichtet, daß sie dort Grashalme aufgestellt habe und eine Blume und einen Korb mit Eiern. Ich frage sie, was das für Eier seien, wer die gelegt habe, und sie antwortet, „der Osterhase". Ich frage sie, ob der wirklich welche legt. Darauf sagt sie „ja" und nach einem Augenblick „nein", er legt keine, das machen die Eltern. Ich frage sie, wer denn in Wirklichkeit Eier legt. Darauf kann sie keine Antwort geben. Ich sage ihr, daß das wohl die Hühner seien.

Wir beschäftigen uns dann noch weiter mit ihrer Modellierwiese. Sie berichtet davon noch, daß da auch ein Baumstamm drinstände. Sie schweigt dann, und ich sage ihr, daß es von jeder Sort in der Welt zwei gäbe, ein Huhn, sie gibt keine ergänzende Antwort. Ich erkläre ihr dann nochmals, daß alle Tiere Paare bilden und sie geht auch darauf nicht ein. Ich frage sie, wie das Kind von der Kuh zum Beispiel heißen mag. Darauf antwortet sie „Kalb". Ich stelle dann die Frage, wie denn die Mutter und der Vater bei den Kühen heißen. Darauf sagt sie „Kuh", das männliche Tier kann sie nicht bezeichnen. Sie weiß auch nicht, daß es eine Gans und einen Ganter gibt. Ebenso kann sie das männliche Tier bei der Ente nicht bezeichnen. Ich sage ihr, daß es auch bei Menschen genau so sei, und sie antwortet spontan, „ja, ein Vater und eine Mutter und Kinder". Ich sage ihr, daß es auch unter den Kindern zwei verschiedene gäbe, und darauf äußert sie, „ja Mädchen und Jungen". Auf meine Frage, wie sich denn diese beiden voneinander unterscheiden, schweigt sie verlegen. Ich mache sie dann auf ein Bild in meinem Zimmer aufmerksam, auf eine Fotografie, die den Kopf eines drei Monate alten Säuglings zeigt und frage sie, was das wohl wäre. Sie meint, daß es ein Junge sei. Ich antworte darauf, na, daß es wohl ebenso gut ein Mädchen sein könne, woran man das wohl sehen könne. Sie meint darauf: „An die Haare". (Das abgebildete Kind hat nur einen ganz angedeuteten Haarwuchs.) Ich frage sie dann, ob sie mal so ein kleines Kind nackt gesehen habe und ob sie wohl da bemerkt habe, daß sich ein Junge von einem Mädchen unterscheidet. Sie antwortet, „der Pöter war anders". Ich frage sie, wo der Pöter denn sei. Sie zeigt dabei nach vorn. Ich bestätige ihr, daß man in der Tat bei kleinen Kindern in der Gegend unterscheiden könne, ob es ein Junge oder ob es ein Mädchen sei. Sie verstummt dann aber vollkommen.

Daraufhin biete ich ihr den Testkasten an und sage ihr, daß sie in den Deckel etwas aufbauen könne, womit sie auch sofort beginnt.

Sie ist bei ihrem Spiel wesentlich sicherer als die Schwester. Es fällt ganz besonders auf, daß sie während des Aufbauens der Szene zunächst jede einzelne Figur durch eine hohe Mauer einzäunt und das die Mauer wieder entfernt wird. Auch sie nimmt wiederholt Tiere aus dem Testkasten heraus, zum Beispiel den Storch, sieht ihn an, legt ihn wieder hin, besieht auch den Affen. Schließlich steht sie lange nachdenkend vor der aufgebauten Szene, richtet noch einmal das Bett und lacht mich dann an und nimmt dann die Großmutter und die Mutter und zwei Bäume und setzt sie noch in den Test hinein, dichtet noch einmal die Mauern, die sie aufgebaut hat, sehr ordentlich ab, sieht wieder die Tiere im Testkasten an und stellt sich wieder sinnend davor, indem sie den Knopf von ihrer Strickjacke auf und zu macht, sieht mich dann wieder an, runzelt die Stirn und bleibt so stehen.

Nach einiger Zeit fordere ich sie auf, mir doch mal zu erzählen, was die alles machen. Darauf gibt sie folgenden Bericht: Sie zeigt auf den Mann mit dem weißen Mantel, „das ist ein Vater, der sitzt im Stuhl, die beiden Mädchen schlafen, der Mann liegt im Liegestuhl. Das ist die Mutter von den Kindern. Das ist eine Gans und das ist eine Toilette". Mehr Aussagen sind von ihr nicht zu bekommen. Ich frage sie dann noch, warum sie eigentlich heute nach Hannover gekommen sei. Sie gibt darauf keine Antwort. Während sie noch beim Spiel einen lebhaften Gesichtsausdruck hatte, möchte man jetzt sagen, daß ihr Gesicht so aussieht, als ob sie einen Vorhang hat runterfallen lassen. Sie hat dabei einen Gesichtsausdruck, den man als dumm bezeichnen würde.

Ich frage sie dann noch, ob sie wohl mit der Mutter einmal darüber gesprochen habe, woher die Kinder kommen, sie habe ja vorhin beim Spiel den

Storch in der Hand gehabt. Sie sagt, daß sie das noch nie gefragt habe. Ich frage sie, ob sie denn das Märchen vom Storch gehört habe, sie gibt aber keine Antwort mehr und behält den oben geschilderten Gesichtsausdruck bei.

Nach Beendigung dieser Untersuchung unterhalte ich mich mit der Mutter, die vor der Mittagspause einen sehr gespannten Eindruck machte, und als ich ihr mitteilte, daß die Untersuchung ihrer Kinder mehrere Stunden dauern würde, bat sie darum, daß man es doch gleich heute hintereinander machen möchte. Sie sei so nervös und sei zu belastet, wenn sie noch einmal wiederkomme. Dabei weinte sie etwas.

Jetzt ist sie recht zugänglich, und ich sage ihr, daß ich den Eindruck hätte, daß sie bisher gar keinen Einfluß auf die körperliche Entwicklung ihrer Kinder genommen hätte. Ich erklärte ihr, daß ich damit die Aufklärung im Hinblick auf Fortpflanzungsfragen und sexuelle Fragen meine. Sie antwortet darauf, „bis jetzt waren sie mir noch zu klein". Ich frage sie, ob denn ihre Kinder niemals Fragen an sie gestellt hätten. Sie berichtet dann, daß Margrit als sie eine Bekannte gesehen hätte, die ein Baby ausfuhr, zu ihr gesagt hätte, „ich weiß, wo die kleinen Babys herkommen. Die Eltern müssen sich ganz gut verstehen, sonst kriegen sie keine Kinder". Sie hätte dann noch hinzugefügt, daß eine bekannte Familie Th. sich ganz gut verstehen, denn die haben eine größere Zahl von Kindern. Sch. müssen sich nicht gut verstehen, denn die haben keine Kinder. Ich sage ihr, daß das ja eine Gelegenheit gewesen wäre, um die Kinder mit der Wirklichkeit vertraut zu machen und sage ihr weiter, daß von den Kindern im allgemeinen eine diesbezügliche Frage etwa im 5. oder 6. Lebensjahr gestellt wird, erzähle ihr auch, daß Kinder im allgemeinen nie direkt fragen, sondern mit ihren Fragen hintenrum kommen, man müsse das aber verstehen. Darauf erzählt sie, daß sie immer sehr darauf geachtet habe, daß ihren Kindern nichts zustoße, daß sie gesagt habe, „wenn mal irgendetwas vorkommt, laßt euch nicht verführen, auch wenn es ein Pastor ist. Wir sind ja selbst katholisch. Mir ist das fürchterlich peinlich". Ich frage sie, wie sie darauf komme, von einer Verführung durch einen Pastor zu sprechen. Darauf wird sie sehr verlegen und sagt mir, daß sie eigentlich nicht darüber sprechen könne. Ihre Schwester habe ihr mal etwas von einem Pastor berichtet, schließlich seien das ja auch Menschen, aber sie möchte nicht darüber reden. Ich sage ihr darauf, daß wir beide uns ruhig über alles vernünftig unterhalten könnten, und darauf berichtet sie dann, daß ihre Schwester sie eines Tages gefragt habe, was sie für einen Pastor hätten. Sie fügt dann hinzu, daß dieser Pastor ein Dr. Dr. sei und eigentlich weniger ein Geistlicher, vielleicht sogar mehr ein Arzt. Dieser sei eines Tages in der Schule, wo er Religionsunterricht erteile, von der Reinemachefrau mit einem Jungen im Zimmer angetroffen worden. Der Junge habe sich in dem Augenblick, als die Reinemachefrau die Tür öffnete, gerade die Hose hochgezogen. Der Pastor habe sich dann wohl in der Lehrerzusammenkunft wegen dieser Sache verantworten müssen, und der Junge habe ausgesagt, daß er dem Pastor seinen Po gezeigt habe, weil er sich mit einer Häkelnadel gestochen habe. Das habe er wohl so als Begründung angegeben. Sie möchte aber immer eigentlich gar nicht darüber sprechen, denn sie habe erfahren, daß der Hausmeister der Schule entlassen worden sei, der habe wohl irgendetwas darüber erzählt.

Ich frage sie dann, wann dieses Gespräch mit dem Pastor gewesen sei. Darauf berichtet sie, daß dieses Gespräch, daß der Pastor etwas Unkeusches gemacht hätte, Weihnachten 1951 gewesen sei, und zwar habe sie ihrer Tochter Jutta davon Mitteilung gemacht.

Am 4. 1. 1952 habe Jutta dann zu der Schwester gesagt, „sag das mal Mutti mit Herrn Sch." Die Mutter meint, daß Jutta wohl nun nach diesem Gespräch über den Pastor sich berufen gefühlt habe, auch eine Aufklärung über das zu geben, was die Geschwister erlebt hätten.

Ich frage die Mutter noch, seit wann Margrit die Fingernägel abkaut. Darauf berichtet sie, daß sie das schon sehr lange tue. Sie könne nicht sagen, seit wann. Sie habe ihr schon Handschuhe angezogen und habe es verboten, sei auch schon zum Arzt gegangen, aber das helfe gar nichts. Ich frage sie, ob sie Margrit auch gestraft hätte, „daß ich sie direkt geschlagen habe, kann ich nicht sagen, wenn man mit Margrit zürnt, ist sie sofort krank". Von drei Jahren habe sie angefangen zu kränkeln, sie hat es immer am Magen und auch Kopfschmerzen. Schon seit vier Jahren hat sie dauernd Schnupfen. Im vergangenen Jahr im März sind ihr die Polypen operiert worden. Ich frage sie dann weiter, ob sie bei ihren anderen Kindern auch Anfälligkeiten beobachtet habe, wie z. B. das Fingernägelkauen bei Margrit und frage, ob sie mal beobachtet hätte, daß die Kinder die Geschlechtsteile anfassen. Darauf berichtet sie, „Ja Helga, wenn sie mal muß. fast sie an die Geschlechtsteile. Ich habe schon oft gesagt, wie kannst du das machen, wenn man das sieht". Ich sage ihr dann, daß ich den Eindruck habe, daß sie sich einmal über die geschlechtliche Entwicklung der Kinder orientieren müsse, damit sie ihre Kinder besser führen könne. Darauf äußert die Mutter, ich habe schon gesagt, das muß jemand anders machen, aber wie soll ich ihnen das sagen, aber es kommt noch die Zeit, wo ich das kann. Sie berichtete, daß ihre Tochter Jutta kürzlich einen Liebeswalzer auf dem Klavier gespielt habe und sie gefragt habe, „Mutti, was ist überhaupt Liebe?" Sie sagt dazu ganz ratlos, „was kann ich bloß dem Mädchen sagen, was ist Liebe?" Sie berichtet weiter, daß sie auch nach dieser Anfrage der Tochter Jutta eine Nachbarin befragt habe, und die habe ihr zu der Antwort geraten, daß das was ganz Schönes sei. Ich sage ihr darauf, ob sie denn meine, daß die Kinder über körperliche Fragen und Angelegenheiten der Liebe Auskunft geben können, wenn sie von ihr so im Unklaren gehalten werden. Darauf wird sie etwas affektiv und erzählt von ihrer ersten Auseinandersetzung mit dem Ehepaar Sch. Sie habe denen sofort gesagt, daß die Aussagen ihrer Kinder richtig seien und habe zu Herrn Sch. gesagt, „mach, daß Du rauskommst, Du bist nicht ganz normal".

Ich frage sie, nachdem sie noch einiges über die damalige Situation erzählt hat, wie denn eigentlich ihr Mann in der Familie stände. Darauf strahlt sie und berichtet, „mein Mann ist herzensgut, er gibt mir das ganze Geld und opfert sich auf für die Familie". Die geschäftlichen Dinge müsse sie erledigen, darum kümmere sich ihr Mann weniger. Ich frage sie dann noch, ob sie damit zufrieden sei, daß sie drei Mädchen haben, und die Kleine habe mir schon erzählt, daß sie eigentlich ein Junge sein sollte. Das bestätigt sie. Ich frage sie, ob sich vielleicht eines ihrer Kinder wie ein Junge verhalte, das wird von ihr abgelehnt.

Ich erkundige mich dann bei ihr nach der Wohnung und nach der Möglichkeit der Schlafgelegenheiten. Darauf erzählt sie, daß die Familie nach der Ausbombung zunächst bei den Schwiegereltern gewohnt hätte und daß sie 1949 die jetzige Wohnung bezogen haben. Zuerst haben sie nur drei Betten gehabt. Ich frage, wie sie diese verteilt haben. „Sie haben geschlafen, wie sie gerade wollten, bei Mutti und bei Pappi, meistens hat Margrit bei Pappi geschlafen und Helga bei der Mutti." Ich sage ihr dann, daß ich mir vorstellen könne, daß sie unter diesen Umständen doch rechte Schwierigkeiten im Hinblick auf ihre ehelichen Beziehungen gehabt hätten. Darauf meint sie, „wir haben darauf fast ganz verzichtet. Mein Mann ist sehr bescheiden auf dem Gebiet". Sie fängt bei diesem Bericht an zu weinen und erzählt, daß sie auch versucht habe, daß einmal ihr

Mann und sie ein Bett hätten zusammen haben können. Gelegentlich hätten sie ja Verkehr gehabt, aber nachdem sie einmal versucht hätten, das eine der Mädchen nachts aus dem Bett herauszunehmen, es sei Helga gewesen, habe die im Schlaf so geschrieen „ich will wieder ins Bett", daß sie davon Abstand genommen haben. „Es ist ganz selten vorgekommen, daß wir verkehrt haben." „Es war ja furchtbar schwierig, weil es in einem Schlafzimmer war." Sie fügt dann hinzu, „ich als Frau bin ja froh, wenn ich meinen Haushalt fertig habe und wenn die Kinder abends im Bett sind, meine Kinder gehen mir über alles".

Ich sage ihr zum Schluß, daß ich dringend dazu raten würde, ihre Kinder einmal in eine seelische Behandlung zu geben, vor allen Dingen befinde sich Margrit in einem sehr schweren Konflikt. Die Magenschmerzen und das Fingernägelkauen seien seelisch bedingt. Die Mutter äußert dazu recht verzweifelt, daß sie schon so oft einen Arzt aufgesucht habe und keine Hilfe bekommen habe. Ich sage ihr dazu, daß sie auch, um diese Störungen zu beseitigen, einen Arzt aufsuchen müsse, der sogenannte psychotherapeutische Behandlungen durchführe, wir seien hier zum Beispiel eine derartige Stelle, die sie auch privat aufsuchen könne. Sie meint darauf, daß sie das gern tun möchte, aber die Entfernung von Hildesheim sei ja so groß.

Sie verabschiedet sich dann von mir, indem sie sich für die Hinweise, die ich ihr gegeben habe, bedankt.

Beurteilung

Da die Schulgutachten und das fachärztliche Gutachten genügend Auskunft über den Intelligenzstand der Kinder Margrit und Helga geben, haben wir von diesbezüglichen Untersuchungen abgesehen, die ja nur sinnvoll gewesen wären, wenn die Frage eines evtl. vorliegenden Schwachsinnes zu klären gewesen wäre. Es steht fest, daß wir es mit durchschnittlich begabten Kindern zu tun haben. Nach den intellektuellen Fähigkeiten und dem Schulwissen kann man über die hier zu beantwortende Frage der Glaubwürdigkeit der Kinder gar nichts sagen.

Aus den Untersuchungsergebnissen über die Mutter und die beiden Kinder lassen sich folgende gemeinsame Gesichtspunkte herausarbeiten:

Sowohl die Mutter als auch die Kinder sind hilflos im Hinblick auf die Bewältigung der Aufgaben, die das Leben an den Menschen bezüglich der Anpassung an das Antriebsleben stellt.

Die Mutter ist erziehungsmäßig so geführt worden, daß sie die körperliche Welt nur unter dem Aspekt des Sündigen erlebt hat. Sie hat bis heute keinem ihrer Kinder eine Aufklärung über die Fortpflanzungsfragen geben können, ja, sie hat sie in der Märchenwelt stehen lassen. Margrit gibt die Antwort, daß die Mutter länger an den Osterhasen und an den Weihnachtsmann geglaubt habe als sie.

Wir können feststellen, daß die Mutter durch ihre gestrenge Haltung bei den Kindern eine Entwicklungshemmung, einen Infantilismus bewirkt hat. Margrit leidet bereits an einer Neurose, die dazu auf körperlichem Gebiet ihren Ausdruck in den Symptomen des Fingernägelkauens und in Magen- und Kopfschmerzen findet.

Die Tiefenpsychologie lehrt, daß die Lustgefühle beim kleinen Kind zunächst an die Mundzone gebunden sind und daß dann das Urinieren und das Stuhlabsetzen lustbetont sei, bis sich schließlich die Lustgefühle in der genitalen Zone konzentrieren. Ferner sagt sie aus, daß die sexuelle Neugier bei Kindern immer vorhanden sei. Bei Kindern, die mit neurotischen Symptomen behaftet sind, pflegt diese Neugierde häufig verstärkt zu sein. Sowohl Margrit als auch Helga haben eine Vorstellung von dem Geschlechtsunterschied, von beiden kann man aber sagen: sie wissen und sie wissen nicht, weil sie zu diesen Fragen keine Bestätigung durch die Eltern bekommen haben. Auch die 14jährige Tochter Jutta ist mit ihrer Frage nach der Liebe leer ausgegangen, und die damals 10jährige Margrit, die die Frage nach der Herkunft der Kinder mit dem „guten Verstehen" der Eltern stellte, ist ebenfalls unbefriedigt geblieben. Derartig gehemmte Kinder haben häufig ein verstärktes Frage- und Forschungsbedürfnis.

Durch den sogenannten Scenotest, der sich auf die Erkenntnis gründet, daß das Kind im Spiel die unbewußte Situation aufbaut, wird die Triebverdrängung bei den Kindern bestätigt.

Auffällig ist nun, daß bei diesem von Margrit so affektbetonten Spiel eindeutige Personenverkennungen vorkommen. Sie bezeichnet z. B. den außerhalb des Testdeckels aufgestellten Großvater als Jungen, und sagt von ihm aus, daß er spiele. Womit, das sieht man nicht. Aus dieser Aussage können wir folgern, daß das Kind seinen Forschertrieb, seine Neu-Gierde auf den Mann gerichtet hat, bei dem ja nichts zu sehen ist und der untätig ist. In dem Test wird nun eindeutig von ihr die Bewältigung der Frage versucht, „was macht der Kleine und was macht der Große?" Sie setzt u. a. auch eine erwachsene männliche Figur an einen Tisch vor eine Schiefertafel und läßt sie Schularbeiten machen.

Die Aussagen über die Testszenen sind bei beiden Kindern sehr dürftig, so daß man von einer Phantasiehemmung sprechen kann. Kinder, die unter den bisher geschilderten Hemmungen und Verdrängungen leiden, neigen andererseits aber infolge einer Überkompensation der verdrängten Antriebsgebiete zu phantastischen Vorstellungen in sexuellen Bereichen. Außerdem suchen sich die andrängenden Antriebe häufig sehr ungewöhnliche Bahnen. Dazu gehört auch unter anderem die Bewältigungsform durch Witze. Es muß sicherlich auch hier erwähnt werden, daß diese gehemmten Kinder, wie auch Geistliche bestätigen können, um überhaupt bezüglich der Sexualität in Kontakt zu kommen, immer wieder derartige Bereiche in Beichten anschneiden.

Im 8. bis 10. Lebensjahr wird nun im allgemeinen von Kindern erstmals die Sexualität bewußt als sexuelles Gefühl in der Geschlechtsgegend empfunden, und es setzt in diesem Alter im allgemeinen die kindliche Onanie ein, die leider noch nicht allgemein als normales Übergangsstadium betrachtet wird. Ganz im Gegenteil werden häufig durch die Unkenntnis der Erwachsenen Onanieverbote gesetzt und dadurch schwerste Entwicklungshemmungen gezeitigt. Hier möchte ich, ohne weiter auf die Zusammenhänge einzugehen, erwähnen, daß das Fingernägelkauen bei Margrit und das eigenartige Verhalten von Helga beim Urinieren als Onanieersatz zu betrachten sind. An dieser Stelle sei auch noch erwähnt, daß der orgasmus-ähnliche Zustand von Margrit (sie hatte gejappt, als ob sie einige Kilometer gelaufen sei) in dieser Lebensphase durchaus nicht unter den von mir geschilderten Triebverdrängungen so ungewöhnlich ist, wie vom Vorgutachter angenommen wird. Bei diesen antriebsgehemmten Kindern kommt es häufig in Versuchssituationen zu affektiven, vom Bewußtsein nicht mehr kontrollierten Durchbrüchen der Sexualität. Das kann ganz besonders im Halbschlaf geschehen. Im übrigen sind diese Kinder auch gar nicht selten in Sittlichkeitsprozesse verstrickt, da sie häufig den fehlentwickelten, auf kindlicher Entwicklungsstufe stehengebliebenen Erwachsenen durch ihre provozierende Haltung gefährlich geworden sind.

Zum Schluß möchte ich noch erwähnen, daß es sowohl von der Familie Sch.

als auch von den Eltern W. recht ungeschickt war, mit Kindern dieses Alters ein Bett zu teilen. Nach den Angaben von Frau W., die sie mir machte, steht fest, daß die Kinder bereits im Schlafzimmer der Eltern Erlebnisse gehabt haben müssen. Dabei lehrt die Erfahrung, daß es gleichgültig ist, ob die Kinder bewußt die Sexualität der Eltern miterlebt haben. Die spannungsgeladene Atmosphäre des sexuellen Aktes teilt sich ihnen auch im Schlafe mit.

Nach diesen Ausführungen komme ich zusammenfassend zu dem Schluß, daß auf Grund des uns vorliegenden Untersuchungsmaterials die Glaubwürdigkeit beider Kinder im Hinblick auf das angeblich an ihnen verübte Sittlichkeitsverbrechen sehr zweifelhaft sein muß.

Bei all dem bisher Geschilderten muß noch besonders berücksichtigt werden, daß die Angaben von Margrit und Helga gemacht wurden, nachdem die sich in der Pubertät befindliche Schwester Jutta den Fragenkomplex angeregt hatte, als sie Kenntnis von der Verdächtigung eines Geistlichen bekommen hatte.

Ich möchte noch erwähnen, daß ich bewußt zur Schonung der Kinder keine Fragen zu dem Letzterwähnten angeschnitten habe.

Nervenfachärztliches Gutachten

Auf Ersuchen des Herrn Oberstaatsanwalt in Hannover nervenfachärztliches Gutachten über

Hartmut K., 17 Jahre; wohnhaft Hannover,
in der Sache 16/17 KLs 3/57 LG Hanover.

Das Gutachten, das zur Frage der Glaubwürdigkeit des Jugendlichen Stellung nehmen soll, gründet sich auf

1. die Kenntnis der Akte der StA
2. die Angaben des Herrn OStuRat Dr. P.
3. die Angaben der Mutter
4. die eingehenden jugendpsychiatrischen Untersuchungen und Beobachtungen des H. K. in der jugendpsychiatrischen Klinik W.

Eigene Ermittlungen und Erhebungen

H. K. wurde am 1. 4. 57 von seiner Mutter der Klinik zugeführt, die zur Vorgeschichte folgende Angaben machte.

Hartmuts Vater sei ein ruhiger, ordentlicher, überdurchschnittlich begabter Mann gewesen. Er sei im letzten Krieg gefallen.

Mutters Mutter sei wegen einer Depression in den Wechseljahren in der Nervenklinik in Ch. behandelt worden. Die Mutter schilderte sich selbst als impulsiv und äußerte, daß ihr von Bekannten immer wieder gesagt würde, daß sie keine fraulichen Züge an sich habe.

Der Stiefvater des Jungen sei Baumeister und arbeite zur Zeit in Wiesbaden. Er sei sehr ruhig und gerecht. Mit seinem Halbbruder verstehe sich H. gut.

H. selbst sei schon als Säugling sehr ruhig gewesen. In der Vorschulzeit habe er keinerlei erzieherische Schwierigkeiten bereitet. Er sei nur ruhiger als andere Kinder gewesen. Mit seinen Spielsachen sei er immer ordentlich umgegangen, habe sich stundenlang allein beschäftigen können. Im Alter von 6 Jahren sei er in Oederan eingeschult worden. 1947 sei die Mutter mit H. nach Göttingen gekommen, auch dort habe sie nie über ihn klagen zu brauchen.

Den Baumeister W. K. habe sie 1943 geheiratet. Er sei 1947 aus der Gefangenschaft gekommen und habe H. wie seinen eigenen Jungen begrüßt und bis heute habe er noch nie einen Unterschied zwischen den beiden Jungen gemacht.

H. wisse, daß er einen Stiefvater habe. Wenn die Mutter heute ihre beiden Jungen betrachte, so müsse sie feststellen, daß H. im Gegensatz zu seinem Halbbruder mit der Sprache schlecht herauskomme. Er sei sehr willig, gäbe nie Widerworte, sei nie trotzig. Nie habe sie an ihm beobachtet, daß er sich habe versucht in den Vordergrund zu drängen oder Geschichten zusammengesponnen habe. Er sei immer nüchtern, sachlich und gebrauche keine großen Worte.

Von der Sache mit W. habe er der Mutter erst Pfingsten 1956 berichtet. Sie wäre mit der Familie W. befreundet gewesen, die sehr kinderlieb sei. Herr W. habe sich um H. sehr bemüht und habe ihn eingeladen, an gemeinsamen Wanderungen teilzunehmen. Weihnachten 1955 habe H.'s Lateinlehrer, Dr. P. geäußert, daß H. so schwermütig sei. Er habe die ganze Angelegenheit der Mutter sehr grauslich dargestellt und er habe ihr angeraten, Hartmut ruhig eine Weile bei Familie W. wohnen zu lassen. Die Eltern hätten aber — nachdem H. bei W. wohnte — gemerkt, daß er irgendwie unter Druck stand. Er habe oft recht unglücklich ausgesehen. Einmal habe der Junge zu Hause berichtet, daß Herr W. zu ihm gesagt habe, daß er glücklich sei, weil er — H. — bei ihm weile und seine Frau jetzt auch glücklich sein könne. Frau W. habe auch zu ihm gesagt, daß ihr Mann ihn brauche.

Ostern 1956 sei der Junge dann mit einem verheerenden Zeugnis nach Hause gekommen und sei nicht versetzt worden. In den Ferien sei er zu den Großeltern gefahren und Pfingsten 1956 habe er einen Vetter der Mutter in Berlin besucht. Diesem habe er Urlaubsaufnahmen von der Fahrt Ostern 1955 mit Herrn W. gezeigt. Durch diesen Vetter sei erstmals der Verdacht geäußert worden, daß etwas zwischen H. und Herrn W. bestanden habe. Nachdem H. sich dann seinen Eltern anvertraut hatte, sei er viel freier und ruhiger geworden. Auf Vorschlag des Hausarztes hätten die Eltern H. dann Herrn Dr. D. vorgestellt. Angezeigt hätten sie die ganze Angelegenheit nicht, nachdem sie erfahren hätten, daß sie es nicht müßten.

Herr OStuR. Dr. P. sprach am 10. 4. 57 hier vor und machte folgende Angaben: „Ich kenne den Jungen seit 4 Jahren. Er macht einen vernünftigen Eindruck. Ich habe aber immer gesagt: K. lach doch mal; er war immer so verkniffen. Er ist so feminin, kein richtiger Junge, macht nie Krach. Er arbeitet auch nicht richtig mit, ist labil. Nur in Latein arbeitet er mir zu Gefallen; in den anderen Fächern macht er einfach nicht mit. Sonst ist er sauber, anständig, gerade, hat aber wenig Freunde. Seine Eltern sind beide herzensgut, aber Geldverdienen wird groß geschrieben. Der Stiefvater ist Baumeister und die Mutter arbeitet bei der Auswertung der Lottoscheine. Das Verhältnis zwischen H. und dem Stiefvater ist nicht gut. H. braucht Anhänglichkeit und Liebe. Die Eltern aber glauben ihre Pflicht und Schuldigkeit getan zu haben, indem sie ihn anständig kleiden und die hohe Schule besuchen lassen. 1955 fragte er mich, ob sein Onkel (Herr W.) mich einmal sprechen könne. Dieser kam dann auch in meine Sprechstunde und schilderte mir ausführlich die Sorgen und Nöte des Jungen und betonte, daß er H. gerne helfen wolle. Ich bin dann mit der Familie W. öfter zusammen gewesen und habe sie als anständige und saubere Menschen schätzen gelernt. Im Herbst 1955 kam dann H's Mutter zu mir und meinte, sie wisse nicht, wie sie sich verhalten solle, H. bereite ihr Kummer. Ich habe ihr damals angeraten, H. ruhig öfter die Familie W. aufsuchen zu lassen. Damals hatte ich den Eindruck, als ob die Mutter auf die Familie W. eifersüchtig war. Herr W. sprach dann auch wieder einmal vor und äußerte, daß er den Jungen gerne ganz zu sich nehmen würde, da er ja doch kein richtiges Elternhaus habe. Ich habe dann Herrn W. und den Stiefvater des Jungen zu mir in die Sprechstunde gebeten und wir haben lange über den Jungen gesprochen und sind schließlich übereingekommen, daß H. jeweils 14 Tage im Elternhaus und 14 Tage bei der Familie W. verbringen solle.

Ostern 1956 kamen dann die Eltern des Jungen und erzählten mir die ganze Angelegenheit und fragten mich, ob sie es anzeigen sollten, sagten aber gleich, daß sie eigentlich nicht die Absicht hätten, dies zu tun. Aus ihren Ausführungen ging hervor, daß sie Herrn W. für das Sitzenbleiben des Jungen verantwortlich machen wollten und dieser die finanzielle Seite regeln und damit den Schaden ausbügeln sollte. Ich habe dann sofort meinen privaten Verkehr mit der Familie W. aufgegeben. H. selbst war in der fraglichen Zeit nicht anders als sonst, immer mürrisch und verkniffen. Jetzt ist er freier geworden mir gegenüber. Ich habe ihm auch ganz klar gesagt, wenn er etwas hat, soll er jeder Zeit zu mir kommen. In diesem Jahr ist er glatt versetzt worden, seine Leistungen schwankten auch nicht mehr. Er ist durchaus nicht geltungssüchtig, schiebt sich nie in den Vordergrund, ist viel zu schüchtern, um eine Sache aufzubauschen oder auszuschmücken, das habe ich in vielen Gesprächen mit dem Jungen immer wieder festgestellt. Ich habe im Gegenteil bemerkt, daß der Junge eine phantastische Beobachtungsgabe hat und doch alles sehr nüchtern wiedergibt.

Der Unterschied zwischen Familie K. und Familie W. ist kolossal. Familie W. — pünktlich, gutes Familienleben, Kinder der Mittelpunkt, gute Bücher, gute Musik, Theaterbesuche.

Familie K. — Geldverdienen, Eisschrank, Fernsehapparat, Familienleben keines.

Bei den Eltern des Jungen vermißt man einfach das Herz, sie sind nicht fähig, Liebe zu geben. H. ist immer langsam und bedächtig, immer unter ferner liefen. Er ist leicht bestimmbar und kann sich nicht durchsetzen. Ich selbst habe aber keine Zweifel an seiner Glaubwürdigkeit. Ich habe damals gleich gesagt, der Junge hat die Wahrheit gesagt."

Selbstgeschriebener Lebenslauf

Am ... 1940 wurde ich, H. K. als Sohn des Willy K. und seiner Ehefrau Marianne geb. R. in O. geboren. Ein halbes Jahr nach meiner Geburt fiel mein Vater in Frankreich. — Im Jahre 1943 heiratete meine Mutter meinen Stiefvater, den Baumeister W. K. Im März 1944 kam mein Bruder zur Welt. Während des Einmarsches der Russen mußten wir mehrmals unser Haus verlassen, auch wurde uns einiges Eigentum weggenommen. Mein Vater konnte nach Kriegsende nicht in seine Heimat O. zurückkehren, er fand in G. Arbeit. 1947 folgte ihm meine Mutter mit meinem Bruder und mir. Die Zeit in G. war für unsere Familie nicht leicht. 1949 verzogen wir nach Hannover. Ich besuchte in der dritten und vierten Klasse die Fröbelschule, seit Ostern 1951 gehe ich zur Humboldtschule. Seitdem wir in Hannover wohnten, ging es uns zusehends besser. Wir machten Ferienreisen an die See, in die Berge oder in unsere alte Heimat. Ich verkehrte seit 1952 häufig bei einer uns bekannten Familie. Der Vater dieser Familie machte mit seinen Kindern, meinem Bruder und mir machmal Sonntagsausflüge. Im Sommer 1955 fuhr er mit seinem Sohn und mir nach Italien und Südfrankreich. Ostern 1956 brach die Verbindung glücklicherweise ab, zu deren Folgen auch mein Sitzenbleiben im Jahre 1956 gehörte, welches aber auch durch meine Faulheit bedingt war. Im Sommer 1956 war ich mit meinen Eltern in Italien, ich erholte mich dort gut, doch haben auch Land und Leute in mir Eindrücke hinterlassen. Jetzt habe ich die neunte Klasse, die ich zweimal durchlief, abgeschlossen. Es ist mein Wunsch, das Abitur zu machen und dann, wenn es möglich ist, Volkswirtschaft oder Jura zu studieren. Meine Hobbies sind Malen und besonders Lesen, derzeitiger Lieblingsdichter ist Theodor Storm. Für Politik und Wirtschaft interessiere ich mich auch. — Ich glaube, mit Fleiß und Ausdauer meine Ziele erreichen zu können."

Befund

Körperlicher

Bei der körperlichen Aufnahmeuntersuchung fanden sich weder intern noch neurologisch beachtliche Regelwidrigkeiten. Die sekundären Geschlechtsmerkmale waren voll entwickelt. — Die Laboruntersuchung des Blutes und des Urins ergaben keinen krankhaften Befund.

Die Chediakuntersuchung war negativ.

Psychischer

H. kam am 1. 4. 57 in Begleitung seiner Mutter zur Aufnahme. Er stellte sich dem Arzt und dem erzieherischen Personal in förmlicher Höflichkeit vor. Als seine Interessen gab er Lesen und etwas Malen an. Er betonte, keinen richtigen Ehrgeiz zu haben. In die Gemeinschaft der älteren Jungen lebte er sich nach wenigen Tagen ein, zeigte sich im Umgang höflich und freundlich, machte alle Arbeiten ohne Widerspruch. Auffällig war, daß er bei gelegentlichen Besuchen der Mutter, diese sehr höflich und ohne Herzlichkeit begrüßte. Er machte vor ihr eine tadellose Verbeugung und begrüßte seinen Halbbruder, der hier auch einmal vorsprach, mit weit vorgestreckter Hand.

Besonders auffällig war seine erhebliche Antriebsarmut und seine Langsamkeit in seinen Bewegungen. Es konnten hier weder geltungssüchtige Prahlereien noch phantastische Erzählungen beobachtet werden.

In der Intelligenzprüfung nach Binet-Bobertag-Norden zeigte er sich interessiert und blieb bis zum Schluß konzentriert. Er gab gut formulierte Antworten, faßte die Testfragen schnell auf und zeigte im Bereich der Intelligenz keine Störungen. Seine Leistungen waren durchaus altersentsprechend. Die zusätzlich durchgeführten Intelligenzprüfungen bestätigen die Ergebnisse des Testes nach Binet-Bobertag-Norden.

Zur Prüfung der Gedächtnistreue wurden ihm Bilder des Wechsler-Intelligenztestes vorgelegt, die ihm zum ersten Mal dargeboten wurden und die er richtig zusammensetzte. Nach zwei Tagen wurde er über den Inhalt dieser Bilder befragt und berichtete: „Das erste Bild war die Geschichte mit dem Regenschirm. Der Mann war nicht gewillt, seinen Regenschirm mitzunehmen, obwohl seine Frau ihn dazu zu veranlassen versuchte. Als es dann zu regnen begann, eilte er nach Hause und kam völlig durchnäßt an. Man sah ihn dann auf einem Bild, wie er mit einem Regenschirm ausging." (In welches Sprichwort könnte man den Inhalt der Geschichte zusammenfassen?) Es handelt sich um die Bekehrung eines Widerspenstigen oder durch Schaden wird man klug. (Du redest von einer Frau, war es nicht eine Großmutter?) Nein, bestimmt nicht. Es war eine junge Frau. (Aus wievielen Bildern setzte sich die Geschichte zusammen?) 6 Bilder waren es." — 2. (Gärtner) Das war der Angler. Ich möchte annehmen, Mutter und Sohn waren auf dem Bild. Die Mutter beauftragte den Sohn, den Garten zu harken. Er tat dies aber mit Widerwillen, jedenfalls machte sein Gesicht so einen Eindruck. Dabei fand er einen Wurm und, um sichs bequemer zu machen oder seinen Neigungen nachzugehen, brach er zum Angeln auf. (Aus wievielen Bildern setzte sich diese Geschichte zusammen?) Auch aus 6." — 3. (Langschläfer) „Das nächste war die Sache mit dem unpünktlichen Mann. Man sah ihn im Bette liegen, der Wecker stand auf 7 Uhr, außerdem scheint er geklingelt zu haben. Das Bild macht den Eindruck, als hätte der Mann den Wecker abgestellt. Dann kam seine Frau. Ich glaube, es ist etwa acht Uhr gewesen. Sie stand am Bett und weckte ihn. Dann sah man ihn sein Frühstück hastig verschlingen. Im nächsten Bild sah man ihn schlafend im Büro sitzen, während seine Mitarbeiterin tätig war. (War es nicht ein Mitarbeiter?) Nein, es war bestimmt eine Frau, eine Mitarbeiterin. (Hat der Wecker nicht anfänglich auf 6 Uhr gestanden?) Meines Erachtens ist es 7 Uhr gewesen, denn die Zeiger bildeten einen Winkel."

Aus den drei angeführten Erzählungen des Wartegg-Testes suchte er sich folgenden Beginn aus und führte die Erzählung wie folgt fort: (Gestern trafen wir uns auf dem Markte ...) „Wir waren beide überrascht. Ich faßte mich zuerst und begrüßte ihn. Im Gewühl des Wochenmarktes standen wir uns, erstaunt über unser Zusammentreffen nach so vielen Jahren, gegenüber. Er sagte, ich sähe ganz gut aus. Ich sagte ihm das gleiche, obwohl sein Äußeres nicht davon zeugte. Dann trat wieder eine Gesprächspause ein, eigentlich aber hätten wir uns viel erzählen müssen, nachdem wir neun Jahre nichts voneinander gehört hatten. Um mich aus meiner Lage zu befreien, bat ich ihn, mit nach Hause zu meinen Eltern zu kommen. Auf dem Weg traf ich einige Freunde; sie fragten mich in einem ziemlich verachtenden Ton über meinen Begleiter aus. Ihn selbst übersahen sie. Auf dem weiteren Wege interessierte mich dieses oder jenes Auto, ich blieb vor Schaufenstern stehen, doch er wahr anscheinend teilnahmslos. Bei uns zu Hause ließen wir uns im Wohnzimmer nieder. Mir fiel nun seine ziemlich schlechte Kleidung erneut auf, sein rundes, frisches Gesicht, dessen ich mich noch gut erinnerte, war einem schmalen blassen gewichen, seine Augen blickten sehr ernst drein. Doch all das hinderte mich nicht, zuerst von den Ferienreisen unserer Familie, von unserm Wagen, von meinem Verein oder von der Tanzstunde zu erzählen. Er sagte ein paar Mal „hm" oder „das ist schön", sonst schien er abwesend zu sein. Dann fiel mir ein, daß sicher auch er etwas zu erzählen hätte. Ich fragte ihn nach seinen Eltern, nach deren Geschäft, nach seiner Schwester, nach dem großen Schäferhund, mit dem wir gespielt hatten, als er neun und ich sechs Jahre alt war. Er berichtete dann, daß seine Eltern bald nach unserem Wegzug gestorben waren, daß seine Schwester in Süddeutschland wohnt und daß das Geschäft nun volkseigen sei. Er selbst hatte nicht zur Oberschule gehen dürfen. Er mußte also seinen Plan, Arzt zu werden, aufgeben und hatte den Maurerberuf ergriffen. Vor einigen Monaten war er aus der Ostzone gekommen und lebte nun hier bei einer Tante, aber er war einsam und unzufrieden. Seine Bereitschaft, jederzeit kleine Untaten zu vollbringen, die ich im Alter von sechs Jahren so sehr an meinem Freund geschätzt hatte, war nicht mehr da. Er war zu ernst geworden. Als er gegangen war, mit dem Versprechen, bald einmal wiederzukommen, dachte ich über sein bisheriges Schicksal nach."

Bei dem ihm angebotenen Wartegg-Zeichentest stachen besonders seine Einfallsarmut hervor. Er selbst äußerte spontan, daß ihm die geraden Linien mehr liegen würden, so etwas „welliges, bewegtes" läge ihm nicht.

Der ihm angebotene Bücherkatalog ergab eine besondere Betonung des Sektors Moral, Familie und Elternhaus.

Er selbst berichtete, daß sein Vater 1940 gefallen sei, seine Mutter wieder geheiratet habe und er einen Halbbruder habe, der am 11. 3. 1944 geboren sei. Er selbst besuche seit 1951 die Humboldtschule und sei Ostern 1956 wegen „Faulheit“ sitzen geblieben. Er habe bei dem ganzen Hin und Her keine Lust und Kraft mehr gehabt. „Obwohl die Vernunft es mir sagte, hatte ich keinen Willen mehr.“ 1951 kurz vor Heiligabend könne er sich erstmals an Herrn W. erinnern. Im Laufe weiterer Besuche habe ihm besonders das Familienleben bei W's gefallen. Bei seiner Konfirmation habe Herr W. eine Rede gehalten, die komisch gewirkt habe, da er ein Nichtverstehen zwischen Stiefvater und Sohn angedeutet habe. Pfingsten 1954 habe er mit Herrn W. eine Weserfahrt gemacht und sie seien auch noch am Edersee gewesen. Herr W. habe davon gesprochen, daß er (H.) ein Einsamer und großer Suchender sei. Er habe ihm vorgeschlagen, doch mehr im Hause W. ein- und auszugehen. 1954 im Herbst seien sie nochmals am Edersee gewesen und hätten einen kurzen Abstecher nach B. zum Freikörperkulturgelände gemacht. Dort habe es ihm nicht gefallen. Seine Mutter habe seine häufigen Besuche bei der Familie W. nicht geschätzt, so daß er oft heimlich dorthin gegangen sei. Als er Anfang des Jahres 1955 eine 5 in Mathematik geschrieben habe, habe sein Stiefvater Herrn W. die Schuld daran gegeben. Dadurch sei die Freundschaft zwischen ihnen getrübt worden. Ostern 1955 habe die Gefahr bestanden, daß er sitzenbleiben würde. Damals habe Herr W. mit dem Musiklehrer gesprochen, der ihm Nachhilfestunden gegeben habe. Diesem gegenüber habe er geäußert, daß H. in einer komischen Familie leben würde und dadurch seine Leistungen so schlecht seien. Er selbst habe Ostern 1955 auch mit Herrn OStuR. Dr. P. gesprochen und diesem gesagt, daß er kein Vertrauen zu seinen Eltern habe. Pfingsten 1955 sei er dann zum ersten Mal auf dem Freikörperkulturgelände in H. gewesen. Dann sei die Reise nach Italien zustande gekommen. Ein Sohn von Herrn W. sei mitgefahren. Nach 10 Tagen seien sie erst in Italien gewesen, weil der mitfahrende Sohn erkrankt gewesen sei. Am ersten Abend in Italien habe er mit Herrn W. noch Wein getrunken, danach sei er sehr angeheitert gewesen. Es sei dann im Zelt erstmals zur Genitalberührung durch Herrn W. bei ihm gekommen. Da ihm aber übel geworden sei, sei es zu nichts weiterem gekommen. Am nächsten Tag habe Herr W. zu ihm gesagt, daß er trotz des Erbrechens keinen Ekel vor ihm empfunden habe, daran könne er sehen, wie sehr er ihn schätze. Am nächsten Tage habe er wieder damit angefangen und während der ganzen Reise habe er das Verhalten des Herrn W. als blöde empfunden und habe jeden Abend Angst gehabt. Auf der Rückfahrt habe Herr W. zu ihm gesagt, wie sehr er ihn zu Hause vermissen würde. Im Oktober 1955 sei Frau W. nach Darmstadt gefahren, damals sei er mit Herrn W. zu einem Jagdhaus nach G. gefahren und dort habe es sich dann auch wieder ereignet. Seit der Urlaubsreise nach Italien habe er die Familie W. mit Vater und Mutter angesprochen. Wegen seiner zunehmenden Leistungsverschlechterung habe Herr OStuR. Dr. P. dazu geraten, daß er im Wechsel bei seinen Eltern und der Familie W. sein sollte. Im Februar 1956 habe ihn Herr W. darauf aufmerksam gemacht, daß er sich entscheiden müsse, wo er leben wolle, zu Hause oder bei W's. In dieser Zeit seien seine Eltern verreist und auch Frau W. sei in Urlaub gefahren gewesen. Er habe hauptsächlich bei Herrn W. im Zimmer geschlafen. Obwohl abgemacht gewesen sei, daß er sich mit den Kindern abwechseln sollte. Nach der Rückkehr der Eltern habe er dann immer 2 Tage bei W's und 2 Tage bei den Eltern gelebt. Jede Partei habe über die andere negativ gedacht. Ostern 1956 sei er dann sitzen geblieben. Als er während der Osterferien in die Ostzone gefahren sei, habe seine Mutter Briefe zu Gesicht bekommen, die er mit der Familie W. getauscht habe und habe dadurch erfahren, daß er diese mit Vater und Mutter anredete, Auf dieser Reise habe er auch einen verheirateten Vetter in Berlin besucht und ihm von dem Verhältnis zu Herrn W. erzählt. Der Vetter sei eigenartig berührt gewesen. Zwischen seinem Stiefvater und Herrn W. sei es zu heftigen Auseinandersetzungen gekommen, als sie seine Sachen von dort geholt hätten. Der Vater habe Herrn W. heftige Vorwürfe gemacht und ihm gesagt, daß er nur an seinem Versagen Schuld sei. Die Mutter habe durch den Vetter veranlaßt immer mehr den Verdacht bekommen, daß in seinem Verhältnis zu Herrn W. nicht alles stimme. Sie habe ihn darauf angesprochen und er habe ihr alles erzählt.

Bei weiteren Explorationen äußerte sich H. wie folgt: Ich habe von Anfang an nicht genug über die Angelegenheit nachgedacht. Dabei habe ich immer Angst und ein unheimliches Gefühl gehabt, habe aber nicht gewußt, daß das etwas Unnatürliches und Strafbares war. Meine Eltern haben mit dem Herrn W. eine Art Kompromiß geschlossen und ihn nicht angezeigt, um seine Existenz nicht zu vernichten. Wenn ich daran dachte, daß ich einmal die Hauptperson sein soll, die ihn ins Zuchthaus bringt, so war der Gedanke für mich schrecklich. Das ganze Familienleben von W's fand ich absolut schön und ich wäre froh gewesen, wenn es bei uns auch so gewesen wäre. Unstimmigkeiten gab es bei W's kaum, bei uns aber häufig, vor allem wegen einer unverheirateten Schwester meines Stiefvaters. Unsere Familie gehört zu denen, die sich in allerlei Gruppen aufteilen. Meine Mutter erfuhr von der ganzen Sache erst Ostern 1956 durch einen Brief von W., den sie bei mir gefunden hat. Außerdem fiel ihr auf, daß ich mich Herrn W. gegenüber ziemlich unverschämt benehmen würde. Erst nachdem ich Ostern 1956 sitzengeblieben war, hat meine Mutter mir gegenüber immer deutlichere Bemerkungen gemacht. Da kam in gewisser Hinsicht das Erwachen in mir. Ich wußte nun aber nicht mehr, was ich tun sollte. Pfingsten 1956 war ich bei einer Cousine meines Stiefvaters in Berlin. Ich habe ihr zunächst das Äußere der Beziehungen zu W's geschildert, ihr aber erzählt, daß ich seit Ostern nicht mehr zu W's auf Anordnung meiner Eltern gehen durfte. Meine Verwandte sagte, sie hätte etwas eigenartige Vermutungen. Ich bekam nun Angst, daß alle Bekannte etwas von den Dingen wüßten, und das hat den Anstoß gegeben, nach Pfingsten meiner Mutter die Wahrheit zu sagen. Ich muß und werde in Zukunft noch viel vorsichtiger sein, bevor ich einem Menschen das Vertrauen schenke, das ich Herrn W. geschenkt habe. Daß es vorgekommen ist, lag vor allem daran, daß ich dazu neigte, eingeschnappt zu sein, wenn ich zu Hause schulischer Dinge wegen härter angefaßt worden war. Als positiv habe ich empfunden, daß Herr W. mich solcher Dinge wegen niemals ausschimpfte. Meine Mutter aber empfand es immer schmerzlicher, daß sich die Kluft zwischen mir und meinen Eltern vertiefte. Ich habe mich aber leider immer mehr auf die Seite von W's geschlagen. Nur die Familie W. existierte für mich, das Bild meiner Eltern wurde von W's Seite her immer verzerrter, aber mein ganzes Trachten war schließlich nur noch die Familie W."

(Bund für freie Lebensgestaltung?) „Meine Eltern sagten mir etwa Ende 1951, daß W's in diesem Bunde seien. In der weiteren Zeit wurde nicht viel davon gesprochen. Auf unserer Pfingstreise 1954 sah ich W. erstmals auf einem Zeltplatz in H. nackt. Schon vorher äußerte er die Meinung, daß man sich, wenn man nur Vertrauen zueinander hätte, ruhig nackt voreinander bewegen könne. Ich habe daraufhin auch meine Badehose ausgezogen und es war alles gut.

Pfingsten 1955 war ich das einzige Mal auf dem Gebiet des Bundes in H. Direkt unnatürlich oder auffällig hat sich dort niemand benommen. Die Hausangestellte Ruth war auch in diesem Verein. Sie war sehr in die Familie hineingewachsen, aber ein intimes Verhältnis zwischen ihr und Herrn W. kann ich mir nicht vorstellen. Meine Eltern sind nie auf dem Gelände des Bundes gewesen. Meine Mutter und Frau W. kannten sich vom BDM aus O. und F. Einmal war meine Mutter auf der Seite von W., ein anderes Mal mein Stiefvater. Aber das Verhältnis meiner Eltern zu W's war immer gespannt. Ein direkt freundschaftliches Verhältnis ist es nie gewesen. Mein Stiefvater war bei der SS, während seiner Abwesenheit soll sich meine Mutter — nach den Angaben der Geschwister meines Stiefvaters — mit einem schlesischen Flüchtling abgegeben haben, der vorbildlich für uns alle gesorgt hat. Darüber bestand eine Akte aus der Zeit, in der mein Stiefvater offenbar die Absicht hatte, sich von meiner Mutter scheiden zu lassen. Diese Akte hat mein Stiefvater kurz vor Weihnachten 1954 in die Hände von Herrn W. gegeben. Ich erfuhr etwa im Februar 1955 von Herrn W. über die Akte, aber er sagte mir, daß sie sich beide, mein Stiefvater und er, das Ehrenwort gegeben hätten, daß darüber nie gesprochen würde. W. aber sagte mir, daß ein Verhältnis zwischen diesem Flüchtling und meiner Mutter bestanden habe und daß meine Mutter seine größte Enttäuschung sei. Ich habe in späteren Zeiten sehr häufig aus W's Munde gehört, daß dieser Mann oder jene Frau die größte Enttäuschung seines Lebens gewesen sei und ich habe ihn nicht ernst genommen. Meinem Stiefvater habe ich davon nichts gesagt. Nur meiner Mutter habe ich einmal in der Erregung zugerufen: W. hat Euch ja völlig in der Hand. — Jedenfalls wußte die Familie W. auf der einen Seite von meinem Stiefvater über meine Mutter und auf der anderen Seite von meiner Mutter über meinen Stiefvater Bescheid und im Falle des Falles hätten W's meine Eltern prima gegeneinander ausspielen können. Heute glaube ich fest, daß Herr W. das Vertrauen meines Stiefvaters mißbraucht hat. Schon Pfingsten 1954 hat Herr W. Äußerungen meines Stiefvaters zitiert, nachdem mein Stiefvater auch ein nicht sehr glücklicher Mensch sei. Ich nehme an, daß Herr W. alles mit Absicht getan hat und daß bei ihm auch alles Ziel und Plan gehabt hat, um das Bild meiner Eltern zu verschlechtern. W. hat 1944 geheiratet, seine Frau war 10 Jahre jünger als er. Er wünschte nach den Sommerferien 1955, daß ich nicht über unsere gemeinsamen Erlebnisse sprechen sollte. Es ist jedenfalls etwas absolut Annormales gewesen. Ich glaube sagen zu können, daß es nach seiner Absicht viel häufiger geschehen wäre. Ich weiß nicht, ob seine Frau davon gewußt hat, denn auch sie hat sich ja nur darum bemüht, mich bei ihnen zu behalten. Jeden Abend, den ich bei ihnen war, ist sie an mein Bett gekommen und hat mich umarmt, aber weiter ist es nicht gekommen. Ich glaube, daß W. beruflich etwas kann. Wie das aber innerlich aufgebaut ist und ob alles ehrlich erworben ist, darüber kann ich mich nicht äußern. Innerlich ist er jedenfalls kein wertvoller Mensch. Viele seiner Taten waren im Widerspruch zu seinen Handlungen. Außerdem war er sehr rechthaberisch, sehr von sich selbst überzeugt und er versuchte stets, sich zum Mittelpunkt zu machen. Er hat es ja auch fertig gebracht, Erwachsene wie Herrn P. zu täuschen. Ich bin ja zuerst zu Herrn Dr. P. gegangen und habe ihm gesagt, ich hätte kein Vertrauen mehr zu meinen Eltern. Aber erst nach Einwirkung von Herrn W. hat Herr Dr. P. mitgeholfen, meine Eltern zu überzeugen, daß es besser sei, wenn ich eine zeitlang im Hause von W's lebte."

Beurteilung

Nach der eingehenden psychiatrischen Untersuchung und Beobachtung des

H. K. auf seine Glaubwürdigkeit ist die Frage zu beantworten, ob man seinen Aussagen in durchschnittlicher Weise wie bei Erwachsenen Vertrauen schenken darf, oder ob deren Zuverlässigkeit auf Grund seiner geistigen Entwicklung oder irgendwelcher intellektueller oder charakterlicher Regelwidrigkeiten in Zweifel zu ziehen sind. Das Gutachten soll sich also dazu äußern, ob H. K. in der Entwicklung seinem Alter entspricht, ob seine Gedächtnisleistung normal ist, oder ob sich intellektuelle oder charakterliche Abartigkeiten finden lassen, die die Entstehung von Erinnerungsfälschungen begünstigen.

Besonders ist zu berücksichtigen, ob bei einer Prüfung der früheren Aussagen des H. K. und bei den Befragungen in der hiesigen Klinik neue Einzelheiten angegeben worden sind, die sich durch eine Neigung zum Übertreiben, durch eine Bereitschaft zu phantastischen Erzählungen oder geltungssüchtigen Prahlereien auszeichnen, oder bei denen mit ungewöhnlichen Erinnerungstäuschungen gerechnet werden muß.

Die Verteidigung hat vorgeschlagen, die Glaubwürdigkeit H's durch eine „Testbatterie" prüfen zu lassen, die in zwei verschiedenen Instituten ausgewertet werden soll. Sie will also mit einer „Testbatterie" ohne klinische Untersuchung und Beobachtung zur Frage der Glaubwürdigkeit sich äußern und übersieht dabei, daß der Test nur ein Hilfsmittel der Persönlichkeitsdiagnostik ist. Der Test kann uns nur eine grobe Skizze des Menschen zur Zeit des Testes geben und berücksichtigt nicht den Werdegang des Menschen und läßt außerdem reifungsbiologische Vorgänge, z. B. die Pubertät — in der H. sich jetzt befindet — außer acht. Weiterhin ist unumgänglich die Prüfung der Aussagentreue und der Suggestibilität, die aus der vorgeschlagenen Testbatterie nicht beantwortet werden kann.

Der hier zur Entwicklung und Vorgeschichte H. gehörte Herr OStuR Dr. P. bezeichnete ihn als nüchternen, sachlichen, jedoch langsamen und bedächtigen Jungen. Er äußerte: „Ich selbst habe keinen Zweifel an seiner Glaubwürdigkeit. Ich habe gleich gesagt, der Junge hat die Wahrheit gesagt."

Körperlich und neurologisch fanden sich bei H. K. keine beachtlichen Regelwidrigkeiten.

Die sekundären Geschlechtsmerkmale waren altersentsprechend ausgebildet.

Gemütsmäßig ist H. durchaus qualifiziert. Sein Zärtlichkeitsbedürfnis und sein Wunsch nach Geborgenheit ist in seinem Elternhaus nicht erfüllt worden. H. ist leicht bestimmbar, er zeigt wenig Eigenhalt. Sein Elternhaus ist nüchtern und gibt ihm nicht den Schutz, den er als in der Pubertät befindlicher Junge nötig hat. Daher ist er besonders in der Reifezeit Einflüssen zugänglich, die ihm Geborgenheit und Sicherheit verheißen. Durch Herrn W's Verhalten und Reden mußte er sich von ihm verstanden glauben. In der Familie W. sah er das Idealbild des Familienlebens. So ist es verständlich, daß er zu Herrn W. in ein Abhängigkeits- und Hörigkeitsverhältnis kam.

H. ist im Antrieb etwas lahm. In seinen Bewegungen ist er bedächtig und langsam.

Während der gesamten Beobachtungszeit in wiederholten längeren Unterredungen und den durchgeführten Testuntersuchungen fanden sich keinerlei Anhaltspunkte für geltungssüchtige Prahlerei und phantastische Lügnereien. Er stach immer wieder durch seine nüchterne, sachliche Darstellung hervor.

Intellektuell ist er altersentsprechend begabt. Sowohl in der eigentlichen Intelligenz, wie im Kenntnisstand und bei den Vorbedingungen fanden sich keinerlei Störungen.

Ungewöhnliche Erinnerungslücken, -täuschungen und -fälschungen konnten nicht beobachtet werden, wie die mitgeteilten Beispiele beweisen.

Bei suggestiven Anregungen wurde er nicht unsicher oder zweifelnd. Anhaltspunkte für charakterliche Abartigkeiten, die die Entstehung von Erinnerungsfälschungen begünstigen, ergaben sich nicht.

Zusammenfassend ist somit festzustellen, daß auf Grund der eingehenden jugendpsychiatrischen-klinischen Beobachtungen und Untersuchungen H. K. in seiner geistigen und körperlichen Entwicklung seinem Alter entspricht.

Unter Berücksichtigung des Akteninhalts und auf Grund der klinischen und experimentellen Untersuchungen während der stationären Beobachtungszeit in der Jugendpsychiatrischen Klinik W. ist er als glaubwürdig anzusehen.

B. Entscheidungen

Aus dem Urteil des 5. Senats des Bundesgerichtshof vom 27. 11. 1952 — 5 StR 769/52 —:

In verfahrensrechtlicher Beziehung rügt die Revision die Ablehnung eines Beweisantrages und mangelnde Aufklärung.

Beide Rügen werden darauf gestützt, daß das LG keinen kinderpsychologischen Sachverständigen vernommen habe. Die Aufklärungsrüge greift durch.

Das LG hatte einen Sachverständigen über die Glaubwürdigkeit der kindlichen Zeuginnen vernommen, wie dies in der Regel bei der Vernehmung von Kindern in Verfahren wegen Verbrechens gegen die Sittlichkeit erforderlich ist, und hat hierdurch zu erkennen gegeben, daß es sich selbst nicht die nötige Sachkunde zutraute.

Der Sachverständige hat in seinem schriftlichen Gutachten die Glaubwürdigkeit beider Kinder bejaht, ist aber nach dem in der Hauptverhandlung gewonnenen Eindruck zu dem Ergebnis gelangt, daß Helga W. nicht glaubwürdig sei. Das LG ist insoweit dem Gutachten nicht gefolgt. Damit hat es sich nunmehr selbst die nötige Sachkunde zugeschrieben. Das widerspricht seinem eigenen vorangegangenen Verhalten. Das LG hätte bei dieser Sachlage entsprechend der Anregung des Verteidigers einen Kinderpsychologen zur Begutachtung der Glaubwürdigkeit beider Kinder heranziehen müssen.

Aus dem Urteil des 5. Senats des Bundesgerichtshof vom 9. 2. 1960 — 5 StR 620/59 —:

Die Revision des Angeklagten beanstandet zu Recht, daß die Strafkammer es unterlassen hat, einen Sachverständigen über die Glaubwürdigkeit der Zeuginnen Hannelore W. und Helga W. zu vernehmen. Hierzu war die Strafkammer gemäß § 244 Abs. 2 StPO verpflichtet. Der Angeklagte ist unbestraft.

Hannelore W. war zur Tatzeit zwölf, Helga W. dreizehn Jahre alt. Beide Mädchen haben über Handlungen ausgesagt, die der Angeklagte an ihnen vorgenommen haben soll und die nach der Auffassung der Strafkammer unzüchtig waren. Bei einer solchen Sachlage bedarf es grundsätzlich der Zuziehung eines psychologischen oder psychiatrischen Sachverständigen.

Hieran ändert im vorliegenden Falle nichts, daß der Angeklagte im Vorverfahren zugegeben hat, Helga W. zweimal unter den Rock gefaßt und dabei ihre Oberschenkel berührt zu haben. Der Angeklagte hat zugleich in Abrede gestellt, dies aus sexueller Lust getan zu haben. Die Strafkammer hat es bei ihrer Entscheidung darüber, ob der Angeklagte in wollüstiger Absicht handelte, auf die Art und Dauer der Berührungen abgestellt. Gerade zu diesem Punkt hat aber Helga W., soweit ihre Aussagen den Vorfall im Wartezimmer des Dr. D. betreffen, in ihren Angaben gewechselt. Bei ihrer polizeilichen Vernehmung am 31. Oktober 1958 hat sie ausgesagt, der Angeklagte habe ihr unter dem Rock, aber über der Hose mit mehreren Fingern in den Geschlechtsteil gedrückt. In der Hauptverhandlung vor der Strafkammer hat sie eine Berührung des Geschlechtsteils in Abrede gestellt und bekundet, der Angeklagte habe lediglich an ihrem nackten Oberschenkel hochgefühlt, auf dem nackten Oberschenkel gestreichelt. Das ist eine wesentliche Abweichung von der früheren Aussage. Sie mußte der Strafkammer aufdrängen, einen Sachverständigen zuzuziehen. Bei Hannelore W. fehlt es hiernach an jeder Tatsache, die geeignet wäre, ihre Bekundungen zu unterstützen.

Das Urteil muß daher aufgehoben werden, soweit die Strafkammer den Angeklagten verurteilt hat. Die Freisprüche sind rechtskräftig.

Die Rückverweisung an ein anderes Landgericht beruht auf § 354 Abs. 2 Satz 2 StPO.

Der Generalbundesanwalt hat beantragt, die Revision zu verwerfen.

Aus dem Beschluß des 1. Strafsenats des OLG Celle vom 10. 11. 1958 — 1 Ws 349/58 —:

Durch das angeregte graphologische Sachverständigengutachten würde nur die Glaubwürdigkeit der Zeugin *im allgemeinen* begutachtet werden können; daraus könnten aber keine entscheidenden Schlüsse auf die Unglaubhaftigkeit der Aussage dieser Zeugin in der Hauptverhandlung gezogen werden. Denn selbst ein zur Unwahrheit neigender Zeuge kann im Einzelfall die Wahrheit sagen. Die Entscheidung, wem zu glauben und was festzustellen ist, ist daher in § 261 StPO allein dem erkennenden Gericht aus dem Inbegriff der Hauptverhandlung vorbehalten worden. In der Hauptverhandlung hatte aber der Verteidiger ... ein graphologisches Gutachten vorgelegt und den Gebrauch dieses Erkenntnismittels beim Gericht angeregt. Die Strafkammer ist hierauf nicht eingegangen und hat eine Begutachtung der Zeugin durch einen Graphologen nicht vorgenommen. Der Bundesgerichtshof hat dieses — mit der Aufklärungsrüge beanstandete — Verfahren durch Verwerfung der Revision gutgeheißen und damit zu erkennen gegeben, daß jedenfalls in dem hier zu entscheidenden Einzelfall in Würdigung des gesamten Beweisergebnisses eine graphologische Begutachtung nicht weiterführen würde und nicht geeignet wäre, eine andere Beweiswürdigung zu ermöglichen.

FSC
www.fsc.org
MIX
Papier | Fördert gute Waldnutzung
FSC® C083411

Kolibri 360 GmbH
Ferdinand-Jühlke-Straße 7
99095 Erfurt, Deutschland
produktsicherheit@kolibri360.de